Erik Renk & Paul Hinrichs

Entspannt in Immobilien investieren

ERIK RENK & PAUL HINRICHS

ENTSPANNT in IMMOBILIEN INVESTIEREN

FBV

Bibliografische Information der Deutschen Nationalbibliothek
Die Deutsche Nationalbibliothek verzeichnet diese Publikation in der Deutschen Nationalbibliografie. Detaillierte bibliografische Daten sind im Internet über https://dnb.de abrufbar.

Für Fragen und Anregungen
info@m-vg.de

Wichtiger Hinweis
Ausschließlich zum Zweck der besseren Lesbarkeit wurde auf eine genderspezifische Schreibweise sowie eine Mehrfachbezeichnung verzichtet. Alle personenbezogenen Bezeichnungen sind somit geschlechtsneutral zu verstehen

Originalausgabe
4. Auflage 2026

Türkenstraße 89
80799 München
Tel.: 089 651285-0

Redaktion: Judith Engst
Umschlaggestaltung: Michael Gebhardt, Sonja Vallant
Umschlagabbildung: Mann auf Hängematte: shutterstock/Visual Generation; Palmen/Strand: Created by Freepik; Doppelhaus: shutterstock/VectorForever
Satz: ZeroSoft, Timisoara
Druck: GGP Media GmbH, Pößneck
Printed in Germany

ISBN Print 978-3-95972-342-8
ISBN E-Book (PDF) 978-3-96092-626-9
ISBN E-Book (EPUB, Mobi) 978-3-96092-627-6

Weitere Informationen zum Verlag finden Sie unter
www.finanzbuchverlag.de
Beachten Sie auch unsere weiteren Verlage unter www.m-vg.de

Inhalt

Vorwort

Wie schaffst du es, angesichts der herausfordernden Immobilienmärkte entspannt und cool zu bleiben? Hier gibt es für uns nur zwei Antworten: Entweder, du lässt die Finger von Immobilien oder du erarbeitest dir im Vorfeld das notwendige Know-how, um auch in schwierigen Märkten gute Geschäfte machen zu können. Der erste Weg ist zwar der einfachere, aber da du dieses Buch liest, nehmen wir an, dass er für dich nicht infrage kommt. Der zweite Weg erfordert von dir Zeit, Energie und den absoluten Willen, dich in eine neue Welt einzuarbeiten. Es handelt sich bei einer Immobilien-Investition keineswegs um passives Einkommen. Wir selbst kennen keinen erfolgreichen Investor, der keine Aktivitäten mehr vornimmt.

Du kannst es dir wie die Gründung eines Taxiunternehmens vorstellen. Theoretisch würdest du passive Einnahmen generieren, indem du auf Kredit ein Auto kaufst und einen Fahrer ans Lenkrad setzt. Meistens kommt es aber anders. Am Taxi muss etwas repariert werden, der Fahrer kündigt oder wird krank. Zudem musst du für das Unternehmen jedes Jahr einen Abschluss erstellen. So ist es auch mit der Immobilie. Ein Hausverwalter kann zwar einiges abfangen, darf aber auch nur innerhalb zuvor definierter Begrenzungen Entscheidungen treffen. Für die verbleibenden Fragen bist du der Ansprechpartner.

Das können umfangreiche Sanierungen oder Modernisierungen sein oder auch diverse Mieterwechsel. Zudem musst du mit dem Steuerberater strategische Entscheidungen treffen, wie es mit dem Portfolio weitergeht. Wer dennoch auf Passivität setzt, wird entsprechende Potenziale verschenken und das Investment im schlimmsten Fall durch die Vernachlässigung herunterwirtschaften. Oftmals ist dies die Regel und nicht die Ausnahme, wie du in den folgenden Kapiteln anhand vieler Praxisbeispiele sehen wirst. Du solltest den Kauf einer Immobilie wie den Kauf eines Unternehmens betrachten und ihre Bewirtschaftung entsprechend handhaben.

Du musst dir bereits im Vorfeld Gedanken darüber machen, was das Unternehmen wert ist, welche Potenziale es hat und welche Risiken es birgt. Nach Prüfung aller Gegebenheiten erstellst du für dein Investment eine Strategie und einen Businessplan. Wir hoffen, wir haben dich jetzt nicht enttäuscht. Aber mit Immobilien schnellen Reichtum zu erlangen ist, wenn überhaupt, nur mit extrem hohem Risiko möglich. Hierbei handelt es sich nicht um unbelegte Behauptungen, sondern um unsere eigenen Erfahrungen und die Erfahrungen der Hunderten Investoren, für die wir seit über zehn Jahren tätig sind.

Unsere Sichtachse beschränkt sich also nicht nur auf den eigenen Bestand und dessen Voraussetzungen, sondern umfasst auch die Perspektiven und Gegebenheiten anderer Investoren. Es ist beispielsweise ein großer Unterschied, ob du mit üppigem Eigenkapital oder nur mit wenigen freien Mitteln startest und welche Lebenserfahrung du mitbringst. Durch unsere langjährige Tätigkeit war von allem schon etwas dabei. Mit der makleristo GmbH & Co. KG prüfen wir, das sind Paul und Erik, Immobilien für Investoren. Bei besagten Investoren handelt es sich sowohl um Einsteiger, die ihre erste Immobilie kaufen, als auch um Großinvestoren, die pro Quartal ein Mehrfamilienhaus kaufen.

Dadurch haben wir ein tiefgehendes Experten-Know-how, welche Strategie und welche Finanzierung bei den jeweiligen Voraussetzungen die richtige ist. Wir werten jedes Jahr mehrere Tausend Exposés und Kaufangebote aus. Sie münden in über 100 Transaktionen pro Jahr, die von uns begleitet werden. Aus unserer Sicht ist dies eine Schlüssel-Ressource, die dieses Buch dir bietet, denn die richtige Umsetzung kennen wir aus unserem Tagesgeschäft bis ins letzte Detail.

Mit der immcube Hausverwaltung, die in Leipzig und Dresden tätig ist, sind wir zudem jeden Tag mit Fragen rund um die Themen Miete, Mieter und Instandsetzung beschäftigt. Dabei verstehen wir uns nicht als Hausverwaltung, die den Ist-Zustand verwaltet, sondern mehr als Entwickler. Uns geht es um schlaue Modernisierungen und Optimierungsstrategien für den Immobilienbestand. Viele Hausverwaltungen sehen den Mieter nur als Vehikel, um Geld zu verdienen. Aber genau wie beim Unternehmen liegt der wahre Erfolg darin, kundenorientiert zu sein und seine Zielgruppe genau zu kennen.

In den letzten Jahren haben wir zusätzliche Firmen im Immobilienbereich gegründet, um unser Leistungsspektrum sinnvoll zu ergänzen: Die Immcap setzt auf klassisches Fix-and-Flip-Geschäft und handelt mit Immobilien. Die Immcraft saniert Objekte professionell und effizient. Die immworX bietet Hausmeisterdienste für Immobilienprojekte an. Mit PrimoValue vermitteln wir Immobilien gezielt an Kapitalanleger. Durch diese spezialisierten Unternehmen bündeln wir unser Know-how und schaffen erfolgreiche Lösungen im Immobilienbereich.

Seit dem Jahr 2014 geben wir unsere Erfahrungen und unser Wissen auf immlab.de weiter. Wir veranstalten deutschlandweit Workshops, erstellen Online-Kurse, bloggen, drehen YouTube-Videos und haben dieses Buch geschrieben.

Besonders wichtig ist uns der Austausch mit anderen Investoren und Menschen, die es werden wollen. In zahlreichen Seminaren konnten wir durch ungewöhnliche Konstellationen und Fragen unser Wissen immer wieder erweitern und Menschen dabei helfen, ihre Ziele durch Investition in Wohnimmobilien zu erreichen. Aber auch die Diskussionen in unserer IMMLAB-App bringen immer wieder neue Problemstellungen und Lösungsansätze aus der Praxis mit ein. Du bist herzlich eingeladen, die App kostenlos herunterzuladen und dich dort in der IMMLAB-Community mit anderen Teilnehmern auszutauschen. Die immlab Accelerator Journey begleitet Investoren Schritt für Schritt zum Erfolg: Im Starter-Programm bauen Teilnehmer in drei Monaten online das nötige Know-how auf und haben Zugang zu monatlichen Zoom-Calls, um Rückfragen mit Experten zu klären. Im Accelerator Dealmaker geht es darum, die PS auf die Straße zu bringen: Ziel ist es, in acht Monaten mehr als vier Deals zu machen und ins Handeln zu kommen. Für alle, die skalieren und größer werden wollen, bietet die Mastermind die Möglichkeit, sich auf höchstem Niveau auszutauschen, weiter voranzukommen und das Ganze bei inspirierenden Events zu genießen.

Was war unsere Motivation, dieses Buch zu schreiben? Wir haben uns bereits in der Schule für Investments interessiert. So lag es nahe, danach diesen Weg einzuschlagen. Wir haben uns gefragt, welche Möglichkeiten wirklich funktionieren, um einen gewinnbringenden Vermögensaufbau zu betreiben. Bausparverträge, Versicherungen und Tagesgeldkonten scheiden dabei aus. Nach mehrjähriger Tätigkeit und Analyse verschiedenster Instrumente sind genau zwei Möglichkeiten übrig geblieben: Unternehmensbeteiligungen in Form von Aktien, Fonds und ETFs und eben Immobilien.

Immobilien eignen sich vor allem für Investoren, die wenig Eigenkapital haben. Durch eine Kaufpreisfinanzierung ist es möglich, mit wenig Kapital große Vermögenswerte zu kaufen. Gepaart mit dem monatlichen Cashflow ist eine Immobilie fast alternativlos. Allerdings hebelst du durch die Kreditaufnahme nicht nur die Chancen, sondern auch die Risiken. Der absolute Wert einer einzelnen Eigentumswohnung überschreitet das Durchschnitts-Jahreseinkommen eines Deutschen um ein Vielfaches.

Anders als bei einem Autokredit kann eine Problem-Immobilie, die einen hohen Darlehensstand aufweist, nur durch massiven Eigenkapitaleinsatz gerettet werden. Aber gerade über dieses Eigenkapital verfügst du am Anfang in der Regel nicht. Wir wollen dir mit diesem Buch eine Hilfestellung geben und vermeidbare Risiken transparent machen. Du wirst bei der Lektüre merken, wie begeistert wir von Wohnimmobilien sind. Wir sind sehr dankbar dafür, dass wir in relativ jungen Jahren unsere Berufung gefunden haben.

Vielleicht befindest du dich mit deinem Vorhaben genau an dieser Stelle: Du willst etwas Neues finden, das dich glücklich macht und das du lieben kannst. Wir kennen viele Investoren, die sich nur noch auf ihre Investments konzentrieren und Immobilien entwickeln, nachdem sie einen Cashflow erreicht haben, von dem sie alle Lebenshaltungskosten bestreiten konnten. Manche machen auch etwas ganz anderes, aber die gesicherten Einnahmen aus ihren Objekten geben ihnen die Möglichkeit, aus dem Hamsterrad »Zeit gegen Geld« auszusteigen und ihrer inneren Stimme zu folgen.

Die besten Investorengrüße aus Leipzig!
Erik, Paul und das ganze immlab-Team

Wie ist das Buch aufgebaut?

Das Buch ist in 14 mehr oder weniger große Kapitel eingeteilt und nicht chronologisch aufgebaut. Wenn du gerade ein potenziell lohnendes Objekt gefunden hast und die Ankaufsprüfung durchführen willst, kannst du gerne zum entsprechenden Kapitel springen und dir den Content zu Gemüte führen, der sich mit der Immobilien-Analyse befasst.

Für Anfänger lohnt es sich, vor dem Start alle Kapitel chronologisch zu lesen. Denn gerade beim Thema Finanzierung kannst du leicht Fehler machen, die dich teuer zu stehen kommen können. Ein Investment funktioniert aus unserer Sicht nur, wenn alle wichtigen Dinge ineinandergreifen. Ähnlich wie der Kauf eines Gebrauchtwagens eine Prüfung erfordert, ist auch bei einer Immobilien-Investition der Check durch einen Sachverständigen sinnvoll. Denn Objekte, die schlecht bewirtschaftet wurden, können sich zu einem Klotz am Bein entwickeln.

Deswegen unser Tipp an alle Ungeduldigen: Bitte nehmt euch die Zeit und arbeitet jedes Kapitel Stück für Stück durch. Auf unserer Website www.immlab.de haben wir zudem einen Bereich geschaffen, bei dem du nützliche Studien zur Lage, wichtige Checklisten zum Thema Objektprüfung, Kalkulationsprogramme für die Investmentkalkulation und vieles mehr findest. Die Kapitel über steuerliche und rechtliche Fragen wurden gemeinsam mit Experten auf dem jeweiligen Gebiet erarbeitet. Es vergeht kein Monat, in dem sich bei der Rechtsprechung nichts ändert. Gerade Mieterthemen wie die Erstellung einer korrekten Nebenkostenabrechnung werden laufend geändert. Es kann sein, dass sich durch die neue Rechtsprechung Informationen oder Kennzahlen verändern. Alle Angaben und Daten in diesem Buch sind nach bestem Wissen recherchiert und aufgearbeitet, jedoch geben wir keine Gewähr auf Vollständigkeit und Richtigkeit.

Ist es sinnvoll, in Immobilien zu investieren?

Durch die Investition in Immobilien kannst du enorme Werte aufbauen. Seit Jahrzehnten stellen Immobilien eine Anlageform mit Potenzial dar. Sie versprechen überdurchschnittliche Rendite, aber nur, wenn du es richtig machst, da ansonsten anstelle von Gewinnen hohe Verluste drohen. Immobilien sind aus zwei Gründen bei Investoren sehr beliebt: Als Investor hast du direkten Einfluss auf die Wertentwicklung. Alleine du bestimmst, wann der richtige Zeitpunkt für Aufwertungen, Renovierungen oder für den Verkauf gekommen ist. Betrachten wir hingegen Fonds und Aktien, sind die dahinter verborgenen Strukturen oftmals intransparent. Bei anderen Anlageklassen ist die Fremdfinanzierung ein Problem. Aktionäre erhalten ihre Dividende maximal einmal pro Quartal, und von der Lebensversicherung siehst du außer Geldabgängen erst einmal gar nichts. Es ist also nicht möglich, mit laufenden Rückflüssen den Kredit zu bedienen. Bei Immobilien werden hingegen Mieteinnahmen generiert, die monatlich auf dein Konto gehen und der Kredittilgung dienen. So zahlt der Mieter die Immobilie ab – vorausgesetzt, die Mieteinnahmen sind ausreichend hoch.

Objekte in beliebten Städten wie Hamburg oder München werden zu Spitzenpreisen verkauft. Wenn du damit liebäugelst, solltest du dir zuvor die Frage stellen, ob sich diese Investition wirklich lohnt. Denn eine Spitzenlage bedeutet in der Regel auch einen Spitzenpreis. Gerade Anfänger, die in gefragten Märkten Schnäppchen machen wollen, landen oft bei Schrottimmobilien, die sich nach dem Kauf als Büchse der Pandora entpuppen. Wenn du in eine Immobilie investierst, erwartest du im Regelfall, dass dein Objekt in zehn Jahren mehr wert sein wird als heute. Falls du diese erwartete Wertsteigerung jedoch lediglich vom Immobilienmarkt auf ein einzelnes Objekt überträgst, handelst du höchst spekulativ und machst dich von unveränderlichen Faktoren wie der Politik oder der Europäischen Zentralbank abhängig. Es ist schlichtweg nicht möglich, die Entwicklung der Preise vorherzusagen. Oft sehen wir in Vertriebsprospekten aber genau das: eine durchweg positive zukünftige Wertentwicklung. Große Zahlen lassen sich einfach besser verkaufen. Es lohnt sich, wenn du eine Matrix erstellst. Was passiert, wenn der Preis beispielsweise um 10 oder 20 Prozent sinkt oder steigt? Anhand dieser Überlegungen kannst du dein Worst-Case-Szenario berechnen, und auch in dem sollte deine Investition erträglich sein. Wie das geht, erfährst du später.

Was kannst du selbst tun, um den Wert deiner Immobilie zu steuern?

Die richtige Herangehensweise besteht darin, deinen Cashflow zu steigern, denn das liegt zum Großteil in deiner Hand. Dazu steht dir eine ganze Reihe an Instrumenten zur Verfügung, die wir dir in diesem Buch näherbringen wollen. Deswegen ist es wichtig, aktiv zu sein und dich um die Wertsteigerung, also die Mieterhöhungen, zu kümmern. Wer auf reine Spekulationsgewinne abzielt, sollte in guten Lagen eher zu Grundstücken greifen, da diese wenig bis gar keinen Bewirtschaftungsaufwand bedeuten und du beim Verkauf von den gestiegenen Bodenpreisen profitierst. In beliebten Stadtteilen in London werden fertiggestellte Wohnungen sogar versiegelt und unberührt gelassen, da sie im unvermieteten Zustand den höheren Verkaufspreis bringen. Für dieses Geschäftsmodell ist allerdings auch einiges an Eigenkapital nötig. Denn reine Grundstückskäufe ohne direktes Bauvorhaben (Vorratskäufe) werden selten von einer Bank finanziert, und auch eine unvermietete Wohnung verursacht monatliche Kosten. Banken haben oft deshalb Probleme mit Vorratskäufen, weil sie das Grundstück nicht in die Zwangsverwaltung nehmen können, also sich nicht an den Cashflows bedienen, wenn der Kreditnehmer ausfällt, sondern nur zwangsversteigern sprich verkaufen können. Das sind ganz andere Risiken als bei fertiggestellten Wohnungen, die einen Ertragswert haben. Auch sogenannte Projektfinanzierungen werden nur von wenigen spezialisierten Banken angeboten. Hierbei werden die Bauträger finanziert, die ein bereits gekauftes Grundstück aus Eigenkapital nun mit Fremdkapital bebauen und veräußern wollen. Weil sich viele Banken aus dem Bereich zurückgezogen haben, ist eine Lücke entstanden, in die beispielsweise Crowdinvesting-Plattformen eingesprungen sind. Sie bietet Bauträgern Kapital für ihre Projekte. Die Renditen sind »ordentlich«, allerdings das Risiko aus unserer Sicht auch.

Wichtig: Spekuliere nicht auf Szenarien, deren Eintritt du nicht beeinflussen kannst. Dazu zählen die Inflation, Leitzinsen oder auch die Verdichtung der Nachfrage nach Wohnimmobilien. Konzentriere dich immer auf Wertsteigerungen, die in deiner Hand liegen, wie Vermietung, Modernisierung und Ausbaureserven.

Welche Voraussetzung sollte ein Immobilien-Investment erfüllen?

- ❐ Du hast die Chance, eine Immobilie günstig zu erwerben.
- ❐ Es besteht ein enormes Potenzial.
- ❐ Ein teurerer Weiterverkauf ist möglich.

Am ehesten wirst du eine Immobilie günstig erwerben, wenn zeitlicher Druck im Spiel ist oder der Verkäufer eine andere dringliche Motivation hat, das Objekt zu veräußern. Wenn du jedoch ein Objekt zu marktüblichen Konditionen erwirbst, bedeutet das nicht zwangsläufig, dass keine Gewinne damit möglich wären. In diesem Fall musst du dir Gedanken über die Entwicklungsfähigkeiten der Immobilie machen und sie kontinuierlich aufwerten, damit sie dir höhere Einnahmen bringt. Im Idealfall bezahlst du für das Objekt einen günstigen Preis und wertest es anschließend auf. Auch durch die steuerlichen Vorteile lassen sich zusätzliche Gewinne erwirtschaften. Um einen guten Verkaufspreis zu erzielen, ist es von Vorteil, selbst keinen Druck zu haben und entspannt abzuwarten, bis dich das beste Angebot erreicht. Einige Immobilienprofis haben sich darauf spezialisiert, Immobilien in günstigen Regionen an Anleger zu verkaufen, die in Großstädten wohnen und die Einkaufspreise geradezu lächerlich finden. Solchen Kapitalanlegern entgeht, dass eine Immobilie in Gera zwar günstiger ist als in München, dass sie mit dem geforderten Kaufbetrag aber dennoch einen absurd hohen Preis dafür bezahlen. Wir selbst machen ausschließlich Geschäfte, wenn eine Win-win-Situation vorliegt, sprich wenn alle Beteiligten profitieren. Wir zeigen mit immcap, dass es anders geht: Wir schaffen klare Win-win-Situationen und sorgen für faire, rentable Deals für Kapitalanleger, die sich wirklich rechnen und bei denen alle Seiten profitieren.

Der wichtige Unterschied zwischen Eigennutzer, Kapitalanleger und Immobilien-Unternehmer

Ist dir eigentlich bewusst, dass im Hinblick auf Immobilien ein großer Unterschied besteht zwischen Eigennutzern, klassischen Kapitalanlegern und Immobilien-Investoren? Mit den einzelnen Personengruppen sind komplett unterschiedliche Regeln, Grundlagen und Ergebnisse verbunden. Schauen wir uns diese drei Gruppen und ihre Art der Immobiliennutzung einmal genauer an.

Eigennutzer

Zunächst müssen wir klären, was eine Immobilien-Investition ist und was nicht. Viele Menschen assoziieren mit einer Immobilien-Investition nämlich den Bau des eigenen Häuschens außerhalb der Stadt. Dies wird häufig als Altersvorsorge bezeichnet und damit gerechtfertigt, dem Vermieter nicht das Geld »in den Rachen werfen« zu wollen. Missachtet wird dabei allerdings, dass nun zwar tatsächlich kein Vermieter mehr Geld bekommt, dafür allerdings die Bank die Hand aufhält.

Generell ist eine Investition dadurch definiert, Kapital für einen bestimmten Verwendungszweck einzusetzen. Meistens sehen wir den Investitionsbegriff in einem anderen Zusammenhang. Gemäß der eigentlichen Definition wäre schließlich auch der Kauf eines Autos eine Investition. Solange du allerdings kein Vertriebler bist, der mit dem Auto auf »Kundenfang« geht, erwartet niemand einen positiven Rückfluss aus dieser Investition.

Wir dagegen betrachten Investitionen eher als Einsatz des Kapitals, um einen positiven Rückfluss zu erzielen. Sehen wir den Begriff auf diese Weise, wird schnell klar, warum der Bau des Eigenheims keine Investition ist. Zum einen erhalten wir keinen direkten Rückfluss aus der Investition, zum anderen müssen wir auch noch viel Geld für Instandhaltung und Reparaturen zurückhalten, die ansonsten der Vermieter tragen würde. Nach der Peters'schen Formel kommen in 80 Jahren der Immobiliennutzung Kosten in Höhe der anderthalbfachen Herstellungskosten auf den Häuslebauer zu. Diese Kosten werden neben der Grunderwerbsteuer und dem Honorar für den Notar bei der Gegenüberstellung von Mietzahlung und Darlehensrate häufig nicht berücksichtigt.

Dazu kommt, dass die Modernisierung meistens fällig wird, wenn der Eigennutzer in Rente geht und eigentlich mietfrei wohnen wollte. Die meisten verkaufen dann ihr Haus und ziehen aus Platzgründen und wegen der hohen Instandsetzungskosten in eine Stadtwohnung. Menschen denken gerne in einfachen Bahnen, und so wird auch der Neuwagen mit dem Argument gekauft, dass er nur 5,6 Liter verbraucht. Dabei wird vergessen, dass der Wagen, sobald er vom Hof des Autohändlers rollt, bereits einen Wertverfall von oftmals mehr als 30 Prozent erleidet. Meistens siegt das Habenwollen über sämtliche Erwartungen im Hinblick auf negative Konsequenzen.

Wenn du dein Eigenheim in einer zukunftsträchtigen Lage baust, könntest du natürlich sagen, dass die Immobilie im Wert steigt. Über die Jahre werden in der Immobilie jedoch viele Erinnerungen gesammelt. Du siehst die Kinder darin aufwachsen, knüpfst Kontakte zu den Nachbarn und baust dir eine soziale Infrastruktur auf. Wenn es die äußeren Umstände nicht erforderlich machen, wirst du dein Eigenheim in den seltensten Fällen verkaufen, um das gebundene Kapital in liquide Mittel zu verwandeln und wieder neue Investitionen tätigen zu können.

Weitere Umstände sind in der Regel eine zu kurze Zinsbindung, zu wenig Eigenkapitaleinsatz und ein zu geringer Tilgungssatz bei Immobilien zur Selbstnutzung. Wenn die Zinsbindung dann endet und der Zins gestiegen ist, kann es aufgrund einer hohen Restschuld teuer werden. Wenn du früher verkaufen willst, schlägt die Vorfälligkeitsentschädigung der Bank richtig zu Buche. Übrigens kommt ein vorzeitiger Verkauf gar nicht so selten vor. Denn berufliche Veränderungen, das Alter, Trennung oder Nachwuchs erfordern oft eine Anpassung des Lebensraumes. Schlussendlich ist das Eigenheim keine Investition, sondern ein Luxus, den du dir leisten können musst. Bist du dazu in der Lage und hast du es dir gut überlegt, spricht nichts dagegen.

Klassische Kapitalanleger

Als klassischer Kapitalanleger ist dein oberstes Bestreben Sicherheit. Du vertraust darauf, dass dein heute erworbenes Objekt in zehn Jahren mehr wert sein wird. Deine Intention ist es, das Geld vor dem Herumliegen auf dem Konto und der Inflation zu bewahren. Da du dich im Normalfall wenig mit der Risikoanalyse auskennst, ist es sehr schwer für dich zu kalkulieren, wie wirtschaftlich deine Immobilie überhaupt ist. Dazu müsstest du dich detailliert mit Zahlenwerten, Geldströmen und den Besonderheiten bei Immobilien auseinandersetzen. Die große Gefahr hierbei besteht darin, den Angaben von »Spezialisten« zu glauben und dabei die versteckten Risiken zu übersehen.

Viele klassische Kapitalanleger treffen Entscheidungen aus dem Bauch heraus. Diese halten oftmals einer objektiven Analyse nicht stand, bei der es auf Zahlen, Daten und Fakten ankommt. Das wiederum führt zu überteuerten Einkäufen. Kapitalanleger kaufen oft von Bauträgern Neubau- und Denkmalimmobilien. Ein weiteres Problem besteht darin, dass Kapitalanleger die Möglichkeiten zur Aufwertung durch einen Krediteinsatz nicht nutzen und viel Eigenkapital einsetzen. Auch die Zinsen sind bei dieser Personengruppe höher als bei professionellen Investoren. In der Regel verdienen klassische Kapitalanleger kein Geld mit ihrer Immobilie, sondern müssen ganz im Gegenteil kontinuierlich Kapital zuschießen. Aber wann kommt das ganz große Erwachen? In der Regel werden Immobilien länger als zehn Jahre gehalten bis zum Verkauf, und bis dahin wird der Eigentümer nicht merken, dass er zu teuer eingekauft hat oder die versprochene Wertentwicklung nicht eintritt. Wenn die Immobilie gar nicht veräußert wird, wird sich der teure Einkauf nie zeigen. Allerdings sind für junge Kunden heutige Käufe nicht als Renteneinkommen geeignet. Denn steuerlich gesehen kannst du eine Immobilie in der Regel nur 40 oder 50 Jahre abschreiben. Wenn ein 25-Jähriger den Kredit der Immobilie nach 40 Jahren abbezahlt, hat er weder Zinsen, die er mindernd ansetzen kann noch eine Abschreibung, die er gegenüber dem Finanzamt geltend machen kann. Als Investor ist man also in gewisser Weise zu Transaktionen gezwungen, zumindest wenn man in jungen Jahren ein Portfolio aufbaut.

Immobilien-Unternehmer

Ein Immobilien-Unternehmer sieht die Immobilie wie den Kauf eines Unternehmens. Er weiß genau, in welchem Markt er sich bewegt, und wählt sich seine Branche aus. So macht er es auch mit Immobilien. Er kennt den Markt, das Netzwerk, und weiß, was er kaufen will. Danach wählt er potenzielle Kandidaten aus und unterzieht sie einer Prüfung. Er prüft also sämtliche Unterlagen, um versteckte Risiken und Chancen zu erkennen. Wenn alle Ampeln auf Grün stehen, geht es darum, einen guten Preis zu verhandeln. Ist dies geglückt, wird meistens das Management ausgewechselt und die neue Unternehmensstrategie umgesetzt, um die verborgenen Potenziale zu heben und das Unternehmen noch erfolgreicher zu machen. Später wird es entweder verkauft oder gehalten. Der Kauf muss sich immer rentieren. Ein Immobilien-Unternehmer würde niemals zugreifen, nur um in Immobilien zu investieren oder um sein Geld nicht auf dem Tagesgeldkonto liegen zu lassen. Er investiert viel Zeit in seine Immobilie, schaut hinter die Kulissen, bildet sein eigenes Urteil und möchte langfristig von den Erträgen leben. Beim Kauf einer Immobilie preist er immer seinen Aufwand und Gewinn ein – entsprechend hoch muss die Rendite ausfallen.

Deine Motivation ist entscheidend

Auch wenn es dir vielleicht verlockend erscheint, mit Immobilien zu schnellem Reichtum zu kommen: Hüte dich vor Ratgebern und Seminaren, die dir genau das versprechen. Wenn du hohe, kurzfristige Gewinne erzielen möchtest, gehst du ein enormes Risiko ein. Im schlimmsten Fall ereilt dich ein Totalverlust. Wenn du in einer Boom-Phase riskant investierst, wirst du während der Marktbereinigung, die in jedem Fall eintritt, große Schwierigkeiten bekommen. Oftmals pressen solche Strategien, die schnellen Reichtum versprechen, nämlich das Letzte aus einem Objekt heraus.

Wenn die Zinsen steigen, das Mietniveau oder die Marktpreise nur minimal sinken, gerätst du in die roten Zahlen. Noch fataler ist es, wenn dein eingesetztes Kapital zudem stark gehebelt ist. In solchen Fällen kannst du schnell deine gesamte Existenz vernichten. Denn hier geht es nicht um einen Ratenkredit in Höhe von 10.000 Euro, sondern meistens um mehrere 100.000 Euro, die du mit deinem »normalen« Einkommen nicht kompensieren kannst. Die meisten Lockangebote entstehen, wenn Märkte haussieren, also stark steigen.

Das zeigt sich immer wieder bei gehypten Anlagethemen: Je stärker der Markt steigt, desto mehr Menschen interessieren sich plötzlich dafür und stellen Fragen dazu. In Boom-Phasen häufen sich verlockende Werbeanzeigen, die schnellen Reichtum versprechen. Hier ist es wichtig, besonnen zu bleiben und sich selbst kritisch zu hinterfragen: Kannst du das damit verbundene Risiko tragen, und bist du dir wirklich darüber im Klaren, was im Hintergrund passiert?

Wenn du noch keine Erfahrung hast, solltest du deine Laufbahn als Immobilien-Investor mit einer kleineren Wohnung starten. Eine gute Größenordnung sind Zwei-Zimmer-Wohnungen mit 60 bis 70 Quadratmetern. Aber Vorsicht: Auch ein kleiner Einstieg befreit dich nicht von einer gründlichen Prüfung der Immobilie. Bereits Verluste von 10 bis 20 Prozent können schnell mehrere Zehntausend Euro ausmachen. Einfach loszulegen, nur weil du eine keine Wohnung kaufen willst, ist der falsche Weg. Es geht darum, mit Bedacht zu starten und durch eine sorgfältige Due Diligence teure Fehler zu vermeiden.

In aller Kürze: die Vor- und Nachteile von Immobilien-Investitionen

Vorteile von Immobilien-Investitionen

- Immobilien lassen sich zu 100 Prozent finanzieren.
- Du kannst direkt auf das Investment Einfluss nehmen.
- Immobilien haben steuerliche Privilegien wie steuerfreie Veräußerungsgewinne, Abschreibungen und Werbungskosten.
- Immobilien bieten dir monatlichen Cashflow.
- Immobilien haben einen Sachwert, sind aber nicht unbedingt gleichlaufend mit der Inflation. Preise bilden sich sind in Abhängigkeit von Angebot und Nachfrage.
- Es besteht eine hohe Nachfrage in zukunftsträchtigen Standorten für Vermietung und Verkauf.
- Der Betrieb einer Immobilie kann zum Teil outgesourct werden.
- Es sind hohe Eigenkapitalrenditen möglich.

Je mehr du dich mit diesem komplexen Thema auskennst, desto besser. Es ist unabdingbar, die Vor- und Nachteile im Hinblick auf deine eigene Situation zu betrachten. Wenn du beispielsweise ohnehin kaum Steuern zahlen musst, wirken sich auch die steuerlichen Vorteile nicht auf dich aus. Zudem vergrößert ein höherer Eigenkapital-Hebel, sprich die Finanzierung der Immobilie mit einem hohen Kreditanteil, natürlich auch das Risiko – nämlich das eines größeren Verlustes. Ähnlich wie sich bei wachsenden Unternehmen die Probleme vergrößern, passiert das auch bei Immobilien-Investments. Wachstum kann einen Investor oder Unternehmer auch zu Fall bringen.

Nachteile von Immobilien-Investitionen

- Wie der Name schon sagt, ist eine Immobilie nicht mobil. Erfährt eine Gegend eine Abwertung und du erkennst dies nicht rechtzeitig, kannst du die Immobilie nicht einfach mitnehmen und umziehen.
- Das Mietrecht ist in Deutschland mieterfreundlich.
- Es gibt kein passives Einkommen. Zum Vermögensaufbau ist immer aktive, smarte und vor allem umfangreiche Arbeit notwendig.
- Know-how aus vielen verschiedenen Bereichen ist erforderlich.
- Immobilienkäufe gehen mit hohen Transaktionskosten einher.
- Der Vergleich von Preisen ist schwierig.
- Makroökonomische Einflüsse wie Zinsanhebungen wirken sich auf den Immobilienmarkt aus.
- Gesetzliche Änderungen

Je besser du die Schwächen des Objekts kennst, das du erwerben willst, desto leichter kannst du diese neutralisieren oder im Idealfall sogar in Vorteile umwandeln. Nur weil ein Objekt ein Problem aufweist, muss das nicht heißen, dass sich ein Kauf nicht lohnen kann. Ausschlaggebend ist, dass das Problem im Preis entsprechend berücksichtigt ist und dass du es lösen kannst. In allen anderen Fällen lässt du besser die Finger davon.

Wichtige Begriffe und Kennziffern bei Immobilien-Investitionen

Im Immobilienbereich gibt es viele Spezialbegriffe, die du kennen solltest. Sie helfen dir nicht nur dabei, das Objekt richtig einzuschätzen, sondern sind auch nützlich, um einen professionellen Eindruck zu hinterlassen. Darüber hinaus gibt es in verschiedenen Märkten Regelungen, deren Bedeutung du kennen und die du beachten solltest. Damit befassen wir uns in diesem Teil.

AfA (Absetzung für Abnutzung)

Der erste Begriff ist die AfA (Absetzung für Abnutzung). Diese gibt die Verteilung der Anschaffungs- und Herstellungskosten an sowie die geschätzte Nutzungsdauer. Bei vermieteten Immobilien ist der jeweilige Anteil des Kaufpreises steuerlich absetzbar. Die Gesamtkosten (Kaufpreis + Kaufnebenkosten) werden auf Grund und Boden sowie das Objekt verteilt. Je nach Fertigstellung erfolgt die Abschreibung über 40 Jahre (vor 1925) oder 50 Jahre (nach 1925). Ein Restnutzungsdauergutachten kann die AfA wesentlich erhöhen. Bei Neubauten gilt die lineare AfA von 3 Prozent, zusätzlich gibt es die degressive AfA von 5 Prozent. Abschreibungsgewinne sind möglich, da das Objekt zwar steuerlich abgeschrieben wird, bei guter Instandhaltung aber eher an Wert gewinnt. Bei Sanierungsstau kann der Wert jedoch auch erheblicher sinken.

Grunderwerbsteuer und Grundsteuer

Die Grundsteuer wird anhand des Grundsteuerwertes berechnet, den das Finanzamt auf Grundlage der Grundsteuererklärung berechnet. Dieser Wert wird mit der Steuermesszahl und mit dem Hebesatz der jeweiligen Gemeinde multipliziert. Der anschließende Grundsteuerbescheid der Gemeinde enthält die jährliche Zahllast. Die Grundsteuer stellt eine laufende Ausgabe dar, die Vermieter im Rahmen der Nebenkostenabrechnung auf die Mieter umlegen können.

Hausgeld

Das Hausgeld zahlst du, sobald du in eine Eigentümergemeinschaft eintrittst, also eine Wohnung kaufst, die in einer Wohnanlage oder einem Mehrfamilienhaus liegt, das mehreren Eigentümern gemeinschaftlich gehört. Im Hausgeld sind die Nebenkosten des Mieters sowie Instandhaltungs- und Verwaltungskosten enthalten. Der größte Teil des Hausgeldes ist in der Regel auf deinen Mieter umlegbar. Die genaue Aufschlüsselung kannst du anhand des Wirtschaftsplans nachvollziehen. Achte auf jeden Fall auf Unregelmäßigkeiten und hohe, nicht umlagefähige Nebenkosten wie Rechtsstreitigkeiten oder Ähnliches.

Mietspiegel

Der Mietspiegel ist eine Übersicht der ortsüblich erzielten Mieten auf dem Markt, auf dem du dich bewegst. Der Mietspiegel wurde eingeführt, um gewisse Mieterhöhungen begründen zu können. Dazu gibt es den Unterschied zwischen einem einfachen und qualifizierten Mietspiegel.

Einfacher Mietspiegel

Den einfachen Mietspiegel kann man nur zur Begründung von Mieterhöhungen heranziehen. Vor Gericht hat dieser aber nicht die gleiche Aussagekraft wie ein qualifizierter Mietspiegel. Ein weiteres Instrument wäre die Vergleichsmiete. Diese benennt drei andere Wohnungen, die in Lage, Ausstattung, Größe und allen anderen relevanten Daten identisch sind und mehr Miete generieren. Die Miete deiner Wohnung wird auf die günstigste der drei Vergleichswohnungen angehoben. Wir selbst haben so etwas schon durchgesetzt, allerdings in einer Stadt, in der es keinen qualifizierten Mietspiegel gibt.

Qualifizierter Mietspiegel

Dieser wird in der Regel alle zwei Jahre herausgegeben. Hierbei werden ausschließlich Wohnungen berücksichtigt, bei denen in den zurückliegenden sechs Jahren die Miete neu vereinbart wurde. Gemeinden ab 100.000 Einwohnern und Städte mit angespanntem Wohnungsmarkt sind zudem verpflichtet, einen qualifizierten Mietspiegel zu erstellen. In der Regel liegt dieser Wert weit unterhalb der Miete, die bei einer aktuellen Neuvermietung zu erzielen ist. Diesen Umstand solltest du unbedingt bei deiner Kalkulation berücksichtigen, besonders wenn es eine Mietpreisbremse gibt.

Mietpreisbremse

Die Politik hat es sich zur Aufgabe gemacht, für einen gerechten Ausgleich zwischen den Interessen von Vermietern und Mietern zu sorgen, und eines der Instrumente, mit denen das geschehen soll, ist die Mietpreisbremse. Sie soll verhindern, dass aus rein spekulativem Interesse überzogene Mieten verlangt werden. Diese Regulierungsmaßnahme wird primär in Gebieten mit angespanntem Wohnungsmarkt eingesetzt. Bei einer Neuvermietung darf die Miete nicht mehr als 10 Prozent oberhalb der ortsüblichen Vergleichsmiete liegen. Werden Wohnungen neu gebaut, gilt die Mietpreisbremse nicht und der Mietpreis richtet sich allein nach Angebot und Nachfrage. Maßgeblich ist hierbei, ob die Wohnung nach dem 1. Oktober 2014 erstvermietet wurde, dann gilt die Mietpreisbremse nicht. Ebenso gilt die Mietpreisbremse nicht, wenn die Wohnung derartig modernisiert wurde, dass sie einem Neubau gleicht. Als grobe Maßgabe gilt hierbei, dass ein Drittel des Neubaupreises investiert wurde. Da es viele Ausnahmeregelungen gibt, war die Mietpreisbremse bisher wenig erfolgreich. Zudem müsste der Mieter in letzter Konsequenz klagen, um nachzuweisen, dass er zu viel bezahlt. In Regionen mit angespanntem Wohnungsmarkt ist dies äußerst unwahrscheinlich. Aufgrund einer Nachbesserung hat der Vermieter nun auch eine Auskunftspflicht gegenüber dem Mieter, wenn die Miete die Grenzen der Mietpreisbremse überschreitet, was vorher nicht geregelt wurde. Zudem kam Ende 2019 auch die Regelung, dass der Mieter erstmals zu viel gezahlte Miete für die ersten 30 Monate nach Vertragsschluss zurückfordern kann.

Mittlerweile haben sich einige Start-up-Unternehmen darauf spezialisiert, die diesen Missstand beseitigen wollen und gegen unrechtmäßig hohe Mieten vorgehen.

Um den Anstieg der Mieten einzudämmen, wäre es allerdings sinnvoller, mehr Wohnungen zu errichten. Hierzu müssten jedoch bürokratische Regelungen abgebaut werden und weniger Anforderungen an die Wärmedämmung und den Energieverbrauch gestellt werden.

Die Wohnimmobilienkreditrichtlinie

Seit März 2016 ist auf Veranlassung der EU das »Gesetz zur Umsetzung der Wohnimmobilienkreditrichtlinie und zur Änderung handelsrechtlicher Vorschriften« aktiv. 85 Prozent der Verbindlichkeiten der deutschen Haushalte sind Wohnkredite. Mit der Wohnimmobilienkreditrichtlinie soll sichergestellt werden, dass der Kreditnehmer auch in Zukunft seinen Verpflichtungen vertragsgemäß nachkommen kann. Wenn die Finanzierungskonditionen sehr günstig sind, ist die Aufnahme eines Kredites verlockend. Wenn dieser aber zunehmend nicht mehr bedient werden kann, weil sich die Lebenssituation beispielsweise durch Familiengründung oder Renteneintritt geändert hat, drohen die Kreditinstitute in eine Schieflage zu rutschen. Dies soll verhindert werden. Für dich als Immobilien-Investor erschwert sich dadurch die Finanzierung. Wenn du als Investor beispielsweise 30.000 Euro Vermögen und einen Autokredit in Höhe von 40.000 Euro hast, erhältst du keinen Kredit, da deine Vermögensbilanz negativ ist. Erst wenn du das Verhältnis zwischen Konsumschulden und Vermögen wieder ausgeglichen hast, also beispielsweise 10.000 Euro getilgt hast, wird eine Immobilienfinanzierung realistisch.

Das Geheimnis erfolgreicher Immobilien-Analyse: Standortfaktoren richtig einschätzen

Die Bedeutung der Lage

Was sind die drei wichtigsten Kriterien beim Immobilienkauf? Lage, Lage, Lage. Das ist das meistverbreitete Vorurteil zum Thema Immobilien-Investments. Wer dieses Mantra gebetsmühlenartig wiederholt, hat wahrscheinlich zu viel Fernsehen geschaut. Stattdessen solltest du dir als Investor folgende Frage stellen: Ist der Preis der Lage entsprechend? Auch ein Objekt in einfacher Lage, das sehr günstig gekauft wird, kann interessant sein, wenn die Mietrendite hoch genug ist, um Leerstände zu kompensieren, und wenn die Bauqualität sehr gut ist. Natürlich ist für jede Lage eine andere Strategie, Planung und Umsetzung nötig. Mehr dazu erfährst du im Abschnitt »Lagestrategien, die du kennen solltest«. Zunächst zeigen wir dir wichtige Indikatoren, wie du die Lage einer Immobilie richtig einschätzen kannst.

Du musst herausfinden, ob der Preis für die Lage gerechtfertigt ist oder ob es sich um eine unter- oder überbewertete Lage handelt, die ein besseres oder schlechteres Chance-Risiko-Verhältnis aufweist als vergleichbare Lagen. Um eine Lage richtig einschätzen zu können, musst du dir den Ist-Zustand anschauen, aber auch abschätzen können, wie die zukünftige Entwicklung wohl aussieht. Hier geht es um Wahrscheinlichkeiten. Ist es wahrscheinlich oder eher unwahrscheinlich, dass sich die Lage positiv entwickeln wird? Vorhersagen kann das zwar niemand, aber meistens drehen sich bestehende Trends nicht abrupt um. Gerade die Makrodaten (Griechisch »makro«: groß, weit) spiegeln zum Beispiel die Bevölkerungsentwicklung wider, die langfristig einigermaßen zuverlässig eingeschätzt werden kann. Die Mikrolage (Griechisch »mikro«: klein) wiederum kann einige Straßen weiter ein ganz anderes Bild ergeben. Stadtteile verhalten sich sehr dynamisch. Lagen können in folgende gängige Kategorien eingeteilt werden:

- Bestlage
- gute Lage
- durchschnittliche Lage
- einfache Lage

Bei den Makrodaten sind harte Faktoren und weiche Faktoren zu unterscheiden. Harte Faktoren sind messbar, weiche sind es nicht.

Harte Faktoren

- Kosten (z. B. kommunale Gebühren, Lohnniveau)
- Wirtschaftsentwicklung, Diversifizierung der Wirtschaft
- Öffentliche Einrichtungen (z. B. Ministerien, Gerichte, Verwaltungen)
- Bevölkerungsstruktur und Kaufkraft
- Verkehrsinfrastruktur (z. B. Flughafen, Bahn, Straßen, öffentlicher Nahverkehr etc.)

Weiche Faktoren

Zu den weichen Faktoren gehört beispielsweise das Image einer Stadt. Der einstige Oberbürgermeister von Berlin, Klaus Wowereit, hat gesagt: »Berlin ist arm, aber sexy.« Wie »hip« eine Stadt ist, lässt sich schwer messen, aber wer Berlin kennt, weiß, dass die Stadt weltweit ein besonderes Image hat und deswegen nicht nur in Szene-Lagen auch internationale Käufer anzieht. Bei der Mikrolage geht es um die direkte Nachbarschaft und den Straßenzug:

- Einkaufsmöglichkeiten und Versorgung (z. B. Ärzte)
- Sozialer Status in den Top-Vierteln
- Lärmeinflüsse (Polizeiwache oder Gewerbe)
- Häuserzustand (Leerstand)
- Entfernung zum Stadt- oder Ortszentrum
- Öffentlicher Nahverkehr und Straßenanbindung
- Freizeit- und Erholungsmöglichkeiten

Wenn für dich ein bestimmter Standort, also eine Makrolage, Sinn macht, heißt das noch lange nicht, dass dies auch für die Mikrolage gilt. Wir alle haben einen großen Vorteil gegenüber Investoren, die vor 20 oder 30 Jahren investiert haben. Durch das Internet lassen sich fast alle relevanten Kennzahlen online recherchieren. Das heißt, du kannst auch Standorte analysieren, die sich nicht unmittelbar in deiner Umgebung befinden. Natürlich gibt es auch hier wieder Strategien oder Konzepte, bei denen es unbedingt erforderlich ist, in der Nähe zu sein und die Immobilien schnell erreichen zu können. Es gibt aber auch Strategien für Menschen in München oder Hamburg, die beispielsweise Immobilien in Leipzig oder Dresden kaufen möchten. Wie gehst du nun am besten vor?

Welche Indikatoren solltest du bei der Makrolage prüfen?

Allgemeine Marktfaktoren

Wie attraktiv ein Standort ist, und in welcher Höhe sich das Preisniveau bewegt, kannst du mithilfe des sogenannten Marktfaktors oder Marktmultiplikators beurteilen. Wie viele Jahresnettokaltmieten muss ein Käufer rein rechnerisch erhalten, damit der Kaufpreis refinanziert ist? Beim Marktfaktor 22 beträgt der Marktpreis eines Objekts mit 20.000 Euro Mieteinnahmen pro Jahr am jeweiligen Standort 440.000 Euro. Wenn du 100 durch den Marktfaktor teilst, kommst du zur Mietrendite. In diesem Beispiel wären es 100/22 = 4,55 Prozent. Je besser und nachhaltiger ein Standort ist, desto höher ist der Marktfaktor und desto weniger Mietrendite erhält der Investor. Das liegt vor allem an dem niedrigen Leerstandsrisiko. Aufgrund der guten Bonitäten der Mieter in den Top-Standorten ist kaum mit Mietausfällen zu rechnen. Wenn du den üblichen Marktfaktor einer Stadt und deren Stadtteile kennst, kannst du daraus auch schnell ableiten, wie ein Stadtviertel eingeschätzt wird. Wenn der Marktfaktor in einem Stadtviertel besonders hoch ist, lässt dies Rückschlüsse auf die Nachhaltigkeit und die Nachfrage zu. Wichtig ist, den Marktfaktor in der jeweiligen Umgebung zu kennen. Damit bekommst du einen ersten Eindruck, ob es sich bei dem gerade zu prüfenden Angebot um einen Ausreißer handelt. Schau dir aber nicht nur den aktuellen Marktfaktor an, sondern auch, von welchem Niveau er kommt und wohin er sich mutmaßlich entwickelt. Wer beispielsweise eine Minimum-Rendite von 6 Prozent (Faktor 16,67) haben will, hat es in so mancher angesagten Großstadt aktuell sehr schwer. Das kann sich aber auch wieder ändern. Im Abschnitt »Lagestrategien, die du kennen solltest« wirst du unter anderem Konzepte kennenlernen, die im Einkaufspreis beim Faktor 10 bis 14 liegen, sich aber nicht – wie vielleicht vermutet – in der Münchener oder Hamburger Innenstadt befinden.

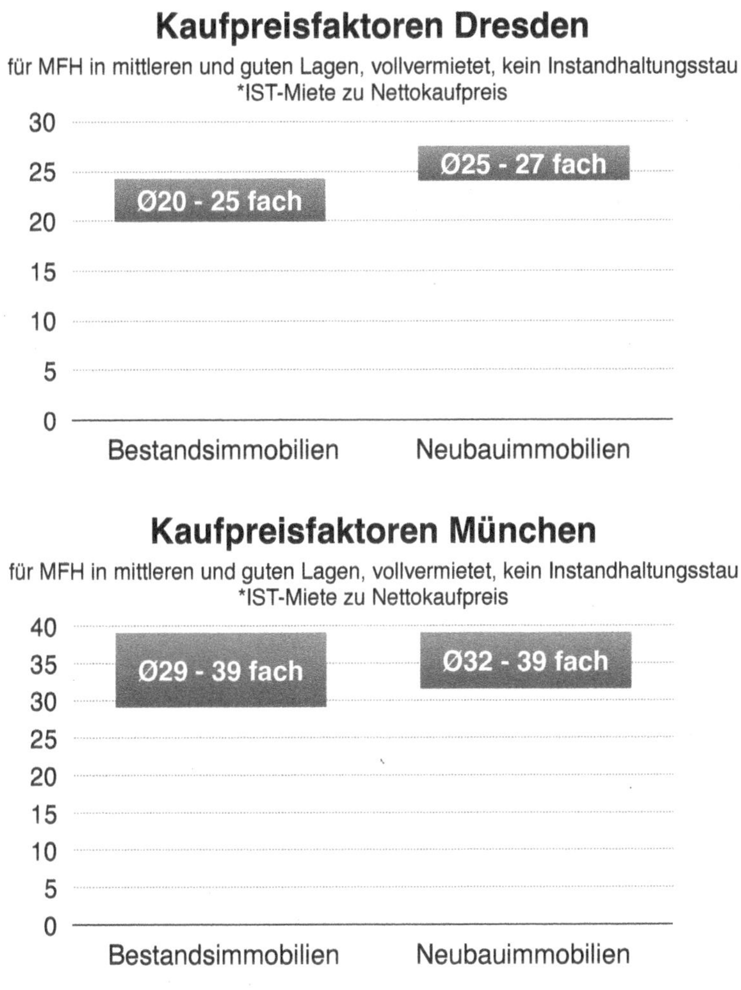

Abbildung 1: Kaufpreisfaktoren in Dresden und München; Quelle: Dr. Lübke und Kelber Immobilienatlas sowie immlab Dealfinder

Wie Abbildung 1 zeigt, hat München einen viel höheren Marktfaktor als Dresden. Du könntest davon ausgehen, dass sich die Mieten hier viel stärker von den Kaufpreisen entkoppelt haben als in Dresden. Auch wenn die Darlehensrate bei einer Kaufpreisfinanzierung durch die Mietrendite gedeckt wird, entsteht bereits aufgrund der Bewirtschaftungskosten eine monatliche Unterdeckung. Bei niedrigeren Mietrenditen verstärkt sich diese Unterdeckung entsprechend. Wie hoch diese genau ist, werden wir im Kapitel »Erfolgreich kalkulieren« errechnen. Das heißt nicht, dass es sich nicht lohnt, in München zu kaufen. Natürlich kannst du immer noch Wertsteigerungen erzielen. Du solltest jedoch nicht der Letzte in der Reihe sein, der ein Objekt im Bestand hält, wenn es mit den Preisen mal bergab geht und der Markt sich bereinigt.

Wenn du mehr über das Thema Immobilienblase wissen willst, empfehlen wir dir dazu unseren Artikel: »Ist die Angst vor einer Immobilienblase berechtigt?« (https://immlab.de/angst-vor-einer-immobilienblase)

Behalte die ortsübliche Miete im Blick

Die ortsübliche Miete ist ein sehr wichtiger Indikator. Du benötigst sie, um einschätzen zu können, ob du bei einer Wohnung ohne Weiteres die Miete anpassen kannst oder ob du schon am oberen Ende angelangt bist. Wenn zudem der Einkaufspreis hoch ist, ist beim betreffenden Projekt womöglich bereits alles ausgereizt. Da sich der Marktfaktor auf Basis der Nettokaltmiete errechnet, solltest du entweder einen guten Einkaufspreis erzielt haben, wenn die Möglichkeiten zur Mieterhöhung schon voll ausgereizt sind, oder aber den etwas höheren Einkaufspreis durch reichliches Steigerungspotenzial bei der Miete kompensieren können. Der Idealfall ist natürlich ein niedriger Einkaufspreis und zusätzlich erhebliches Potenzial, die Miete auf ein Niveau der ortsüblichen Miete anheben zu können. Wenn die Miete über der ortsüblichen Miete liegt, solltest du darüber nachdenken, ob du die betreffende Wohnung wieder gleichwertig vermietet bekommst. Gerade in Regionen, in denen die Mietpreise fallen, droht dir ansonsten im schlimmsten Fall eine böse Überraschung.

Viele Städte bieten mittlerweile Online-Mietspiegel an, mit denen du für konkrete Wohnungen Berechnungen durchführen kannst. Ein Beispiel ist der Dresdner Mietspiegel, den du auf der offiziellen Website der Stadt Dresden findest.

Viele Großstädte haben einen Mietspiegel. Dieser ist am besten qualifiziert, das heißt, ein wissenschaftliches Niveau erreichen. Es müssen genügend Daten eingespeist sein. Den relevanten Mietspiegel in deiner Investitionsregion zu kennen, ist unbedingte Vorrausetzung.

Wie entwickelt sich die Bevölkerung?

Die Bevölkerungsentwicklung ist ein extrem wichtiger Indikator für die Mietpreis- und Kaufpreisentwicklung. Hier geht es insbesondere darum, bestehende Trends rechtzeitig zu erkennen und auszunutzen.

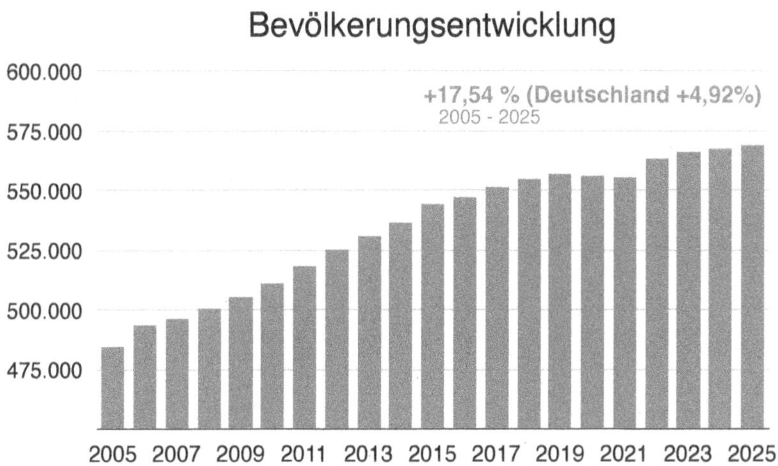

2025	Dresden	Sachsen	Deutschland
Anteil Einwohner über 65 Jahre	21,8 %	27,3 %	23,0 %
Saldo nat. Bev.entw. pro 100 Einwohner	-0,34	-0,80	-0,41
Saldo Zu-/Abwanderung pro 100 Einwohner	0,86	0,89	0,78

Abbildung 2: Bevölkerungsentwicklung von Dresden mit Vergleichswerten aus Sachsen und Gesamtdeutschland; Quelle: Dr. Lübke und Kelber Immobilienatlas und immlab Spot Locator

Seit dem Jahr 1998 ist in Dresden beispielsweise ein positiver Trend zu erkennen, wie in Abbildung 2 zu erkennen ist. Natürlich musst du dir die Qualität des Wachstums genau anschauen. Kommt dieses nur aus dem

Umland? Kommt es aus dem Ausland? Oder speist es sich aus einem Überschuss der Geburten im Vergleich zur Zahl der Sterbefälle? Am nachhaltigsten ist der Zuzug aus dem Ausland, denn der Zustrom aus dem näheren Umland ist irgendwann vorbei. Auch zusätzliche Geburten schaffen keine neue Nachfrage nach Wohnraum, da die Kinder noch jahrelang im elterlichen Haushalt wohnen und deshalb lediglich die Nachfrage nach größerem Wohnraum verstärken. In Abbildung 2 kannst du zudem erkennen, wie der Saldo aus natürlicher Bevölkerungsentwicklung und Zu- und Abwanderung aussieht. Besonders in den Jahren 2022 und 2023 ist ein deutlich positiver Saldo zu sehen, was auch mit dem Ukraine-Konflikt zusammenhängt.

Durch den konstanten Bevölkerungsanstieg kommt es langfristig zu einer Verknappung des Wohnraumangebotes und somit zu steigenden Mieten. Leider hinken allerdings die meisten Statistiken ein bis zwei Jahre hinterher. Du solltest in jedem Fall recherchieren, ob es nicht bereits neuere Daten gibt.

Vorhandensein von Universitäten oder Fachhochschulen

Die Bedeutung von Universitäten und Fachhochschulen wird am Beispiel Schwerin (Landeshauptstadt Mecklenburg-Vorpommern) deutlich. Diese Stadt hat keine Universität, sondern nur eine Fachhochschule. Auch eine hohe Geburtenrate ändert nichts am Bevölkerungsschwund, da die Mehrzahl der jungen Leute, die studieren möchten, Schwerin verlassen. 1990 wohnten in Schwerin noch 127.447 Einwohner. Am 31. Dezember 2023 waren es gerade noch 98.733 Einwohner, und das, obwohl umliegende Dörfer großzügig eingemeindet wurden. Dazu kommen relativ hohe Kaufpreise, da um den Regierungssitz herum sehr viele Beamte vor Ort ansässig sind (Wikipedia, Eintrag »Stadt Schwerin«). Diese legen sich meistens sofort Wohneigentum zu, sobald sie auf Lebenszeit verbeamtet sind. Das lässt die Preise steigen. Obwohl die Stadt an sich sehr schön und definitiv einen Besuch wert ist, solltest du bei einer möglichen Immobilien-Investition berücksichtigen, dass Schwerin keine Universität hat und somit wenig Perspektiven für junge Menschen bietet, die studieren wollen.

Haushaltsstruktur

Die Haushaltsstruktur ist ebenfalls eine wichtige Kennzahl, die du dir anschauen solltest. Sie gibt darüber Auskunft, ob in einer Stadt eher zwei oder drei Personen in einem Haushalt leben. In Städten mit starken Geburtenraten wie Leipzig oder Dresden sind Vier-Zimmer-Wohnungen sehr begehrt. Am besten liegen sie noch im Erdgeschoss und haben einen Garten. Den Mietspiegel der jeweiligen Stadt solltest du dir genau anschauen, denn es gibt teilweise Zu- oder Abschläge sowohl für sehr große Wohnungen als auch für Erdgeschosswohnungen.

Das kann in Görlitz wiederum ganz anders aussehen, einer Stadt, die auch gerne mal als Altersruhesitz gewählt wird und dadurch andere Grundrisse und Lagen bevorzugt werden.

Eigentumsquote

Die Eigentumsquote sagt aus, wie viele Wohnungen oder Häuser sich in der Eigennutzung befinden. Diese Wohnungen oder Häuser sind meistens für immer vom Investorenmarkt verschwunden. Denn anders als Kapitalanleger verkaufen Eigennutzer ihre Immobilien nur selten. Vor allem, wenn es sich um Häuser handelt, leben die Menschen sehr lange darin. Eine niedrige Eigentumsquote ist daher eine gute Voraussetzung, um interessante Deals einzufädeln. Denn häufig realisieren Kapitalanleger Gewinne und verkaufen eine Wohnung im Anschluss daran wieder. Solche Objekte kannst du dann wieder kaufen, das nennt man Dealflow. Allgemein ist die Eigentumsquote in Deutschland sehr gering. Deutschland ist ein Mietmarkt, was auch an den mieterfreundlichen Gesetzen liegt, die in anderen Ländern viel schwächer ausgeprägt sind. In Deutschland lag die Eigentumsquote im Jahr 2024 bei knapp 43,09 Prozent (Empirica). Am geringsten war sie mit gerade einmal 15 Prozent in Berlin. In der Europäischen Union war Rumänien mit 97 Prozent führend im Hinblick auf die Eigentumsquote. Dort wäre es nahezu unmöglich, einen Mieter für ein Objekt zu finden.

Infrastruktur

Die Infrastruktur einer Stadt spielt ebenfalls eine entscheidende Rolle. Kommen wir zurück zum Beispiel Schwerin. Die Stadt verfügt über einen sehr schlechten ICE-Anschluss. Meistens bleibt einem Bahnfahrer nichts anderes übrig, als 40 Kilometer nach Ludwiglust zu fahren, um die nächste Bahn nach Berlin zu nehmen. Leipzig wiederum ist logistisch perfekt angeschlossen und verfügt über einen ICE-Bahnhof. Du bist von dort in etwa drei Stunden in Hamburg, Frankfurt und München und in einer Stunde in Berlin und Dresden. Zudem verfügt Leipzig über einen gut frequentierten Flughafen, der auch innerdeutsche Flüge anbietet. Aber auch im Kleinen ist auf die Verkehrsanbindung zu achten. Wird zum Beispiel eine umliegende Kleinstadt an das S-Bahn-Netz einer Großstadt angeschlossen, wertet dies die Gegend erheblich auf. Beispiele hierfür sind Buxtehude bei Hamburg oder Borsdorf bei Leipzig.

Einkommen und Arbeitslosigkeit

Wenn die Arbeitslosigkeit in einer Region steigt, führt das in den meisten Fällen zu sinkenden Einkommen. Die Arbeitslosen stehen in Konkurrenz zueinander, und die Arbeitgeber haben eine bessere Verhandlungsposition. Wenn die Arbeitslosigkeit hingegen gering oder fallend ist, haben Arbeitgeber immer weniger Alternativen und versuchen, die gewünschten Kandidaten mit höheren Gehältern in eine Festanstellung zu locken. Dies führt zu einem höheren Einkommen, was für die nächsten beiden Punkte wichtig ist. Abbildung 3 (siehe nächste Seite) zeigt beispielhaft die Entwicklung in Dresden.

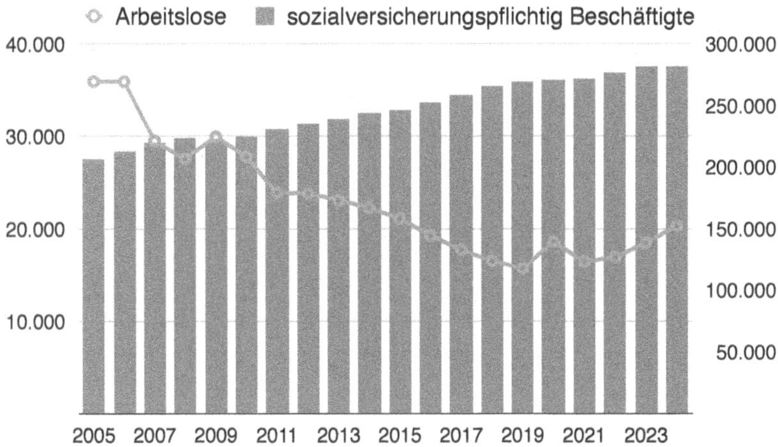

2024	Dresden	Sachsen	Deutschland
soz.-vers.-pfl. Beschäftigte pro 100 Einwohner	49,7	40,3	41,1
BIP/Kopf (2023)	48.749 €	38.143 €	49.525 €

Abbildung 3: Zahl der Arbeitslosen und der sozialversicherungspflichtigen Beschäftigten in Dresden mit Vergleichswerten aus Sachsen und dem gesamten Bundesgebiet; Quelle: Dr. Lübke und Kelber Immobilienatlas immlab Spot Locator

Mietbelastungsquote

Die Mietbelastungsquote gibt an, welchen Anteil ihres Einkommens die Einwohner für ihre Miete bezahlen müssen. Ist die Mietbelastungsquote bereits sehr hoch, ist es eher unwahrscheinlich, dass du noch großzügige Mietsteigerungen vornehmen kannst. Diese Quote kann nach einiger Zeit jedoch wieder anders aussehen, wenn beispielsweise die Einkommen in der Region zwischenzeitlich stark gestiegen sind. Die Mietbelastungsquote lag 2024 in München bei 34 Prozent, wohingegen sie in Dresden im gleichen Zeitraum nur bei 25,1 Prozent lag (Spot Locator immlab). Wenn ein Münchner im Schnitt schon knapp über ein Drittel seines Einkommens für Miete ausgibt, ist das Steigerungspotenzial sehr begrenzt. Im Vergleich dazu geben die Menschen in Dresden durchschnittlich nicht einmal ein Drittel ihres Einkommens für die Miete aus. Das liegt vor allem daran, dass die Mietanpassungen wegen gesetzlicher Vorschriften und aufgrund des Missmanagements einiger Hausverwaltungen nicht mit der Einkommensentwicklung Schritt gehalten haben.

Zusätzlich muss man anmerken, dass die restlichen 60 Prozent verfügbares Einkommen in München immer noch mehr als die 70 Prozent des verfügbaren Einkommens in Dresden darstellen. Hier muss man wieder differenzieren anhand der absoluten Kaufkraft am Standort. Die Faustformel, dass die Kaltmiete maximal 30 Prozent des zur Verfügung stehenden Einkommens ausmachen darf, muss wahrscheinlich langfristig in München aufgegeben werden.

Relative Erschwinglichkeit von Eigentum

Warum ist diese Kennzahl wichtig, wenn du deine Kapitalanlage doch gar nicht zur Eigennutzung verwenden möchtest? Du wirst bei einem späteren Verkauf die besten Preise erzielen, wenn du an emotional motivierte Eigennutzer verkaufen kannst. Ob sie sich die Wohnungen in ihrer Stadt noch leisten können, hängt von der Finanzierungsbelastung ab. In Dresden betrug diese in 2023 beispielsweise 32,35 Prozent und in München 52 Prozent (Spot Locator immlab). Aus unserer Sicht ist es fraglich, wie viel Steigerungspotenzial es in München noch gibt. Wir hoffen, die Münchner nehmen es uns nicht übel, dass wir ausgerechnet ihre Stadt als Vergleich gewählt haben. Natürlich können auch dort noch immer gute Geschäfte gemacht werden. Sollte es auf dem Immobilienmarkt aber jemals krachen, darfst du nur nicht der Letzte in der Reihe sein, der die Wohnung gekauft und auf eine Objektwertsteigerung spekuliert hat.

Leerstandsquote

Leipzig hatte um die Jahrtausendwende eine extrem hohe Leerstandsquote von über 10 Prozent (Stand: Februar 2012, *Monitoringbericht*

Wohnen Leipzig, Herausgeber: Stadt Leipzig Dezernat Stadtentwicklung und Bau Stadtplanungsamt). Das bedeutet, dass jede zehnte Wohnung leer stand. Was passiert, wenn du dennoch eine Mietanpassung durchführen willst? Der Mieter wird höchstwahrscheinlich ausziehen und die nächstbeste Wohnung zu einem günstigeren Preis nehmen. Uns liegen aus dieser Zeit teilweise Mietverträge vor, in denen keine Mietsteigerungen, sondern Mietreduzierungen vereinbart wurden, nur damit überhaupt jemand in einem Objekt wohnen bleibt. Bei hohen Leerstandsquoten ist es extrem schwierig, die Mieten zu erhöhen. In Regionen mit einem Leerstand von mehr als 10 Prozent musst du dir eine besondere Strategie überlegen, wie du Mieter anlockst. Zudem musst du eine ausreichende Summe für Mietausfälle in deine Kalkulation aufnehmen. Mittlerweile liegt die Leerstandsquote in Leipzig unter 2 Prozent (Quelle: Spot Locator immlab). Wie rapide sie gesunken ist, zeigt Abbildung 4.

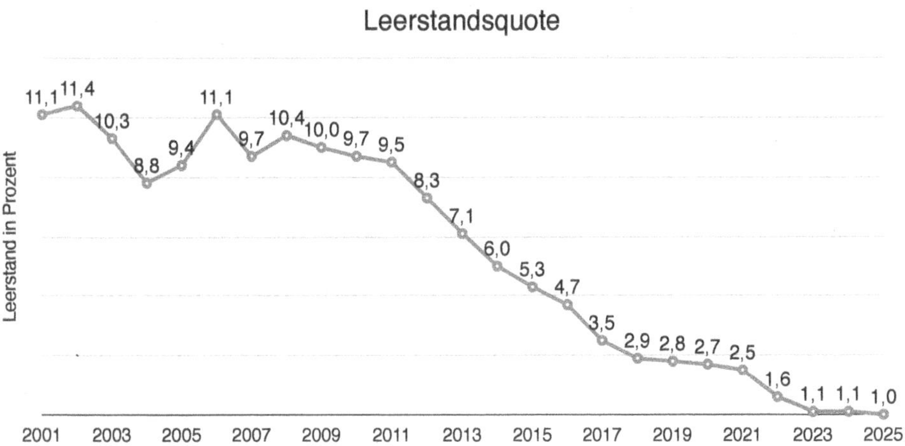

Abbildung 4: Leerstandsquote der Stadt Leipzig; Quelle: Website der Stadt Leipzig und immlab Spot Locator

»Im Zuge des starken Nachfrageanstiegs ging der Wohnungsleerstand bis Ende 2022 auf geschätzt 1,6 % zurück.

Allein daran kannst du sehen, welche Entwicklung der Standort in den letzten Jahrzehnten vollzogen hat. Du musst beim Blick auf die Statistik jedoch die marktaktive Leerstandsquote von der allgemeinen

Leerstandsquote unterscheiden. Die marktaktive Leerstandsquote zielt auf Wohnungen ab, die in weniger als sechs Monaten aktivierbar wären, also bezogen werden könnten. Baufällige Häuser sind in dieser Kennzahl nicht inbegriffen. Wenn ein großer Unterschied zwischen den beiden Quoten existiert, siehst du, dass noch viele Häuser in der Stadt Potenzial entwickeln können.

Bautätigkeit im Verhältnis zur Zahl der Haushalte

Ein wichtiger Indikator für die zukünftige Mietpreis- und Kaufpreisentwicklung ist das Verhältnis der Neubautätigkeit zur Zahl der Haushalte. Wenn die Haushalte stark wachsen, aber die Bautätigkeit auf einem geringeren Niveau bleibt, ist das ein Indikator für steigende Mieten, da sich der Wohnraum verknappt. Die Betrachtung der Haushalte kann unter Umständen sogar intelligenter sein als die Bevölkerungsentwicklung. Denn eine Stadt mit Bevölkerungswachstum, das »nur« auf eine steigende Geburtenrate zurückgeht, schafft erst mal keine neuen Haushalte. Dadurch entsteht keine Nachfrage nach neuem, sondern lediglich nach größerem Wohnraum. Welche Entwicklung die Zahl der Haushalte in Zukunft voraussichtlich in Dresden nehmen wird, wird aus Abbildung 5 (siehe nächste Seite) deutlich.

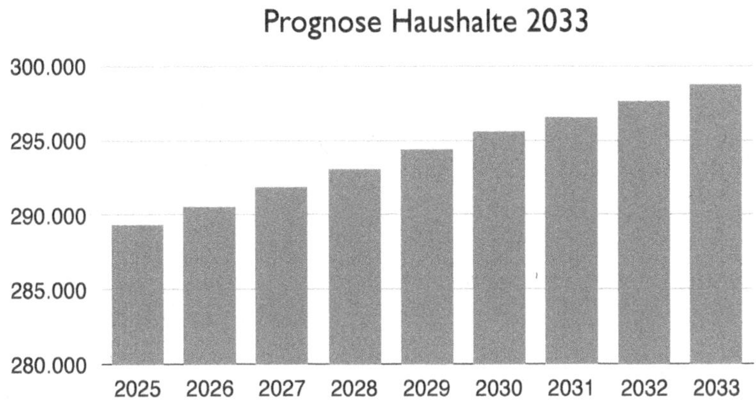

Prognose 2025 - 2033	Dresden	Sachsen	Deutschland
Einwohner	5,1 %	-2,7 %	0,4 %
Haushalte	3,3 %	-3,1 %	0,2 %

Abbildung 5: Prognose zu den Haushaltszahlen in Dresden mit Vergleichswerten aus Sachsen und dem gesamten Bundesgebiet; Quelle: Dr. Lübke und Kelber Immobilienatlas und immlab Spot Locator

Diversität der Wirtschaft

Eine diversifizierte (auf verschiedene Unternehmen und Branchen verteilte) Wirtschaft ist für eine Stadt extrem wichtig. Denn die Unternehmen zahlen die Gehälter ihrer Angestellten, die dann zum Teil in Form von Miete bei den Investoren landen. Wenn ein Konzern wie VW den Anschluss an die Mobilität der Zukunft verliert, kann es in Wolfsburg zu einem echten Problem werden, denn ein überwiegender Teil der Bewohner arbeitet direkt bei VW oder ist zumindest mit einem dort Beschäftigten verwandt oder liiert. Leider ist dies nicht mehr auszuschließen, wie die Entwicklung eigener Automobilunternehmen in China zeigt, die nur Elektroautos herstellen. Hier verlieren deutsche Autobauer gerade wichtiges Terrain. Besser ist es, wenn viele Branchen am Standort vertreten sind, insbesondere Zukunftsbranchen, die die Digitalisierung und Vernetzung überstehen.

Mietpreisbremse und gesetzliche Regelungen

Die Mietpreisbremse und der Mietendeckel sind extrem wichtige Standortfaktoren. Es ist wichtig, sich mit den gesetzlichen Regelungen vor Ort auszukennen. Das betrifft auch Vorkaufsrechte der Mieter oder der Stadt. In einigen Städten gibt es beispielsweise den sogenannten Milieuschutz. Dieser zielt darauf ab, dass die sich dort angesiedelte Bevölkerungsgruppierung weiterhin die Möglichkeit hat, wohnen zu können ohne durch Luxussanierungen die Miete nicht mehr zahlen zu können, wie es zum Beispiel in Berlin der Fall war. Wohnungen mit einer Kaltmiete von beispielsweise 400 Euro kosteten durch Modernisierungsmaßnahmen und deren Umlage auf die Miete plötzlich weit über 1.000 Euro kalt im Monat. Denn vor dem Mietrechtanpassungsgesetz war die Modernisierungsumlage nicht begrenzt. Der Gesetzgeber hat reagiert und den umlegbaren Betrag in angespannten Wohnungsmärkten auf 2 beziehungsweise 3 Euro pro Quadratmeter begrenzt.

Weiterhin ist im Milieuschutz auch die Umwandlung zu Eigentumswohnungen reguliert, also die Kündigung aufgrund von Eigenbedarf, ebenfalls, um die Mietklientel zu schützen.

Ein weiteres Thema war der Mietendeckel in Berlin, der im Jahr 2020 eingeführt wurde und für Investoren gravierende Folgen hatte. Mieten wurden für fünf Jahre eingefroren und ausschließlich nach Baujahr festgelegt. Modernisierungen durften kaum umgelegt werden, und bei Neuvermietung galt eine Mietobergrenze. Das Bundesverfassungsgericht erklärte 2021 den Mietendeckel für verfassungswidrig, da der Bund für solche Regelungen zuständig ist, nicht die Länder. Dennoch wurde das Thema immer wieder aufgegriffen, und eine Mietregulierung bleibt möglich, besonders unter linksgerichteten Regierungen. Für Investoren führte dies zu großer Unsicherheit.

Welche Indikatoren solltest du bei der Mikrolage prüfen?

Die Lärmkarte ist zwingend einzusehen

Die Lärmkarte ist äußerst wichtig. Gerade Investoren, die nicht am Standort wohnen, machen in diesem Bereich große Fehler, die in den seltensten Fällen korrigiert werden können. Lärm von Bahntrassen, Autobahnen oder Flugverkehr kann im Nachhinein nicht mehr geheilt werden.

Wir kennen einen Bauträger, der in der Landsberger Straße am Ortsausgang Leipzig mehrere Wohnungen an Eigennutzer verkaufen wollte. Der Standort ist etwa 20 Meter von einer Eisenbahntrasse entfernt. Zudem gibt es in der Nähe ein freies Feld, hinter dem die Zubringerstraße von Leipzig Nord zur A14 liegt. Zu guter Letzt befindet sich in wenigen Kilometern Entfernung die Einflugschneise zum Airport Halle /Leipzig. Du wirst es nicht glauben, aber die Wohnungen in der betreffenden Straße wurden, da kein Eigennutzer Interesse zeigte, schließlich an Investoren verkauft. Dass diese am Ende wirklich die anvisierte Mietrendite erzielen, ist jedoch sehr unwahrscheinlich, denn Lärm ist ein stark wertmindernder Faktor.

Du musst am Investitionsstandort die Lärmkarten abrufen, um nicht zu den Unwissenden zu gehören, bei denen sich die schönen Kalkulationen in der Realität in Luft auflösen. Ein tiefroter Bereich bedeutet starke Lärmbelästigung und mindert den Wert einer Immobilie erheblich. Wenn du beispielsweise »Lärmkarte Dresden« eingibst, bekommst du verschiedene Lärmkarten. Neben Lärmkarten für Eisenbahn, Flugverkehr oder Straßen sind auch Tages- und Nachtlärmkarten vorhanden. Da es beispielsweise in Leipzig kein Nachtflugverbot gibt, hätte es unter Umständen fatale Auswirkungen, ein Objekt in der Einflugschneise zu erwerben.

Bodenrichtwerte

Du kannst die Bodenrichtwerte in einigen Bundesländern kostenlos einsehen, beispielsweise in Sachsen unter: www.boris.sachsen.de. Hier lässt sich herausfinden, was ein Quadratmeter Bauland kostet und wie sich der Preis entwickelt hat. Du siehst auch, wie hoch der Bodenrichtwert in dem Viertel ist, in dem du kaufst, und welche Preise in der direkten Nachbarschaft üblich sind. Wichtig ist diese Information später, um den Gebäude- und den Bodenwert zu bestimmen, da du nur das Gebäude abschreiben kannst, nicht aber das eigentliche Grundstück. Hier kommen große Überraschungen auf manche Investoren zu, insbesondere auf diejenigen, die Objekte in Lagen mit sehr hohen Bodenrichtwerten kaufen, Objekte, die auf großen Grundstücken stehen, oder bei denen sich kaum Sanierungsmaßnahmen nachweisen lassen beziehungsweise diese lange her sind.

Die Bodenrichtwerte werden vom zuständigen Gutachterausschuss erstellt. Der Bodenrichtwert muss mindestens zum Ende jedes zweiten Kalenderjahres ermittelt werden. Für Regionen mit sehr dynamischen Entwicklungen musst du eventuell Zu- oder Abschläge einkalkulieren. Beispielsweise kannst du den Bodenrichtwert von 200 Euro pro Quadratmeter mit einer jährlichen Steigerung von 6 Prozent fortschreiben. Die Rechnung sieht dann so aus:

$$200\ € \times 1{,}06 \times 1{,}06 = 224{,}72\ €$$

Wenn wir davon ausgehen, dass die Preise in der betreffenden Stadt über zwei Jahre um 6 Prozent gestiegen sind, erhalten wir 224,72 Euro. Der Bodenrichtwert gilt allerdings nur als Anhaltspunkt für den Kauf und Verkauf von unbebauten Grundstücken. Eine genaue Wertbestimmung kann aber auch hier nur unter Bezugnahme aller Gegebenheiten erstellt werden.

Stadtteilpresse

Wenn der Stadtteil oder die Stadt groß genug ist, solltest du dir online die Stadtteilpresse oder zumindest die regionale Zeitung anschauen. Wir machen das regelmäßig mit der *Leipziger Volkszeitung*, um über die nächsten großen Projekte informiert zu sein. Ein gutes Beispiel, was die Verfolgung der örtlichen Presse bringt, ist der Stadtteil Klotzsche in Dresden. Dieser liegt sehr weit außerhalb. Allerdings befindet sich dort das Cluster Mikroelektronik. Bosch hat in Dresden in diesem Stadtteil umfangreiche Milliardeninvestitionen getätigt, durch die viele neue Arbeitsplätze geschaffen wurden. Viele der dort Beschäftigten bevorzugen es natürlich, in der Nähe ihrer Arbeitsstelle zu wohnen. Das trägt erheblich dazu bei, dass der Stadtteil, obwohl er weiter außerhalb liegt, zunehmend an Attraktivität gewinnt.

Wohnungsmarktbericht des Gutachterausschusses

Wir können dir empfehlen, vom örtlichen Gutachterausschuss den Immobilienmarktbericht (oder auch Grundstücksmarktbericht) deiner Region zu bestellen. Die Kosten können je nach Stadt unterschiedlich sein und liegen zwischen 50 und 150 Euro, abhängig von regionalen Gebühren und Regelungen. Dem Gutachterausschuss werden alle Verkaufsvorfälle mitgeteilt. Diese Daten sind nicht verfälscht, sondern beruhen auf echten Kaufpreisen. Dies ist ein großer Unterschied zu den Daten vieler Internet-Portale, die ihre Kaufpreisangaben meistens aus Angebotspreisen speisen oder auf freiwillige Eingaben von Käufern oder Verkäufern angewiesen sind. Es ist jedoch äußerst selten, dass ein Objekt zum Angebotspreis über den Tisch geht. Deshalb weisen die meisten Online-Tools zu hohe Preise aus. Dies ist ein großer Nachteil. Die Daten vom Gutachterausschuss sind zwar vergangenheitsbezogen; du kannst den Gutachterausschuss jedoch um eine Einschätzung des Kaufpreises bitten. Du bekommst dann die entsprechenden Vergleichsobjekte in jüngerer Vergangenheit, die in jedem Fall eine wichtige Informationsquelle darstellen. Allerdings brauchst du für eine Auskunft, in der Vergleichswerte mit

Größe, Etage und Anschrift enthalten sind, ein berechtigtes Interesse, das in der Regel nur ein Gutachter oder Eigentümer nachweisen kann. Ansonsten bekommst du eine Sammlung, in der einfach alle Kaufvorfälle in der näheren Umgebung zusammengefasst sind. Das ist natürlich sehr ungenau. Du kannst nun den Eigentümer bitten, diese Auskunft beim Gutachterausschuss anzufragen. Allerdings kann es passieren, dass die Vergleichswerte über deinem verhandelten Preis liegen und der Verkäufer auf Basis dieser neuen Erkenntnis einen höheren Preis verlangt. Nutze dieses Instrument also nur, wenn du dir ziemlich sicher bist, dass die angebotene Wohnung wirklich mehr als vergleichbare Wohnungen in der Lage kostet.

Für die Investoren, die Mehrfamilienhäuser kaufen und glauben, dass sie dadurch Einkaufsvorteile erzielen, ist auch der Wohnungsmarktbericht eine wertvolle Quelle (siehe Abbildung 6).

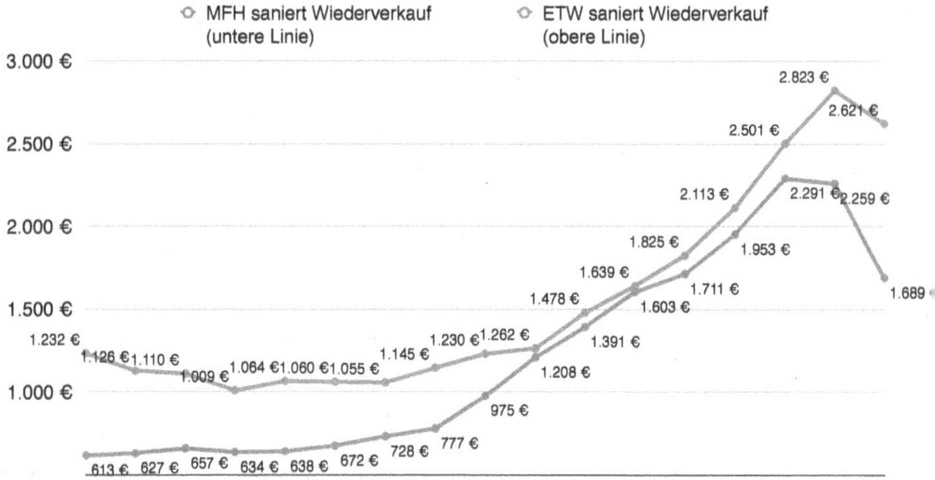

Abbildung 6: Historische Entwicklung der Kaufpreise im Wiederverkauf von sanierten Eigentumswohnungen und Mehrfamilienhäusern in Leipzig (MFH = Mehrfamilienhaus, ETW = Eigentumswohnung); Quelle: Grundstücksmarktbericht Leipzig 2024

In Abbildung 6 siehst du den Kaufpreis pro Quadratmeter für Mehrfamilienhäuser, die saniert und wiederverkauft wurden, sowie für Eigentumswohnungen in Leipzig. Einen Einkaufsvorteil für Mehrfamilienhäuser gibt es demnach nicht. Wie die Vergangenheit aber zeigt, war dieser durchaus einmal vorhanden. Wenn dich also jemand davon überzeugen möchte, dass sanierte Mehrfamilienhäuser deutlich preisgünstiger sind, weißt du, in welcher Zeit sich der Betreffende seine Objekte angeschafft hat. In vielen Fällen sind Mehrfamilienhäuser aktuell (Juli 2020) in Leipzig sogar teurer, und das, obwohl in den meisten Fällen keine Eigentümerprotokolle vorhanden sind, aus der die Historie hervorgeht, und obwohl keine Instandhaltung betrieben wurde. Überlege dir gut, ob du zu diesen Preisen noch Mehrfamilienhäuser erwerben möchtest.

Stadtentwicklung: Bauplanung einsehen

Was ist das Schöne an Bebauungsplänen und Stadtentwicklungskonzepten? Sie sind für jedermann einsehbar. Du kannst einfach bei der zuständigen Behörde anfragen und dir die Informationen einholen. Ein gutes Beispiel dafür, wie wichtig das sein kann, ist ein integriertes Stadtentwicklungskonzept. In umfangreichen Dokumenten kannst du nachlesen, was in einer Stadt geplant ist. Jede größere Stadt hat ein solches Konzept, und du kannst es einfach online recherchieren. Wenn beispielsweise auf zuvor brachliegenden Flächen hochwertige Neubauten entstehen, kann das umliegende Gebiete aufwerten. Ein Beispiel dafür ist die Entwicklung des Areals der alten Heeresbäckerei in Leipzig, die das Viertel deutlich aufgewertet hat. Immobilienkäufer in der unmittelbaren Umgebung konnten von erheblichen Wertsteigerungen profitieren.

Informationsbeschaffung auf der Straße

Zu guter Letzt solltest du dir Zeit nehmen und in die Stadt fahren, um das Viertel zu erkunden, in dem du eine Immobilie kaufen möchtest. Suche den Ort zu verschiedenen Zeiten auf und sprich ein paar Menschen an, die dort wohnen. Fühlen sich die Menschen dort wohl? Wohnen sie gerne im betreffenden Stadtteil? Da diese Menschen unmittelbar vor Ort sind, stellen sie eine wertvolle Quelle für relevante Informationen dar. Allerdings kann dich das beim ersten Mal ein wenig Überwindung kosten. Interessant sind die Insider-Informationen der Mieter und Nachbarn in jedem Fall. Du wirst merken, wie schlecht der Verkäufer in der Regel über den Zustand informiert ist. Deswegen erscheint es auch sinnvoll, einen Kontakt zum Mieter aufzubauen. Nicht selten kommst du über diesen Weg an Informationen, die gerade bei Unstimmigkeiten oder einer Überforderung der Hausverwaltung ausgesprochen wertvoll sind.

Wichtige Rankings zur Recherche – unsere Top 3

- Dr. Lübke und Kelber Risiko-Rendite-Ranking: Ein umfassender Überblick mit vielen realen Daten.
- Prognose: Ein renommiertes Ranking für Standortanalysen.
- Bulwiengesa AG: Hier findest du verschiedenste Berichte unter »Publikationen«.

Diese drei Rankings benutzen wir am häufigsten, auch für Seminare. Die betreffenden Publikationen können jedoch nur eine grobe Richtung vorgeben. Du musst in jedem Fall hinter die Kulissen schauen. Wie wurden die Ergebnisse gewonnen? Zur Ableitung einer groben Richtlinie sind die Rankings jedoch sehr nützlich.

Zusammenfassung

Wie du siehst, kann mit dem Thema Standortanalyse ein ganzes Buch gefüllt werden. Hier wartet eine Menge Arbeit auf dich. Deine erste Aufgabe besteht darin, dir die einzelnen Standorte genauer anzuschauen und zu evaluieren, in welchen Regionen du investieren willst. Nutze dazu unser Excel-Standort-Tool aus dem Mitgliederbereich und setze die Standorte in Bezug zu deinem Investorenprofil. Wie du ein solches Profil erstellst, wirst du später noch lernen. Wenn du nach einem Tool suchst, das dir bei der Standortanalyse hilft, dann empfehlen wir dir herzlich den Immlab Spot Locator. Er gibt dir wertvolle Einblicke in Leerstandsquote, Bauaktivität, Arbeitsmarkt und Wirtschaftsentwicklung – zu vielen deutschen Städten und Landkreisen. So kannst du Chancen und Risiken besser einschätzen. Zusätzlich empfehlen wir dir den Immlab Dealfinder. Er hilft dir, lukrative Immobilienangebote zu finden, Kauf- und Mietpreise zu analysieren und bietet Sonderkarten wie die Lärmkarte, um Standorte noch gezielter zu bewerten. Mit dem Code »ENTSPANNT10« sicherst du dir 10 % Rabatt. Weitere Informationen findest du auf unserer Website. Wenn du nicht gerne reist und in München wohnst, ist es wenig sinnvoll, eine Immobilie in Berlin zu kaufen, die deine Präsenz verlangt. Auf der anderen Seite ist die Frage, welche Strategie du verfolgst. Wenn du gerne niedrige Einkaufspreise und hohe Mieten hast, fallen bestimmte Städte weg. Deswegen warte noch ab, bis du dich mit dem Thema Lagestrategie vertraut gemacht hast, um Klarheit darüber zu gewinnen, was du genau erreichen möchtest. Da der Standort einer Immobilie nicht mobil ist, ist er eng mit deinem Investment verwoben. Wir wünschen dir viel Erfolg bei der Trüffelsuche nach einem für dich geeigneten Immobilienstandort.

Die verschiedenen Objektarten: Bestandsobjekte, Neubau-Immobilien, Denkmalsanierungen

Wenn es um Immobilien geht, gibt es unzählige Strategien oder Konzepte. Dazu kommen wir aber an anderer Stelle in diesem Buch. Zunächst wollen wir erst mal klären, welche Objektarten es überhaupt gibt. Vielleicht denkst du im ersten Moment an Büros, Wohnungen, Häuser und so weiter. Immobilien werden grundsätzlich in Bestandsobjekte, Neubau-Immobilien und Denkmalsanierungen eingeteilt.

Bestandsobjekte

Du kannst dir Bestandsobjekte wie einen Gebrauchtwagen vorstellen. Vielleicht ist das Auto schon 100.000 Kilometer gelaufen, es wurden einige Teile ausgetauscht, und die vorherigen Besitzer sind damit bereits auf irgendein Hindernis aufgefahren. Grundsätzlich bekommst du jedoch bei Gebrauchten am meisten Auto für dein Geld. Genauso ist es mit Immobilien. Die Bestandsimmobilie zielt auf Rendite ab. Du musst sie äußerst genau prüfen, da es keinerlei Garantien oder Gewährleistungen gibt, wie es bei einem Neuwagen der Fall ist. Bei Bestandswohnungen kannst du durch Protokolle und Beschlusssammlungen sehen, welche Probleme es aktuell gibt und welche in der Vergangenheit vorlagen. Zudem bieten sie in der Regel großes Potenzial, das es zu entwickeln gilt. Von allen drei Objektarten musst du dich um Bestandswohnungen am meisten kümmern, weil das Objekt bereits gebraucht ist. Bei einem Gebrauchtwagen wirst du eher Probleme erwarten als beim Kauf eines

Neuwagens. Für wen ist diese Objektart sinnvoll? Sie ist ideal für Einsteiger, die das Immobilienthema kennenlernen und Erfahrung sammeln wollen. Für uns persönlich sind Bestandsobjekte die einzig wahre Kategorie, da es bei Neubau-Immobilien und Sanierungsobjekten wenig Potenzial für Entwicklungen gibt. Der Gewinn geht bei dieser Art von Objekten meist in die Tasche des Bauträgers. Es gibt aber auch Standorte, bei denen es anders aussieht, da sich die Preise zwischen Neubau und Bestand kaum unterscheiden. Speziell in den Metropolen kann es sogar Sinn machen, auf Neubau zu setzen. Zwar ist der Preis vielleicht marginal höher als der für Objekte aus dem Bestand, aber dafür ist der technische Stand aktuell und vor allem muss keine Rücksicht auf die Mietpreisbremse genommen werden. Prüfe in den entsprechenden Regionen genau, was sinnvoll erscheint und welche guten Deals du überhaupt findest.

Neubau-Immobilien

Bei einer Neubau-Immobilie sind keine Altlasten oder Probleme aus der Vergangenheit zu befürchten. Du erwirbst ein Objekt, das energetisch auf einem modernen Standard ist – ein Vorteil, den ältere Immobilien oft nicht bieten können. Allerdings sind die Renditen bei Neubauten meist niedrig, und Entwicklungspotenzial ist kaum vorhanden. Es gibt einen wichtigen Unterschied zwischen dem Kauf eines Neubau-Objekts von einem Bauträger und einem Neubau, den du selbst errichtest. Letzteres erfordert eine sorgfältige Planung, und die Rendite sollte im Verhältnis zu den Kosten stehen. Neubauten vom Bauträger bieten in der Regel nur geringe Bruttomietrenditen, was bedeutet, dass die monatlichen Einnahmen oft nicht ausreichen, um die Kosten vollständig zu decken. Da ein solches Objekt bereits voll entwickelt ist, wird es in absehbarer Zeit keine nennenswerten Überschüsse generieren, was den weiteren Portfolioaufbau erschweren kann. Ziel sollte es sein, Immobilien zu erwerben, die sich mittelfristig selbst tragen.

Beispiel: Stellen wir uns eine Wohnung in Dresden mit einem Kaufpreis von 6.000 Euro/Quadratmeter vor. Du erwirbst 60 Quadratmeter mit einer Mietrendite von 3,2 Prozent brutto. Die Berechnung sieht wie folgt aus:

60 qm x 6.000 € = 360.000 € Kaufpreis
Mietrendite (3,2 %) = 960 € Kaltmiete mtl. (11.520 € Jahreskaltmiete): Kaufpreis (360.000 €) x 100

Bei einem Darlehen von 3,5 Prozent Zins und 2 Prozent Tilgung (5,5 Prozent Annuität) entsteht eine monatliche Unterdeckung von 690 Euro (360.000 Euro x 5,5 Prozent = 19.800 Euro / 12 Monate = 1.650 Euro), ohne Hausverwaltung, Bewirtschaftung und Instandhaltung. Kommen diese Kosten auch noch dazu, bist du bei circa 800 Euro Unterdeckung vor Steuern. Bei einem Bauträger kaufst du meistens die grüne Wiese. Er fängt in den meisten Fällen erst an zu bauen, wenn 50 Prozent der noch zu erstellenden Wohnungen verkauft sind. Solltest du der erste Investor sein, empfehlen wir dir, mit der Bank eine möglichst lange bereitstellungsfreie Zeit zu vereinbaren, denn manchmal dauert es lange, bis die vorgegebenen 50 Prozent an Wohnungen verkauft sind. Für den Bauträger ist dies der wichtigste Punkt, weil die Bank ihm erst dann die finanziellen Mittel freigibt. Problematisch ist, dass du bei einem Neubau die Miete in absehbarer Zeit nicht erhöhen kannst, da bereits die aktuelle Höchstmiete erzielt wird und der Mietspiegel in der Regel deutlich darunter liegt. Zwar könntest du mit einem Staffelmietvertrag Abhilfe schaffen, aber es wird schwierig sein, einen Mieter zu finden, der einen solchen unterschreibt. Ein weiteres Problem ist die Wiedervermietung und der Verkauf, denn nach zehn Jahren ist dein Objekt ein normales Bestandsobjekt. Das bedeutet, dass der Verkaufspreis die Neubaupreise zum Zeitpunkt deines Kaufs eingeholt haben müsste. Verdeutlichen wir dies an einem Praxisbeispiel. Du kaufst heute in Dresden ein Objekt für 6.000 Euro pro Quadratmeter. Der Bestandspreis liegt bei 3.000 Euro. Falls du das Objekt in zehn Jahren verkaufen willst, sollte der Bestandspreis so weit gestiegen sein, dass du einen höheren Verkaufspreis als die Restschuld erzielst. Ansonsten ist das Investment wenig sinnvoll beziehungsweise du kannst nicht ohne Verlust verkaufen und müsstest es weiter halten. Wenn dein Mieter auszieht, der den Bau direkt nach dem Neubau bezogen hat, liegt zudem kein Erstbezug mehr vor. Aus diesem Grund wirst du eventuell weniger Miete bekommen. Diese Art von Objekten ist allenfalls für Kapitalanleger sinnvoll, die wenig Aufwand haben und ihr Geld lediglich parken wollen. Große Gewinne sind mit Neubauobjekten jedoch kaum möglich.

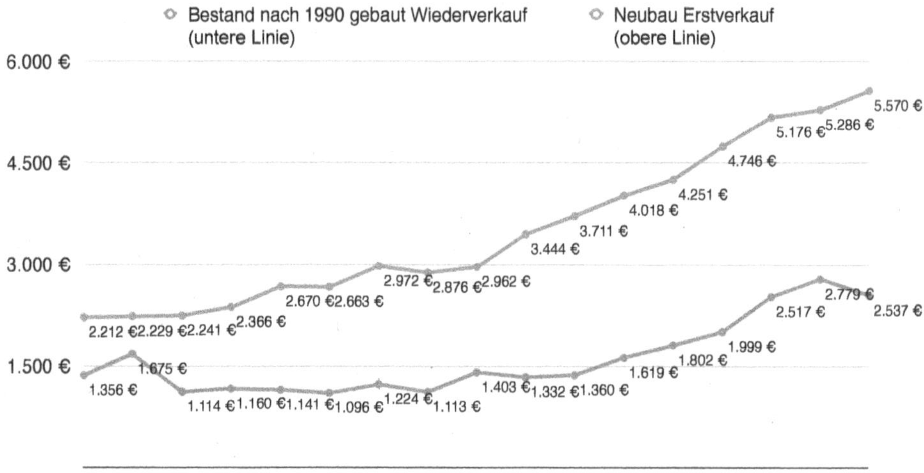

Abbildung 7: Historische Entwicklung der Kaufpreise von Eigentumswohnungen – Neubau bzw. Baujahr nach 1990 in Leipzig; Quelle: Grundstücksmarktbericht Leipzig 2024

Anhand der in Abbildung 7 gezeigten Preisverläufe siehst du, dass die Preisspanne zwischen Neubau und Bestand immer größer wird. Das heißt, für denjenigen, der Neubau kauft, wird auch das Risiko beim Verkauf größer, denn die Restschuld muss mit dem Wiederverkaufspreis abgelöst werden.

Denkmalsanierungen

Die dritte Objektart ist die Denkmalsanierung. Dabei geht es um Objekte, die der Staat als erhaltungswürdig erachtet oder die kulturell oder historisch bedeutsam sind. Meistens werden Jugendstilbauten oder mittelalterliche Gebäude subventioniert. Die Subvention erfolgt in Form einer Steuererstattung, die später im Buch noch näher erläutert wird. Das Angebot an unsanierten Denkmälern wird immer geringer. Die Anbieter, die aktuell noch über solche Objekte verfügen, verlangen meistens völlig überzogene Preise für Objekt inklusive Sanierung. Bestes Beispiel ist ein Objekt in Leipzig, das wir vor einiger Zeit einmal geprüft und bewertet haben. Für eine Ruine, bei der nur noch die Außenmauern standen, wurden 1.600 Euro pro Quadratmeter aufgerufen, da die potenziellen Steuervorteile, mit denen ein Bauträger später ebenfalls einen hohen Gewinn einfährt, mit eingepreist sind. Im betreffenden Viertel kostet noch nicht einmal eine ordentliche Bestandswohnung so viel. Der Verkäufer geht davon aus, dass es immer jemanden gibt, der einen solch hohen Preis bezahlt, und in manchen Märkten oder Marktphasen ist das möglich. Am Ende hat jedoch der Kapitalanleger, der in dieses Objekt investiert, ein Problem. Die Strategie muss richtig erarbeitet sein und der Steuervorteil sollte zur Tilgung des Darlehens genutzt werden, da ansonsten beim Verkauf ein böses Erwachen droht. Wir selbst haben davon Abstand genommen, eine Investition in Denkmäler zu empfehlen, und sollte es keine neue Welle von Denkmalsanierungen geben, wird sich daran auch nichts ändern. Denkmalobjekte sind höchstens für Menschen mit hoher Steuerlast sinnvoll, aber auch dies gilt nicht uneingeschränkt. Bedenke rechtzeitig, was passiert, wenn dein Verdienst ganz ausfällt oder sich reduziert und wenn auch andere Umstände die Höhe deiner Steuerlast beeinträchtigen. Anhaltspunkte zur Finanzierbarkeit und zu dem Investitionsansatz der verschiedenen Objektarten sind aus Abbildung 8 ersichtlich.

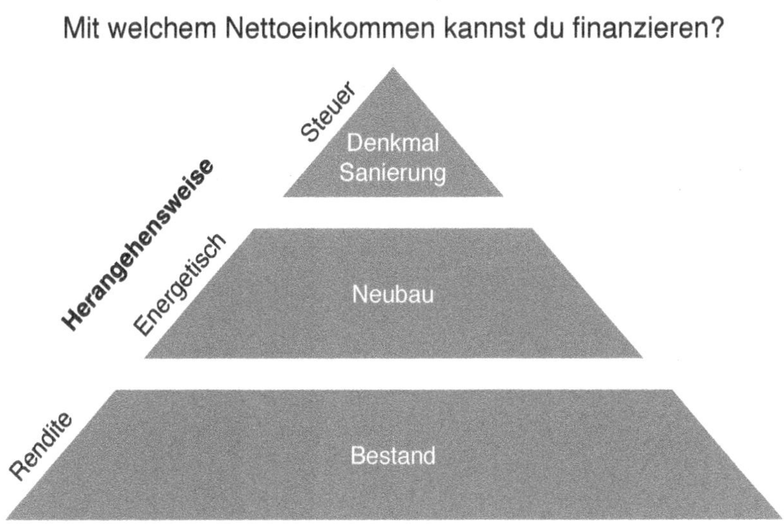

Abbildung 8: Anhaltspunkte zur Finanzierbarkeit einer Immobilien-Investition

Nicht für jeden Käufer ist jede Art von Objekt sinnvoll. Warum nicht? Wenn du zum Beispiel Bestandsimmobilien kaufst, muss deine persönliche Haushaltsrechnung und deine Bonität eine Finanzierung hergeben. Zudem muss deine Bank das Objekt als werthaltig erachten. Wenn du kaufst, zahlst du den Kaufpreis und bekommst im Idealfall sofort Miete. Beim Neubau hingegen musst du die Bauphase abwarten, bevor die Miete fließt. Während dieser Phase zahlst du mehrere Tranchen des Darlehens aus. Im Kaufvertrag ist meistens ein Passus enthalten, dass der Bauträger nach Baufortschritt bezahlt wird. Dementsprechend ruft er direkt zu Beginn einen Teil des Kaufpreises ab und dann beispielsweise nach Fertigstellung des Rohbaus auch nochmal 30 Prozent, worauf du dann die Zinsen direkt zahlen musst. Bei Denkmalobjekten kann hier eine nicht unerhebliche monatliche Summe zusammenkommen, bevor das Objekt fertig ist und du Miete erhältst.

Kaufablauf: Was passiert zu welcher Zeit?

Wenn du eine Immobilie kaufen möchtest, gehst du nicht zur Bank, holst das Geld ab, nimmst den Koffer, gibst ihn dem Verkäufer des Objekts und bekommst dann den Haustürschlüssel. Das funktioniert zwar bei Gebrauchtwagen, nicht aber bei Immobilien. Die Abwicklung eines Immobilienerwerbs ist eine sehr komplexe Angelegenheit. Das gilt erst recht, wenn der Kaufpreis mit einem Bankdarlehen finanziert wird. Hierfür ist eine unparteiische Instanz erforderlich, der Notar. Nachdem du ein geeignetes Objekt gefunden und ausgiebig geprüft hast, konntest du die Bank davon überzeugen, dass du kreditwürdig bist und dass das Objekt einen adäquaten Wert hat. Wie geht es nun weiter? Als Allererstes suchst du dir einen Notar, mit dem du den Kauf abwickeln willst. Dieser erstellt einen Kaufvertragsentwurf für dich. Ab diesem Zeitpunkt entstehen Kosten für dich. Du brauchst weder nach Angeboten zu fragen, noch die Preise verschiedener Notare zu vergleichen, da die Kosten bundeseinheitlich gleich sind. Es zählt, wer auf dich einen guten Eindruck macht und wer schnell arbeitet. Wir haben schon erlebt, dass Notare einen Kaufvertragsentwurf am selben Tag versenden, aber auch, dass direkt am Telefon signalisiert wird, es könne vier Wochen und länger dauern, bis der Entwurf versendet werde. Informiere dich ruhig im Voraus. Du musst dich mit den wichtigsten Passagen eines Kaufvertrages vertraut machen, da hier einige Stolperfallen lauern, die dich viel Geld kosten können. Der detaillierte Kaufablauf ist in Abbildung 9 (siehe nächste Seite) dargestellt.

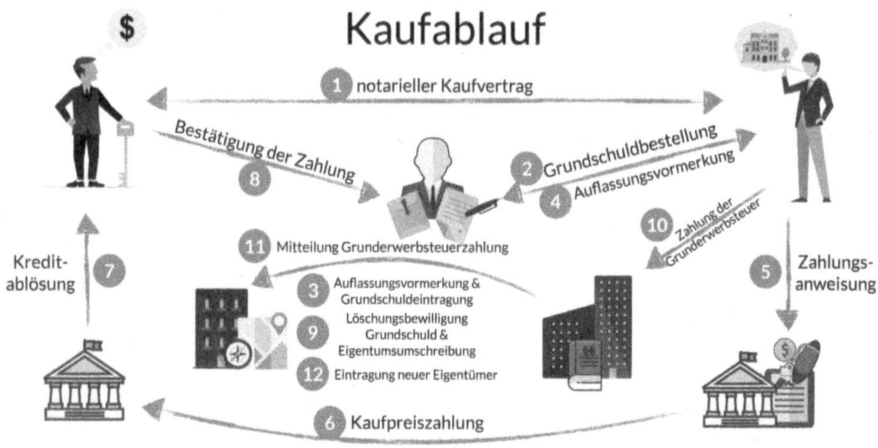

Abbildung 9: Ablauf eines Immobilienkaufs

Um ihn zu vereinfachen, unterteilen wir ihn in vier Abschnitte:

❒ Schritt 1: Kaufvertragserstellung und Unterschrift
❒ Schritt 2: Prüfung und Abwicklung durch den Notar
❒ Schritt 3: Eigentumsumschreibung
❒ Schritt 4: Eintragung in das Grundbuch

Wer nicht mit dem Thema vertraut ist, denkt womöglich, er wäre bereits nach der Unterschrift beim Notar Eigentümer der Immobilie und müsste nach 14 Tagen den Kaufpreis bezahlen. So einfach ist es jedoch nicht. Der Kaufvertrag ist zunächst lediglich eine übereinstimmende Willenserklärung beider Parteien, dass das Objekt den Eigentümer wechseln soll. Zudem ist darin geregelt, um welches konkrete Objekt mit welchen Eigenschaften es geht. Auch die Pflichten des Käufers und des Verkäufers sind festgelegt: Der eine muss das Objekt, das gekauft werden soll, zur Verfügung stellen, und der andere muss den Preis dafür bezahlen. Die Abwicklung erfolgt Zug um Zug. Es ist zwischen einem Verkauf zwischen privat und privat und zwischen gewerblich und privat zu unterscheiden. Bei gewerblich und privat muss nach Zustellung des Kaufvertragsentwurfes eine Frist von 14 Tagen plus den Tag, an dem der Entwurf ausgehändigt wurde, eingehalten werden, um den Kaufvertrag ausreichend prüfen zu können. Wenn du beispielsweise am 2. Mai einen Entwurf des Kaufvertrages von einem gewerblichen Verkäufer erhältst, darf die Beurkundung frühestens am 17. Mai stattfinden. Die 14 Tage starten also am 3. Mai. Geregelt ist dies im § 17 Absatz 2a des Beurkundungsgesetzes. Das Gesetz soll den Käufer schützen, indem er ihm ausreichend Zeit zur Prüfung des Vertrages gibt. Bei Immobilienkäufen geht es um Summen erheblicher Höhe. Deshalb solltest du hier nicht nach gutem Glauben handeln, sondern den Preis erst zahlen, wenn du die Fälligkeitsmitteilung bekommst, also die Mitteilung des Notars, dass der Kaufpreis gezahlt werden soll. Der Notar regelt den gesamten Ablauf des Kaufs, bis du Eigentümer des Objekts bist und dir die Mieteinnahmen zustehen. Schritt 2 und 3 sind nötig, um zu vermeiden, dass der Käufer das Objekt bekommt, der Verkäufer jedoch kein Geld dafür erhält oder umgekehrt.

Die Crux bei einer Kreditfinanzierung liegt darin, dass der Käufer ein Objekt mit einer Grundschuld belastet, obwohl es ihm noch gar nicht gehört. Dieser Kredit wird im Grundbuch eingetragen. Dafür wird bei der Beurkundung eine Grundschuld bestellt. Im Kaufvertrag wird vereinbart, dass der Verkäufer dies zulassen muss, da ansonsten kein Verkauf zustande käme. Die Vorstellung ist dennoch kurios: Du bist noch nicht Eigentümer der Immobilie, nimmst jedoch ein Darlehen auf und belastest damit ein fremdes Objekt. Die Bank wiederum gibt nur Geld, wenn sie die Sicherheit dieser Immobilie hat, also als Gläubiger im Grundbuch steht. Damit der Vorgang reibungslos abläuft, wird er über den Notar geregelt.

Danach erfolgt die Auflassungsvormerkung. Dies ist die Vormerkung im Grundbuch, dass sich Verkäufer und Käufer einig sind und dass das Eigentum übergehen soll, allerdings nicht sofort. Zunächst müssen noch die Voraussetzungen für die Kaufpreisfälligkeit und den Eigentümerwechsel vorliegen. Die Auflassungsvormerkung sperrt quasi das Grundbuch für weitere Veräußerungen. Der Notar prüft vor Unterschrift immer, ob bereits eine Auflassungsvormerkung im Grundbuch eingetragen ist, um so etwas zu vermeiden. Das könnte beispielsweise durch eine Pfändung der Fall sein, die zur Zwangsversteigerung führt. Wir haben bereits erlebt, dass jemand bei einer Zwangsversteigerung ein Objekt erworben hat, für das allerdings im Grundbuch eine Auflassungsvormerkung eingetragen war. Das ist natürlich der Supergau, denn wenn eine Auflassungsvormerkung eingetragen ist, kann es keinen weiteren Verkauf geben und das Grundbuch ist für einen weiteren Verkauf solange gesperrt, bis diese Auflassung gelöscht ist. Der Konflikt konnte zum Glück beigelegt werden, aber eigentlich gibt es die Auflassungsvormerkung, um so etwas auszuschließen.

Was gehört in den Kaufvertrag?

Im Kaufvertrag kannst du im Grunde alles regeln, was du möchtest. Wir sehen immer wieder, dass Kaufverträge von einzelnen Wohnungen, die zwölf DIN-A4-Seiten umfassen, das Gleiche regeln wie solche mit 24 DIN-A4-Seiten. Ein sehr umfangreicher Kaufvertrag zeugt nicht unbedingt von höherer Qualität oder größerer Rechtssicherheit. Wichtig ist nur, dass im Vertrag alles Notwendige geregelt wird. Darin wird auch das Inventar aufgeführt, beispielsweise eine Einbauküche oder andere Gegenstände, die mitverkauft werden sollen. Wenn du eine möblierte Immobilie kaufst, musst du die genaue Summe, die für das Inventar entfällt, gesondert vom Verkäufer oder Makler quittiert bekommen, damit du später Grunderwerbsteuer sparen kannst. Das Inventar gehört nämlich nicht zum Kaufpreis der Immobilie. Wie könnte das aussehen? Wenn der Kaufpreis bei 100.000 Euro liegt, würden in Sachsen beispielsweise 3.500 Euro Grunderwerbsteuer anfallen. Wenn nun im Kaufpreis 10.000 Euro für das Mobiliar enthalten sind, zahlst du nur auf 90.000 Euro Grunderwerbsteuer und sparst dir somit 350 Euro. Vorsicht ist allerdings geboten, wenn sich die Bank den Kaufvertrag anschaut. Die Erhaltungsrücklage (ehemals Instandhaltungsrücklage) ist nicht mehr von der Grunderwerbsteuer befreit. Das bedeutet, dass der Anteil des Kaufpreises, der auf die Rücklage entfällt, in die Bemessungsgrundlage der Grunderwerbsteuer einfließt. Es fällt jedoch keine zusätzliche Steuer an – du zahlst weiterhin die Grunderwerbsteuer auf den gesamten Kaufpreis, einschließlich des Anteils, der der Erhaltungsrücklage zugeordnet ist.

In der Regel reagieren Banken allergisch darauf, wenn Mobiliar mitfinanziert werden soll, da es nicht als Sicherheit geeignet und recht schnell wertlos ist. Die gleiche Problematik gilt für die Kaufnebenkosten, sofern sie im Kaufpreis enthalten sind. Sollten keine Besonderheiten vereinbart worden sein, steht im Kaufvertrag, dass dir der Verkäufer das Objekt lastenfrei übergibt, bis auf die von dir eingetragene Grundschuld. Das bedeutet, dass seine Grundschuld, sofern sie noch besteht, gelöscht wird. Ansonsten würdest du quasi die Sicherheit der Bank des Verkäufers übernehmen, und die Bank hätte einen Anspruch auf Einlösung. Um alte Grundschulden zu löschen, muss der Verkäufer mitwirken. Hierzu dient die Löschungsbewilligung, durch die das Objekt lastenfrei wird. Diese stellt die Bank des Verkäufers aus, und der Notar erhält einen Treuhandauftrag und vollzieht sie. Ein weiterer wichtiger Punkt ist aus unserer Sicht der Übergang von Nutzen und Lasten. Das bedeutet, dass im Kaufvertrag genau geregelt wird, ab wann du für das Objekt verantwortlich bist und ab wann dir offiziell die Miete zusteht. Um es dir buchhalterisch leichter zu machen, solltest du den Wechsel von Nutzen und Lasten zum 1. des Monats vereinbaren. Würde der Übergang beispielsweise am 10. des Monats stattfinden, müsste die Miete anteilig wieder auf Verkäufer und Käufer aufgeteilt werden. Das nächste Problem wäre die Betriebskostenabrechnung im Jahr darauf, denn bei einer Rückzahlung oder Erstattung müsste hier ebenfalls taggenau berechnet werden, wer wie viel nachzahlt beziehungsweise bekommt. Zudem solltest du in deinen Kaufverträgen klar regeln, was passiert, wenn eine Eigentümerversammlung innerhalb einer Wohnungseigentümergemeinschaft (WEG) nach der Beurkundung beim Notar und vor Übergang von Nutzen und Lasten stattfindet. Dieser Zeitraum kann nämlich mehrere Monate betragen. Du kannst beim Thema Eigentümerversammlung nachlesen, wie genau eine solche abläuft. Was passiert also, wenn eine ordentliche oder außerordentliche Versammlung stattfindet und der Verkäufer dort teilnimmt, nachdem du den Kaufvertrag unterschrieben hast? Da er ja noch der Eigentümer des Objekts ist, kann er selbstverständlich auch abstimmen. Wenn beispielsweise eine Sonderumlage für eine größere

Renovierungsmaßnahme beschlossen wird, muss diese dann nicht der Verkäufer zahlen, sondern du, sofern du bis zum Zeitpunkt der Zahlungsaufforderung Eigentümer geworden bist. Um hier keine böse Überraschung zu erleben, lassen wir stets einen Passus in den Kaufvertrag einfügen, der regelt, dass der Verkäufer zwar teilnehmen kann, dies aber mit dem Käufer abstimmen muss. Sollte dies unterbleiben und Kosten für den Käufer entstehen, muss diese der Verkäufer übernehmen. Das Ziel besteht darin, dass du nach deiner Unterschrift unter dem Kaufvertrag als Käufer sofort über eine Versammlung Bescheid bekommst. Du weißt nicht nur, wann sie stattfindet, sondern auch, was besprochen wird und worüber abgestimmt wird, und kannst entsprechend Einfluss darauf nehmen. Darüber hinaus solltest du regeln, dass der Verkäufer dir die Teilungserklärung, die Beschlusssammlung und eine Dokumentation aller Maßnahmen in der Vergangenheit übergibt, sofern dies möglich ist. Weiterhin solltest du in den Kaufvertag die genaue Miethöhe sowie die Höhe des Hausgeldes aufnehmen und einen Passus, dass keinerlei Mietminderungen in den vergangenen 24 Monaten bestanden haben. Dann weißt du genauestens, was im Objekt vor sich geht und worauf du dich einlässt. Zum Thema Zwangsvollstreckungsunterwerfung im Kaufvertrag gibt es unterschiedliche Meinungen. Zwangsvollstreckungsunterwerfung bedeutet, dass du dich der sofortigen Zwangsvollstreckung unterwirfst, wenn du den Kaufpreis nicht zahlst. Der Verkäufer muss nicht erst klagen und hat sofortigen Zugriff auf dein gesamtes Vermögen. Die Frage ist, ob das sinnvoll ist, solange er das Objekt noch hat. Die gleiche Klausel ist übrigens in der Grundschuldbestellung enthalten, nur dass sich in diesem Fall die Bank dein Objekt oder dein Vermögen holt, wenn du die Darlehensrate nicht zahlst. Dabei spielt auch eine Rolle, wie hoch deine Restschuld noch ist und ob du andere Vermögenswerte hast.

Bei Bestandswohnungen gilt das Gleiche wie bei Gebrauchtwagen: »Gekauft wie gesehen.« Es ist verständlich, dass ein Verkäufer für eine gebrauchte Immobilie keine Garantie geben kann. Allerdings ist im Kaufvertrag ein Passus sinnvoll, mit dem der Verkäufer zusichert, dass keine erheblichen Mängel bekannt sind und kein Hausbock oder Hausschwamm im Objekt vorhanden sind. Was sind erhebliche Mängel? Wir hatten einen Fall in der Vergangenheit, bei dem ein Verkäufer aufgrund von Schimmel ein Gutachten in Auftrag gegeben hat. Laut Gutachter war das Problem äußerst schwerwiegend, sodass in der Wohnung erhebliche Maßnahmen erforderlich waren. Beim Verkauf des Objekts sechs Monate später war hiervon mit keinem Wort die Rede, was klar gegen den Passus verstößt. Der Kaufvertrag könnte somit rückabgewickelt werden. Erhebliche Mängel bestehen, wenn der Mangel die Kaufentscheidung beeinflussen würde. Du würdest ein Objekt höchstwahrscheinlich nicht kaufen, wenn es beispielsweise ein massives Feuchtigkeitsproblem geben würde. Dabei gibt es keine Mindestsummen oder Ähnliches zu berücksichtigen. Entscheidend hierbei ist, ob der Verkäufer es gewusst hat oder ob es sich um verdeckte Mängel handelt. Letzteres kannst du nicht monieren. Wenn alle Unklarheiten beseitigt sind, geht es zum Termin, um den Kaufvertrag zu unterschreiben. Hierbei gibt es verschiedene Möglichkeiten. Zum einen kannst du dich mit dem Verkäufer direkt beim Notar treffen. Beide bekommen den Vertrag vorgelesen und unterschreiben. Deutlich häufiger kommt es in der Praxis vor, dass der Verkäufer den Käufer niemals trifft, da beide mehrere Hundert Kilometer auseinander wohnen. Der Verkäufer kann sich vertreten lassen, beispielsweise durch einen Makler oder sogar durch den Käufer. Wichtig hierbei ist, dass der Notar bei einem Verkauf, bei dem eine Partei eine Privatperson und die andere ein gewerblicher Händler ist, darauf drängen muss, dass die Privatperson nicht vollmachtlos vertreten wird (siehe § 17 Abs. 2a BeurkG). Also können manche Konstellationen schwierig werden, und ein Notar wird eventuell nicht beurkunden wollen. Im Anschluss schickt der Notar den Kaufvertrag zum Verkäufer, der damit seinen Notar aufsucht und ihn genehmigt. Die Kosten für die Vertretung beziehungsweise Nachgenehmigung trägt der Vertretene, es sei denn, es ist etwas anderes geregelt. Die Kosten sind hier überschaubar, bei einem Kaufpreis von 250.000 Euro würden hier etwa 100 Euro für die Genehmigung anfallen. Hierbei gibt es allerdings einen Nachteil: Der Verkäufer kann die Genehmigung unterlassen, wenn er es sich zwischenzeitlich eventuell anders überlegt hat, jemand mehr bietet oder aufgrund eines unvorhergesehenen Zwischenfalls wie eines Schlaganfalls, aufgrund dessen er nicht mehr geschäftsfähig ist. So etwas haben wir bereits erlebt. In diesem Fall entstehen dem Käufer Kosten, obwohl er das Objekt nicht bekommt. Noch ärgerlicher ist es, wenn die Widerrufsfrist für das Darlehen bereits verstrichen ist. Du solltest den Notartermin immer so legen, dass ein Widerruf möglich ist. Zudem sollte dir von der Bank bereits die schriftliche Finanzierungsbestätigung vorliegen. Unterschreibe den Darlehensvertrag erst, wenn der Verkäufer den Kaufvertrag genehmigt hat. Auch wenn manche Notare davon absehen, ist die Aufnahme einer auflösenden Bedingung sinnvoll. Wenn der Verkäufer den Kaufvertrag nicht innerhalb von vier Wochen nach deiner Unterschrift genehmigt, wird er ungültig. Der Verkäufer könnte sich sonst mit der Entscheidung, ob er unterschreibt oder nicht, zu viel Zeit lassen, und du musst im schlimmsten Fall dein Darlehen schon abstottern. Abhängig davon, ob du mit dem Verkäufer am Tisch sitzt oder nicht, findet auch gleich eine Grundschuldbestellung statt, wenn die Finanzierung sichergestellt ist. Sollte der Verkäufer nachgenehmigen und nicht vor Ort sein, solltest du überlegen, die Grundschuld zu bestellen, wenn der Verkäufer den Kaufvertrag genehmigt hat, da für den Fall, dass er dies nicht tut, weitere Kosten in Höhe von 0,5 Prozent vom Kaufpreis für dich anfallen. Wie du bereits weißt, ist dies die Sicherheit für die Bank, dass sie im Grundbuch eingetragen wird und das Objekt für sich beanspruchen darf, sofern du deine Rate nicht bezahlst. Die Zinsen im Formular zur Grundschuldbestellung betragen zwischen 10 und 20 Prozent. Dabei handelt es sich nicht um Darlehenszinsen, sondern um Zinsen, die anfallen, wenn du die Raten nicht zahlst. Angenommen, du kannst schon die erste Rate nicht zahlen, dann werden die Kosten für den Rechtsstreit und die Versteigerung des Objekts usw. höher sein als der reine Darlehensbetrag und der Zinsschaden für die Bank, die ihrerseits Geld am Markt besorgt hat. Um diese Kosten zu decken, sind in der Grundschuldbestellung nochmals Zinsen enthalten.

Sollte der Verkäufer eine Restschuld auf dem Objekt eingetragen haben, ist auch seine Bank mit in diesen Prozess involviert. Für die Bank ist entscheidend, dass die Sicherheit im Grundbuch besteht. Allerdings wird die Bank des Verkäufers erst dann einer Löschung aus dem Grundbuch zustimmen, wenn sie sicher ist, dass die Restschuld durch die Kaufpreiszahlung abgedeckt werden kann. Beim Notar laufen alle Fäden zusammen. Er koordiniert die Eintragung der neuen

Grundschuld und die Löschung der alten. Wenn das Grundbuchamt die Auflassungsvormerkung eingetragen hat, wird der Kaufpreis fällig, es sei denn, die Hausverwaltung muss noch zustimmen. In manchen Wohneigentümergemeinschaften muss die Hausverwaltung einem Kauf zustimmen. Warum kann das wichtig sein? Die Gemeinschaft tritt gesamtschuldnerisch auf, das heißt, wenn ein WEG-Mitglied das Hausgeld nicht zahlt, müssen die anderen dafür geradestehen. In der Teilungserklärung ist geregelt, ob die Verwaltung einem Kauf zustimmen muss. In der Regel wird ein Vertreter der Hausverwaltung zum Notar gehen und diese Zustimmung geben. Allerdings haben wir in einigen Fällen erlebt, dass hier die gesamte Bonität des Käufers noch mal geprüft wird, was im Grunde auch Sinn und Zweck der Regelung ist. Dies kann den Ablauf jedoch nochmals verzögern, wenn Unterlagen nicht fristgerecht eingereicht werden beziehungsweise Beteiligte krank oder im Urlaub sind. Bedenke dies, wenn du die bereitstellungsfreie Zeit deines Darlehens vereinbarst. In der Praxis wird dies mit sehr hoher Wahrscheinlichkeit nicht abgelehnt, da die Konsequenzen krass wären. Der Kaufvertrag ist geschlossen und müsste rückabgewickelt werden, und die Finanzierung wird in der Regel auch außerhalb der Widerruffrist sein. Die Gründe müssten schon triftig sein.

Wenn diese Voraussetzungen erfüllt sind, ist der Kaufpreis fällig. Was bedeutet das für dich? Du gibst der Bank anhand der Auszahlungsaufträge, die du zuvor erhalten hast, die Anweisung, dein Darlehen auszuzahlen. Wenn der Kaufpreis bei der Bank des Verkäufers eingeht, bekommt der Verkäufer den Betrag, der über die Restschuld hinausgeht, oder der Verkäufer bekommt das Geld direkt, indem du zwei Überweisungen beauftragst, je nachdem, was dir der Notar mitteilt. Bei Neubau und Denkmalsanierungen ist es allerdings anders: Dort zahlst du gemäß der Makler-Bauträger-Verordnung nach Baufortschritt. In der Regel werden insgesamt maximal sieben Raten abgerufen, sobald der jeweilige Fortschritt am Bau erreicht ist. Der Verkäufer teilt nun dem Notar mit, dass er den Kaufpreis erhalten hat. Der Notar beantragt die Löschung der alten Grundschuld und die Eigentumsumschreibung. Nun wird bei dir auch die Zahlung der Grunderwerbsteuer fällig. Für den Notar musst du circa 1 bis 1,5 Prozent der Kosten einplanen und nochmal etwa 0,5 Prozent

Gerichtskosten. Du wirst immer mal wieder eine Rechnung vom Notariat erhalten, je nachdem, was gerade erledigt wurde. Freue dich also nicht zu früh, wenn die erste Rechnung sehr gering ausfällt. Nachdem die Zahlung der Grunderwerbsteuer bestätigt ist, trägt dich das Grundbuchamt als neuen Eigentümer ein. Der Eintragungsbescheid geht an dich und an den Notar. Du bekommst zudem eine Rechnung über die Gerichtskosten von der Landesjustizkasse oder deren Entsprechung in deinem jeweiligen Bundesland.

Du hast all diese Schritte vollzogen? Herzlichen Glückwunsch! Nun bist du offiziell Eigentümer einer Immobilie. In der Praxis ist der gesamte Prozess meist sehr langwierig und kann sich bis zu 1,5 Jahre hinziehen. In Leipzig wird die Auflassung meist erst nach 3 Monaten eingetragen, in Hamburg hingegen kann es in derselben Woche, in der die Beurkundung stattgefunden hat, passieren. Nach der Kaufpreiszahlung steht dir in jedem Fall die Miete zu, es sei denn, du hast im Kaufvertrag etwas anderes geregelt. Die Eigentumsumschreibung kann aber tatsächlich mehrere Monate dauern.

Kurze Übersicht vom Kaufablauf

- ❐ Erstellung des Kaufvertrags und Prüfung durch den Käufer und Verkäufer
- ❐ Unterschrift des Kaufvertrags beim Notar
- ❐ Grundschuldeintragung
- ❐ Veranlassung der Eintragung der Grundschuld beim Grundbuchamt und Eintragung der Eigentumsvormerkung durch den Notar
- ❐ Notar erhält die Löschungsbewilligung des Verkäufers für dessen Grundschuld, falls vorhanden. Die Löschung wird aber erst beantragt, wenn der Kaufpreis bei der Verkäuferbank eingegangen ist.

- ❒ Notar bekommt Mitteilung über die Grundschuld und die Eigentumsvormerkung und teilt dies dem Käufer mit. Somit sind die Fälligkeitsvoraussetzungen erfüllt.
- ❒ Käufer weist finanzierende Bank an, das Darlehen auszuzahlen, entweder an den Verkäufer oder an dessen Bank.
- ❒ Verkäufer und/oder Verkäuferbank bestätigen Zahlungseingang.
- ❒ Einreichung der Löschungsbewilligung der Grundschuld des Verkäufers und Antrag zur Eigentumsumschreibung beim Grundbuchamt
- ❒ Grunderwerbsteuer beim Käufer wird fällig.
- ❒ Zahlungseingang der Grunderwerbsteuer wird dem Grundbuchamt vom Finanzamt mitgeteilt, und Grundbuchamt trägt den Käufer als neuen Eigentümer ein.

Kaufnebenkosten

Wenn du eine Immobilie kaufst, fallen wie bei Aktien Transaktionskosten an. In diesem Fall sind das die Kaufnebenkosten, die du als Eigenmittel parat haben solltest. Manche Banken finanzieren die Nebenkosten mit, allerdings solltest du trotzdem Eigenkapital als Sicherheit in der Rückhand haben. Zudem achte bei der Mitfinanzierung der Kosten darauf, ob es einen Zinsaufschlag dafür gibt und wie hoch dieser ist.

Die Kaufnebenkosten sind aufgrund der Grunderwerbsteuer in jedem Bundesland und bei jedem Objekt durch einen eventuell eingesetzten Makler unterschiedlich. Generell gehören zu den Kaufnebenkosten die Grunderwerbsteuer, die Gerichtskosten, Notarkosten und eine etwaige Maklercourtage. Die Grunderwerbsteuer fällt bei jedem

Grundstücksverkauf an und ist seit dem 1. September 2006 Sache jedes einzelnen Bundeslandes, weshalb die unterschiedlichen Steuersätze zustande kommen. Vor dieser Regelung betrug der Satz bundesweit 3,5 Prozent. In Abbildung 10 siehst du, wie die Steuersätze nach und nach in den einzelnen Bundesländern erhöht wurden (Stand Januar 2020).

Bundesland	Steuersatz seit 1998	Erhöhung ab	auf Steuersatz
Baden-Württemberg	3,5 %	05.11.2011	5,0 %
Bayern	3,5 %	keine Erh.	
Berlin	3,5 %	01.01.2007	4,5 %
		01.04.2012	5,0 %
		01.01.2014	6,0 %
Brandenburg	3,5 %	01.01.2011	5,0 %
		01.07.2015	6,5 %
Bremen	3,5 %	01.01.2011	4,5 %
		01.01.2014	5,0 %
Hamburg	3,5 %	01.01.2009	4,5 %
		01.01.2023	5,5 %
Hessen	3,5 %	01.01.2013	5,0 %
		01.08.2014	6,0 %
Mecklenburg-Vorpommern	3,5 %	01.07.2012	5,0 %
		01.07.2019	6,0 %
Niedersachsen	3,5 %	01.01.2011	4,5 %
		01.01.2014	5,0 %
Nordrhein-Westfalen	3,5 %	01.10.2011	5,0 %
		01.01.2015	6,5 %
Rheinland-Pfalz	3,5 %	01.03.2012	5,0 %
Saarland	3,5 %	01.01.2011	4,0 %
		01.01.2012	4,5 %
		01.01.2013	5,5 %
		01.01.2015	6,5 %
Sachsen	3,5 %	01.01.2023	5,5 %
Sachsen-Anhalt	3,5 %	02.03.2010	4,5 %
		01.03.2012	5,0 %
Schleswig-Holstein	3,5 %	01.01.2012	5,0 %
		01.01.2014	6,5 %
Thüringen	3,5 %	07.04.2011	5,0 %
		01.01.2017	6,5 %
		01.01.2024	5,0 %

Abbildung 10: Grunderwerbsteuer in den einzelnen Bundesländern

Nur Bayern hat bis dato seine Steuer noch nie angehoben und ist bei den ursprünglichen 3,5 Prozent geblieben. Gepaart mit den unterschiedlichen Kaufpreisen macht es einen erheblichen Unterschied, ob du in

Berlin für den Quadratmeter 6.000 Euro zahlst und 6 Prozent Grunderwerbsteuer anfällt oder in Nürnberg 2.500 Euro und nur 3,5 Prozent. Bei 50 Quadratmetern macht dies eine Differenz von 13.750 Euro aus (Berlin: 6.000 € x 50 qm = 300.000 € x 6 % = 18.000 € Grunderwerbsteuer, Nürnberg: 2.500 € x 50 qm = 125.000 € x 3,5 % = 4.375 €, Differenz 13.625 €).

Wie oft kannst oder willst du es dir erlauben, bei jedem Deal mehr zu zahlen? Übrigens kommst du um diese Steuer nicht herum, es sei denn, du kaufst von einem Verwandten ersten Grades oder deinem Ehepartner. Zu den Verwandten ersten Grades zählen Eltern, Kinder, Großeltern und Enkel. Geschwister gehören leider nicht dazu. Auch eine Schenkung oder Vererbung ist möglich, allerdings musst du dann die Schenkungs- und Erbschaftsteuer beachten.

Der zweite Bestandteil sind bei jedem Immobilienkauf, gleichgültig ob Grundstück oder Objekt, die Notarkosten und die Kosten für den Grundbucheintrag. Es ist gesetzlich vorgeschrieben, dass ein Notar diesen Kauf abwickelt, sonst ist der Kaufvertrag nicht rechtskräftig. Durch die Vorschrift zur Notarpflicht sollen Käufer und Verkäufer geschützt und der Vertrag rechtssicher vollzogen werden, da die Abwicklung eines solchen Geschäftes sehr komplex ist. Der Notar ist der Vermittler zwischen den beiden Parteien. Notare kosten immer gleich viel, also suche dir denjenigen aus, der für dich am besten gelegen ist oder den besten Eindruck macht. Die größten Notariate mit den schönsten Büros kosten genauso viel wie diejenigen auf dem Land, die vielleicht einen weniger repräsentativen Eindruck machen.

Der nächste Kostenpunkt sind die Maklerkosten. Ärgere dich nicht darüber, sondern kalkuliere sie am besten direkt in deiner Berechnung mit ein. Du kannst den Makler nicht ausstechen, und wir würden es dir auch nicht empfehlen, ihn zu umgehen. Setze ihn lieber gezielt für dich ein, wenn du ihn schon bezahlen musst. Die Kosten für den Makler variieren. Es gibt keine Regelungen, wie viel ein Makler an Provision verlangen darf. Das Einzige, was Makler beachten müssen, ist, dass sie nicht sittenwidrig handeln. Eine klare Grenze gibt es hierbei nicht, aber laut den Anwälten, mit denen wir zusammenarbeiten, ist die Grenze von 10 Prozent Provision wohl der Punkt, ab dem es sittenwidrig werden kann.

Gepaart mit der Tatsache, dass jeder ohne Fachkenntnisse ein Maklergewerbe anmelden und Immobilen verkaufen kann, kommt hier oft der Unmut darüber auf, dass die Dienstleistung im Vergleich zur Höhe der zu zahlenden Summe zu wünschen übrig lässt. Es gibt sehr gute Makler, bei denen ein gewisses Honorar gerechtfertigt ist und von denen die wenigsten berichten, aber wie in jeder Branche gibt es auch das komplette Gegenteil. In der Regel bewegt sich die Courtage für einen Makler zwischen 3,57 Prozent und 7,14 Prozent inkl. MwSt. Die meisten halten sich an regional übliche Höhen. Dennoch haben wir schon Maklerkosten in Höhe von 12 Prozent gesehen, was definitiv übertrieben ist. Natürlich kannst du diese Courtage verhandeln, die Frage ist aber, inwieweit du dann bei der Auswahl berücksichtigt wirst, wenn es mehrere Interessenten für ein Objekt gibt. Plane die Kaufnebenkosten bereits im Vorfeld ein. In der Regel werden die Nebenkosten mit dem Eigenkapital beglichen. Nach Zahlung der Kaufnebenkosten solltest du noch etwas Geld übrig haben, weil es bei der Bank einfach einen besseren Eindruck macht und Immobilien erhebliche Risiken mit sich bringen. Wir haben bereits erlebt, dass eine Finanzierung nicht genehmigt wurde, weil der Investor nach Zahlung der Kaufnebenkosten nur noch ein sehr geringes Restvermögen hatte oder ungeplante Sonderumlagen viel Kapital erfordert haben. Rechne aus, inwieweit dein Kapital für das anvisierte Objekt ausreicht.

Strategische Überlegungen zu Instandhaltung, Verwaltung und Vermietung

Die ordnungsgemäße Instandhaltung einer Immobilie ist genauso wichtig wie die ordentliche Verwaltung. Es ist wie bei einem Auto: Wenn du den Service nicht regelmäßig machst, das Öl nicht wechseln lässt und einfach immer weiterfährst, bleibst du irgendwann liegen und der Ärger ist groß. Bei Immobilien ist es jedoch bei Instandhaltungsangelegenheiten in der Regel nicht mit einigen Hundert Euro getan, weshalb eine Erhaltungsrücklage gebildet wird.

Eigentumswohnung und Mehrfamilienhaus im direkten Vergleich

Wenn du dich für Immobilien interessierst und ein Ankaufsprofil erstellt hast, wird es höchste Zeit, darüber nachzudenken, was du überhaupt kaufen möchtest. Sollen es einzelne Wohnungen oder ganze Mehrfamilienhäuser sein? Beide Varianten haben Vor- und Nachteile. Eine Eigentumswohnung ist eine einzelne Wohnung in einem Haus, in das mehrere Eigentümer investiert haben oder in dem sogar Eigennutzer wohnen. Wenn du in eine Eigentumswohnung investierst, musst du der Wohnungseigentümergemeinschaft (WEG) beitreten, die aus allen Eigentümern im Haus besteht. Diese Gemeinschaft muss sich darüber abstimmen, was mit dem Objekt passiert und welche Maßnahmen getroffen werden sollen. Hierzu wird mindestens einmal im Jahr eine Versammlung abgehalten, auf der die relevanten Dinge besprochen werden. Das können beispielsweise Maßnahmen am Objekt sein, die Wahl einer neuen Hausverwaltung, notwendige Instandsetzungsmaßnahmen oder sonstige Dinge. Wohlgemerkt betreffen diese Versammlungen nur das Gemeinschaftseigentum und nicht die eigenen vier Wände, die jeder als sogenanntes Sondereigentum hat. Hier kann es zum Beispiel nachteilig sein, wenn du der einzige Investor in diesem Objekt bist und alle anderen Eigennutzer sind. Eigennutzer haben in der Regel andere Ziele und Ansichten, was das Objekt angeht, als Investoren, die ihre Wohneinheit möglichst lukrativ vermieten wollen. Beispielsweise möchten diese den Garten regelmäßig neu gestalten oder das Haus weit intensiver instand halten, als es aus Vermietersicht rentabel ist. Für dich als Investor zählen diese Dinge nicht, denn dir ist nur wichtig, dass sich das Objekt gut entwickelt, es ordentlich bewirtschaftet und instand gehalten wird und die Miete pünktlich eingeht. Das soll nicht heißen, dass Investoren ihre Objekte verkommen lassen und nur die nötigsten Dinge beheben. Aber Eigennutzer stellen hier meistens ganz andere Ansprüche. Ein Beispiel aus unserem Bekanntenkreis verdeutlicht dies.

Ein Freund wohnte in einem Objekt zur Miete, in dem 80 Prozent der Wohneinheiten durch ihre Eigentümer selbst genutzt wurden. Das Objekt war aus den 70er-Jahren und verfügte über eine Müllklappe auf jeder Etage, über die jeder Bewohner bequem den Müll entsorgen konnte. Dieser Müll fiel einfach bis in den Keller in eine Tonne. Allerdings kam die Stadt auf die Idee, diese Entsorgungsmöglichkeit aufgrund von Mülltrennung und Brandschutz einzustellen. Die Bewohner im Objekt waren fassungslos und gingen rechtlich dagegen vor. Dieser Rechtsstreit verschlang letztlich fünfstellige Summen und endete mit einer Niederlage der Eigentümergemeinschaft. Die Eigentümer waren alle fortgeschrittenen Alters und finanziell so gestellt, dass sie den Rechtsstreit locker aussitzen konnten. Wenn du dir vorstellst, in diesem Objekt Investor zu sein, wird dir wahrscheinlich angst und bange. Wären in dem Haus überwiegend Investoren vertreten gewesen, hätten die Mieter einfach einen Brief bekommen, dass der Müll ab sofort hinuntergetragen werden muss. Damit wäre das Thema erledigt gewesen. Dabei ist zumindest ein Eigennutzer im Haus als »Objekt-Sheriff« durchaus von Vorteil, damit

Ordnung herrscht, sich jemand verantwortlich fühlt und jemand aus eigenen Erfahrungen spricht.

Natürlich bringt eine Eigentümergemeinschaft auch Vorteile mit sich. Die Kosten für eine neue Heizung oder ein neues Dach werden durch die Gemeinschaft geteilt, und dementsprechend kommen nur anteilige Kosten auf dich zu. Auch das Management ist geregelt, weil bei einer Eigentümergemeinschaft eine Hausverwaltung bestellt werden muss, die zumindest das Gemeinschaftseigentum verwaltet. Deine eigenen vier Wände kannst du theoretisch auch selbst verwalten, wovon du, wie bereits erwähnt, allerdings absehen solltest. Für dich als Käufer bedeutet dies, dass du für den Ankauf auf jeden Fall die Unterlagen prüfen kannst, denn diese sollten der Hausverwaltung gesammelt vorliegen, sofern sie gewissenhaft arbeitet. Für die Eigentümerversammlung, die mindestens einmal jährlich durchgeführt wird, wird rechtzeitig bekannt gegeben, um welche Punkte es geht. Somit kann sich jeder darüber Gedanken machen. Falls du keine Zeit hast, an einer solchen Versammlung teilzunehmen, kannst du für die einzelnen Punkte abstimmen und die Verwaltung bevollmächtigen, für dich an der Versammlung teilzunehmen und in deinem Sinne zu stimmen. Das Ergebnis der Versammlung wird im Nachhinein noch mal als Protokoll verschickt, damit auch diejenigen Bescheid wissen, die nicht daran teilgenommen haben.

Der Nachteil einer Eigentümergemeinschaft ist, dass sich alle über die Maßnahmen einig sein müssen. Zudem besteht die Gefahr, dass eine Entscheidung getroffen wird, die nicht in deinem Sinne ist. Gerade, wenn es um Modernisierungen und den anschaffungsnahen Aufwand geht, kann dir hier ein Strich durch die Rechnung gemacht werden, weil bei Eigennutzern die optimale steuerliche Gestaltung keine Rolle spielt oder andere Investoren schon länger als drei Jahre investiert sind. Mehr dazu liest du im Abschnitt über Steuern.

Vorteil bei einer Wohnung ist, dass sie in den meisten Fällen einfacher zu finanzieren ist als ein Mehrfamilienhaus, zumindest, wenn es um eine Vollfinanzierung geht. Woran liegt das? Wohnungen werden von der Bank in der Regel im Vergleichswertverfahren und Mehrfamilienhäuser im Ertragswertverfahren bewertet, was bei geringer Miete Schwierigkeiten aufwirft. Obwohl es eigentlich die Investorenobjekte mit Entwicklungspotenzial sind. Weiterhin erzielst du eine bessere Risikostreuung, wenn du mehrere Wohnungen kaufst. Denn wenn du ein Mehrfamilienhaus kaufst und es Schiffbruch erleidet, sind all deine Wohnungen betroffen. Vergleichbar sind natürlich nur zehn Wohnungen in zehn Mehrfamilienhäusern mit einem Mehrfamilienhaus mit zehn Wohnungen. Vor allem die Investoren, die viele Bücher über Immobilien-Investments gelesen haben, wollen meist Mehrfamilienhäuser kaufen. Die Vorteile liegen auf der Hand. Du kannst selbst bestimmen, was mit dem gesamten Objekt zu welchem Zeitpunkt und in welchem Umfang passiert. Zudem bist du sofort handlungsfähig und musst nicht lange Versammlungen einberufen und abstimmen.

Allerdings gibt es hierbei auch einige Nachteile. Wie bereits gesagt, trägst du das komplette Risiko des Objekts, auch wenn du es durch eine ausführliche Prüfung minimieren kannst. Diese Prüfung ist bei einem Mehrfamilienhaus allerdings schwieriger durchzuführen als bei einer Wohnung. Grund dafür ist, dass der Verkäufer alleiniger Herrscher im Objekt ist und im schlimmsten Fall keinerlei Historie über die durchgeführten Maßnahmen besteht, keine Erhaltungsrücklage gebildet wurde und du nicht weißt, welche Probleme überhaupt bestehen. Hier gilt es, genau hinzuschauen. Wenn dir ein Fehler unterläuft, wird er meistens sehr teuer. Auch die Finanzierung eines solchen Objekts ist oft aufwendiger, vor allem, wenn du eine 100-Prozent-Finanzierung anstrebst. Der für uns als Investoren größte Vorteil ist die alleinige Entscheidungsgewalt über das Objekt. Es liegt in deiner Hand, ob du Balkone anbringst, im Garten ein neues Objekt errichtest, Parkflächen schaffst und vieles mehr. Die Umsetzung aller Maßnahmen, die ein Objekt aufwerten und somit deine Einnahmen erhöhen können, ist mit einer Eigentümergemeinschaft schwer zu realisieren.

Was uns in den einzelnen Marktphasen bremst, sind hohe Kaufpreise, niedrige Renditen, ein begrenztes Angebot und steigende Kreditzinsen. Dabei sind je nach Marktphase die Renditen teils bei Eigentumswohnungen, teils bei Mehrfamilienhäusern attraktiver, was unsere Investitionsentscheidungen lenkt.

In Abbildung 11 (siehe nächste Seite) siehst du den Vergleich zwischen den Vor- und Nachteilen von Eigentumswohnungen (ETW) und Mehrfamilienhäusern (MFH) – verglichen wird ein MFH mit 10 WE's mit 10 einzelnen ETW.

ETW

Vorteil	Nachteil
Risikostreuung	langsame Verhandlungen mit WEG
geringere Startkosten	Maßnahmen müssen mehrheitlich beschlossen werden
einfachere Finanzierung	strategische Maßnahmen sind schwer durchzusetzen
Management wird übernommen	mehrere WEG's
Historie ist klar, Unterlagen vorhanden	pro Einheit mindestens eine Versammlung pro Jahr
Instandhaltungsrücklage ist bereits gebildet	
funktionierendes System (WEG)	

MFH

Vorteil	Nachteil
alleinige Entscheidung über gesamtes Objekt	schwierige Finanzierung
strategische Maßnahmen beschließen	100 % Verantwortung und Kostenrisiko
schnelle Durchführung von Maßnahmen	Historie oft unklar, präzisere Prüfung notwendig
Potenzial außerhalb der Wohnung kann entwickelt werden (bspw. Balkon, Aufzug, Anbauten)	keine Instandhaltungsrücklage gebildet
Bewirtschaftung kann selbst kalkuliert werden	

Abbildung 11: Die Vorteile einer Eigentumswohnung (ETW) im Vergleich zu einem gesamten Mehrfamilienhaus (MFH)

Erhaltungsrücklage

Die Erhaltungsrücklage wird als Reserve genutzt, wenn größere Reparaturen anfallen. Auch wenn du eine Immobilie noch so gründlich prüfst und analysiert, können Dinge einfach kaputtgehen. Deshalb solltest du darauf achten, dass zum einen die Erhaltungsrücklage nicht aufgebraucht ist. Die Höhe der Rücklage bekommst du von der Hausverwaltung mitgeteilt.

Die Erhaltungsrücklage kommt, solltest du eine Wohnung in einem Mehrfamilienhaus kaufen, nur für die Gemeinschaftsangelegenheiten auf, nicht für dein Sondereigentum, sprich, deine eigenen vier Wände. Sämtliche Instandhaltungen, die hier anfallen, musst du komplett aus eigenen Mitteln bestreiten. Deshalb solltest du auf jeden Fall eine eiserne Reserve parat haben. Wie berechnet sich die Erhaltungsrücklage? Es gibt diverse Herangehensweisen, um ihre Höhe zu ermitteln. In der Regel schlägt die Hausverwaltung etwas vor und die Eigentümergesellschaft nimmt den Vorschlag an oder lehnt ihn ab. Wie bereits erwähnt, kann hier die Peters'sche Formel angesetzt werden. Da 80 Jahre sehr lang sind und ein Objekt in den seltensten Fällen so lange gehalten wird, nehmen wir einfach die Hälfte. In 40 Jahren sollte also das 0,75-Fache des Herstellungspreises aufgewendet werden. Der hergestellte Quadratmeter liegt zwischen 2.500 Euro und 3.500 Euro, was die Kosten im Raum Leipzig und Dresden betrifft. Demnach müssten für eine Wohnung mit 60 Quadratmetern durchschnittlich 180.000 Euro investiert werden. Diese Summe teilt sich noch mal in Gemeinschaftsanteil und Sondereigentumsanteil auf. Generell ist die Verteilung hierbei etwa 65 Prozent zu 35 Prozent, in diesem Fall also 87.750 Euro und 47.250 Euro für deine Wohnung. Du solltest also pro Jahr knapp 1.200 Euro an Rücklagen für die Instandhaltung bilden. Natürlich ist dies reine Theorie und nicht zwingend unsere Empfehlung. Je nach Wohnungsgröße und Maßnahmen bei Kauf oder Mieterwechsel solltest du diesen Wert sinnvoll anpassen. Wenn du die Strategie »Entwickeln und Halten« verfolgst, fließt zu Beginn des Investments direkt eine gewisse Summe ins Objekt. Wenn du beispielsweise den Boden neu verlegen und das Badezimmer renovieren lässt, umfasst die Investition je nach Wohnungsgröße und Ausstattung 15.000 bis 25.000 Euro. Damit wäre bereits der größte Teil aufgewendet.

Es gibt diverse Kennzahlen, mit denen du ein Objekt charakterisieren kannst. Viele haben allerdings Schwachstellen und sagen nur eingeschränkt etwas aus. Ein Beispiel hierfür ist die Instandhaltungsquote, die angibt, wie hoch die Instandhaltungskosten im Verhältnis zur Jahresnettomiete sind. Allerdings sind diese Annahmen immer nur punktuell zu betrachten. Niemand weiß, was im Folgejahr passiert, wie hoch die Mieteinnahmen sein und welche Reparaturen anfallen werden. Zudem musst du zwischen Instandhaltung und Instandsetzung unterscheiden. Wenn etwas repariert wird, ist es Instandsetzung. Wenn du Mehrfamilienhäuser kaufen willst, solltest du genau darauf achten, wie der Verkäufer gewirtschaftet hat und was am Objekt gemacht wurde. Er ist bei dieser Objektart nämlich nicht verpflichtet, eine Rücklage zu bilden, sondern kann Instandhaltungen einfach aus seinem aktiven Cashflow bestreiten. Wenn du ein solches Objekt übernimmst, beträgt die Rücklage null Euro und du musst sofort dein eigenes Geld einsetzen, wenn etwas an der Immobilie gemacht werden muss.

Hausverwaltung und ihre Aufgaben

Insbesondere, wenn Menschen gerade erst damit anfangen, sich mit Immobilien zu beschäftigen, sind Aussagen zu hören wie: »Dem Verwalter werfe ich kein Geld in den Rachen« oder auch »Das kann ich genauso gut selbst erledigen.« Ist das wirklich so? Und wie teuer ist eine Hausverwaltung überhaupt? Du wirst in den seltensten Fällen wissen, wie du eine Nebenkostenabrechnung erstellst, deine Mieteinnahmen korrekt verbuchst und welche Schritte du unternehmen musst, wenn eine Mietminderung ins Haus flattert oder wenn gar die Mietzahlungen komplett ausfallen. All dies sind Themen der Hausverwaltung. Die Frage ist, ob du Lust darauf hast, sonntags am Frühstückstisch zu sitzen und mit deinem Mieter zu telefonieren, weil sein Wasserhahn tropft und er weiß, dass du heute gut erreichbar bist.

Eine Hausverwaltung kostet verhältnismäßig wenig Geld für das, was sie leistet, wenn sie denn gut funktioniert. Solltest du dich in ein Mehrfamilienhaus einkaufen, in dem du eine einzelne Wohnung kaufst, ist die Verwaltung für das Gemeinschaftseigentum rechtlich vorgeschrieben. Das heißt, hier ist bereits eine Verwaltung tätig, ob du willst oder nicht. Dies kannst du nur umgehen, wenn du das gesamte Haus kaufst, denn dann kannst du machen, was du willst und die Verwaltung selbst auswählen. Der Einsatz einer professionellen Verwaltung lohnt sich jedoch in jedem Fall. Die Hausverwaltung ist nach dir nämlich die Instanz, die entscheidet, ob dein Investment gelingt oder nicht. Wir selbst haben die Erfahrung gemacht, dass ein Großteil der Verwaltungen den Job nicht so erledigt, wie wir es selbst machen würden, wenn es um unsere eigenen Objekte geht. Unsere Hausverwaltung (immcube) ist in Leipzig und Dresden tätig und betreut Immobilien auf smarte Weise. Diese behandelt Objekte exakt so, wie es ein Investor tun würde. Das Schlimmste, was deiner Immobilie passieren kann, ist, dass sie nicht entwickelt wird. Auch wenn es schon erwähnt wurde: Nach der Einkaufsprüfung ist die Entwicklung des Objekts der wichtigste Bestandteil, um erfolgreich in Immobilien zu investieren. Eine Ausnahme ist, wenn du die Strategie »Kaufen und Halten« verfolgst. Aber selbst dabei sollte die Miete regelmäßig angepasst werden, und bei einem Mieterwechsel sollten eventuelle Modernisierungen aktiv angesprochen werden. Man kann den Verwaltungen aber auch nicht verübeln, wenn sie sich darum nicht kümmern, denn die meisten haben lediglich das Ziel vor Augen, den Ist-Zustand zu verwalten und das Objekt zu bewirtschaften. Eine automatische Mietsteigerung oder Vorschläge zur Weiterentwicklung oder zum Umbau eines Objekts finden nicht statt. Die Entwicklung eines Objekts schauen wir uns im Teil »Erfolgreich kalkulieren« genauer an.

In einem Objekt gibt es meistens eine Gemeinschaftsverwaltung (WEG) und eine Sondereigentumsverwaltung (SE).

Die Gemeinschaftsverwaltung regelt alles, was die Eigentümergemeinschaft angeht, also Hausflur, Dach, Fassade, Heizung usw., die auch die Eigentümerversammlung organisiert und leitet.

Die Sondereigentumsverwaltung kümmert sich um deine Wohnung und alles, was damit zusammenhängt, wie beispielsweise Neuvermietungen, Mietanpassungen, Probleme, die der Mieter hat, und sämtliche anderen Themen. Meistens übernehmen Hausverwaltungen beide Aufgabenbereiche, da hierdurch keine Informationen weitergegeben werden müssen und eventuell verloren gehen. Dennoch hatten wir unsere Wohnungen, bevor es die immcube gab, häufig einer anderen Verwaltung anvertraut, weil diese besser gearbeitet hat. Die Kosten für eine Verwaltung betragen pro Verwaltung (SE & WEG) aktuell zwischen 30 und 50 Euro pro Monat.

Wie wählst du deine Verwaltung aus, wenn die Möglichkeit besteht?

Schau dir auf jeden Fall den Leistungskatalog der Verwaltung an. Welche Leistungen werden angeboten, was wird extra berechnet, und was ist inklusive? Auf der Homepage findest du meistens Referenzobjekte. Diese solltest du dir genau anschauen. Stehen die Mülltonnen ordentlich, was kosten die Neuvermietung und die Mieterhöhung? Sieht das Haus gepflegt aus? Nichts ist schlimmer, als eine nicht funktionierende Verwaltung, die zwar dienstags und donnerstags von 10 bis 12

Uhr Sprechzeiten anbietet, aber selbst zu diesen Zeiten nicht ans Telefon geht. Bei Eigentumswohnungen, die vermietet sind, kannst du auch den aktuellen Mieter fragen, wie er den Zustand im Haus empfindet und wie die Verwaltung mit seinen Anfragen umgeht. Wir empfehlen so oder so immer eine Mieterbefragung, denn der Mieter sollte auf deiner Seite stehen, und er weiß genau, was im Objekt schlecht läuft. Wenn du seine Wünsche kennst und er gut auf dich zu sprechen ist, profitierst du im Nachhinein, beispielsweise wenn Besichtigungen durchgeführt werden müssen oder du mit einem interessierten Käufer vor Ort bist. Ein Mieter, der dich nicht mag, kann dir den späteren Verkauf vermasseln.

Die Verwaltung sollte dir zudem sämtliche Unterlagen zur Verfügung stellen können. Diese benötigst du, um das Objekt möglichst genau analysieren zu können. Hier kannst du direkt feststellen, wie der Verwalter auf deine Anfrage reagiert und ob dafür Kosten fällig werden. Diese solltest du nicht überbewerten – schließlich gibst du ja etwas in Auftrag. Sind mehrere Anfragen nötig, bis dir die Unterlagen vorliegen? Bei Mehrfamilienhäusern ist der aktuelle Eigentümer, von dem du das Objekt kaufst, für die Verwaltung zuständig. Wie genau aber die Regelung ist, und wer genau wie und wann kündigen kann, steht im Verwaltervertrag. Wer am 1. Januar eines Jahres Eigentümer des Objekts ist, haftet für die Verwaltungsgebühr für das aktuelle Jahr. Vor einem Verkauf sollte der Verkäufer die Verwaltung kündigen, damit du die Wahl hast, ob du sie erneut beauftragst oder dir eine andere auswählst. Wie du siehst, ist die Verwaltung eine der wichtigsten Instanzen bei einem Immobilien-Investment.

In der Skizze (Abbildung 12, siehe nächste Seite) siehst du noch mal, wie genau das Sondereigentum vom Gemeinschaftseigentum abgegrenzt wird, wobei es hierbei auf die Teilungserklärung ankommt. In dieser können einige Dinge auch anders geregelt sein.

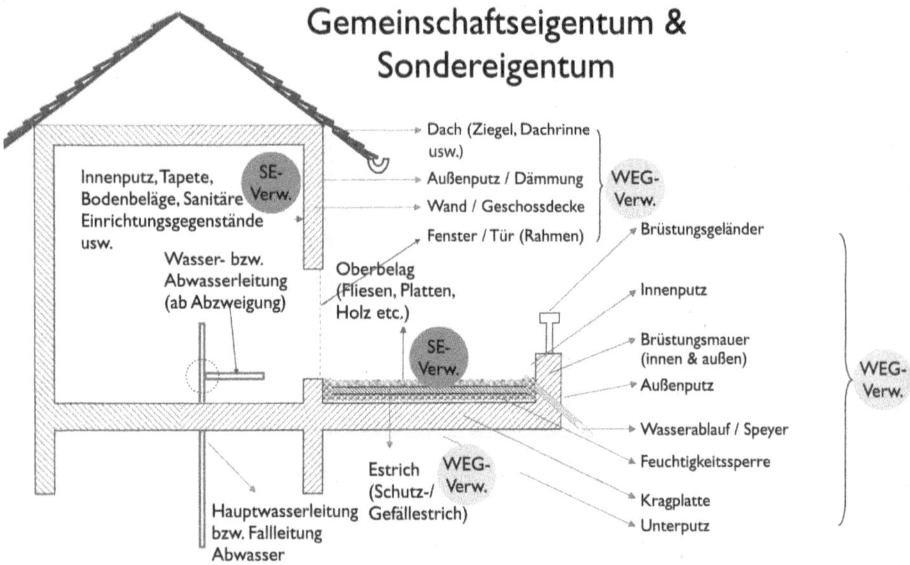

Abbildung 12: Zuständigkeit der WEG-Verwaltung und der Verwaltung der einzelnen Wohneinheiten

Was musst du rund um den Mietvertrag wissen?

Wenn du Immobilien als Investment kaufst, interessiert dich in erster Linie, wie hoch die Miete ist und welche Rendite das Objekt voraussichtlich bringen wird. Die Miete ist im Mietvertrag festgelegt. Es gibt unzählige Regelungen, Klauseln und Urteile, an die du dich als Vermieter halten musst. Die Gruppierung der Mieter unterliegt in Deutschland einem Schutz, der seinesgleichen sucht. Was musst du beachten, und wie gehst du mit bestimmten Regularien um, damit dein Investment nichts an Rendite einbüßt? Als Allererstes wollen wir uns anschauen, was bei einer Neuvermietung wichtig ist. Bei einem Objekt, das bereits vermietet ist, kannst du nur sehr wenig selbst gestalten – außer, das Objekt zu modernisieren und die Kosten entsprechend auf den Mieter umzulegen. Zu diesem Thema erfährst du mehr im Abschnitt »Kaufen und Entwickeln«.

Bei der Neuvermietung hast du hingegen die Möglichkeit, deinen Mietvertrag selbst zu gestalten. Allerdings musst du beachten, was rechtlich aktuell zulässig ist und was nicht. Unzulässige Klauseln und Regelungen führen zu Unwirksamkeit und im schlimmsten Fall dazu, dass du keine planmäßige Erhöhung der Miete vornehmen kannst oder deine Wohnung unrenoviert zurückbekommst. Solltest du eine professionelle Hausverwaltung haben, hat diese im Normalfall eine aktuelle Mietvertragsvorlage vorliegen. Allerdings sind wir der Meinung, es ist besser, sich um solche folgenreichen Dinge selbst zu kümmern.

Nimm als Erstes einen aktuellen Mietvertragsentwurf zur Hand, wenn du vor der Vermietung deiner Wohnung stehst. Du kannst ihn entweder von einem Anwalt erstellen lassen oder bei einer kompetenten Hausverwaltung nachfragen. Aus Kostensicht ist es günstiger, einen Entwurf vom Anwalt prüfen zu lassen, als einen Anwalt mit der Erstellung zu beauftragen. Hüte dich vor veralteten Verträgen. Durch Klauseln, die zwischenzeitlich für unwirksam erklärt wurden, können sie dich viel Geld kosten. Wenn du die Entscheidungen des Bundesgerichtshofs der letzten Jahre verfolgst, wirst du feststellen, dass diese zunehmend mieterfreundlich werden. Regle im Mietvertrag alles, was du möchtest, überprüfe die enthaltenen Klauseln aber unbedingt auf Gültigkeit. Es ist zwar verlockend, auf Verträge zurückzugreifen, die sich in der Vergangenheit bewährt haben, aber es lohnt sich, regelmäßig in einen aktuellen Vertragsentwurf zu investieren. Im Mietrecht gibt es gravierende Unterschiede zwischen den einzelnen Verträgen, Mietvertrag ist nicht gleich Mietvertrag. In den vergangenen Jahren wurden zahlreiche Urteile gesprochen, die bis dato gängige Klauseln als unwirksam deklariert haben.

Schönheitsreparaturen

Aufgrund neuer Gerichtsurteile haben sich beispielsweise die Klauseln für Schönheitsreparaturen geändert. Während es früher normal war, dass der Mieter vor seinem Auszug die Wände, Fenster und Türen strich, sieht es heute anders aus. Es gibt die sogenannte isolierte Endrenovierungsklausel, die besagt, dass der Mieter nur noch dann streichen muss, wenn es notwendig ist. Wenn dein Mietvertrag jedoch ungültige Klauseln enthält, darf er dir die Wohnung komplett unrenoviert übergeben. Du darfst auch nicht länger feste Zeitintervalle vorgeben, in denen dein Mieter die Renovierungen vornehmen muss. Kannst du deinem Mieter überhaupt sämtliche Renovierungsarbeiten übertragen? Dies ist nicht möglich, da nur Maler- und Tapezierarbeiten erlaubt sind. Einen abgewohnten Teppich oder Fußboden musst in der Regel du als Vermieter ersetzen, es sei denn, dein Mieter hat ihn deutlich beschädigt. Wie sieht es bei Parkett aus? Für das Abschleifen bist du als Vermieter zuständig. Wenn dein Mieter allerdings durch Flüssigkeiten Schäden verursacht hat, ist er dafür verantwortlich. Du als Vermieter musst die normale Abnutzung in Kauf nehmen. Einzige Möglichkeit für dich ist, einen Individualmietvertrag abzuschließen. Laut Rechtsprechung ist es dann möglich, von den Regelungen abzuweichen, da diese Art von Mietvertrag zwischen beiden Parteien ausgehandelt wurde und nicht einseitig vorgegeben ist.

Welche Schönheitsreparaturen darfst du vom Mieter verlangen?

- ❐ Tapezieren und Anstreichen der Wände und Decken
- ❐ Streichen der Heizkörper und Heizungsrohre
- ❐ Schleifen von Fußböden oder Reinigung von Teppichböden
- ❐ Streichen von Innentüren, Fenstern und Außentüren von innen

Welche Reparaturen musst du als Vermieter selbst durchführen?

- ❐ Abschleifen und Versiegeln von Parkettboden
- ❐ Erneuerung von altem Teppichboden
- ❐ Streichen der Fenster und der Außentür von außen
- ❐ Reparaturen von Heizung, Sanitäranlagen und Elektroinstallation

Du kannst als Faustregel im Hinterkopf behalten, dass starre Renovierungsklauseln fast immer ungültig sind. Sobald du die Wörter »spätestens«, »mindestens« oder »immer« liest, sollten bei dir die Alarmglocken klingeln. Es ist schlichtweg nicht möglich, von deinem Mieter zu verlangen, dass dieser nach zwei Jahren die Wohnung streicht. Wieso sollte er Schönheitsreparaturen durchführen, für die er nicht verantwortlich ist? Grundsätzlich muss dein Mieter immer nur so viel renovieren, wie er auch wirklich selbst abgenutzt hat. Hierbei lassen die Gerichte zumeist erst Zeiträume ab fünf Jahren gelten.

Anders sieht es bei flexiblen Renovierungskosten aus, die beispielsweise die Wörter »im Allgemeinen«, »falls erforderlich« oder »nach Bedarf« enthalten. Wenn du vertraglich festlegst, dass dein Mieter nach Bedarf alle fünf Jahre die Wände streichen muss, ist dies gültig. Wenn es jedoch nicht erforderlich ist, muss er es nicht machen. Dies gilt nur, wenn dein Mieter die Wohnung renoviert übernommen hat. Hierfür sieht das BGB keine genaue Definition vor. In der Regel sind geringfügige Gebrauchsspuren erlaubt.

Wie sieht es bei einer allgemeinen Formulierung aus, beispielsweise: »Der Mieter muss in regelmäßigen Abständen die Wände, Decken und Türen streichen und ist somit für die typischen Schönheitsreparaturen verantwortlich?« Hier wird nicht die Klausel zugrunde gelegt, sondern das Gesetz und die aktuelle Rechtsprechung. Es ist also nicht sicher, dass dein Mieter die aufgeführten Schönheitsreparaturen tatsächlich durchführen muss. Grundsätzlich bist du als Vermieter für sämtliche Reparaturen in der Wohnung verantwortlich. Schönheitsreparaturen sind hier eingeschlossen.

Dennoch sehen Mietwohnungen natürlich nach einigen Jahren abgewohnt aus, auch wenn sie ursprünglich frisch renoviert übergeben wurden. Deshalb liegt es nahe, die Renovierungspflichten im Mietvertrag auf den Mieter zu übertragen. Durch eine gültige Klausel kannst du vereinbaren, dass dein Mieter in regelmäßigen Abständen die Wände, Fenster, Türen, Heizkörper und Decken streichen muss. Du kannst ihn bei kleineren Reparaturen auch zu einer Kostenübernahme verpflichten, der jedoch vom Gesetzgeber enge Grenzen gesetzt wurden. Prüfe stets die aktuelle Gesetzeslage, damit du auf der sicheren Seite bist. Hierzu solltest du einen Wahlmietvertrag nutzen, in dem der Mieter wählen kann, ob er lieber selbst renoviert und dafür weniger Miete bezahlt oder nicht.

Wenn du im Mietvertrag eine Klausel aufgenommen hast, der zufolge dein Mieter beim Auszug zur Renovierung verpflichtet ist, ist diese nur gültig, wenn dabei die tatsächliche Abnutzung berücksichtigt wird. Solltest du lediglich festgelegt haben, dass die Wohnung fachgerecht renoviert werden muss, muss dein Mieter überhaupt nichts renovieren, wenn er auszieht. Früher wurden im Mietvertrag oftmals Abgeltungsklauseln aufgeführt, wann gewisse Räume zu renovieren waren, beispielsweise nach fünf Jahren das Schlafzimmer. Zog der Mieter zu einem früheren Zeitpunkt aus, musste er anteilig für die Renovierungskosten aufkommen. Dies ist vom BGH (BGH, Urteile v. 18.03.2015, VIII ZR 185/14; VIII ZR 242/13; VIII ZR 21/13) seit März 2015 für ungültig erklärt worden.

Der Mieter kann trotzdem dafür zuständig sein, die Wohnung zu renovieren, wenn er beispielsweise die Wände bunt gestrichen hat. Ziel des Gesetzgebers ist es, dass die Wohnung nicht besser zurückgegeben werden muss, als sie dem Mieter überlassen wurde. Du kannst in diesem Fall jedoch verlangen, dass die Wände bei Auszug ordnungsgemäß und fachgerecht in hellen, neutralen Farben übergeben werden. Was passiert, wenn du einen Mieter hast renovieren lassen, obwohl die Klausel ungültig war? Er kann dies bis zu sechs Monate danach bei dir beanstanden und eine Erstattung der Renovierungskosten von dir verlangen. Danach verfällt sein Anspruch.

Kleinreparaturen

Da der Mieter tagtäglich in deiner Wohnung lebt und die enthaltene Einrichtung nutzt, können auch mal Dinge kaputtgehen. Es wäre belastend, wenn er dich wegen jedes kleinen Schadens um Kostenübernahme bitten würde. Aus diesem Grund gibt es die Kleinreparaturklausel. Sie betrifft Dinge wie Wasserhähne, Lichtschalter, Tür- oder Fensterverschlüsse sowie Koch- und Heizungseinrichtungen. Auch wenn nicht eindeutig festgelegt ist, bis zu welchem Betrag der Mieter die Kosten übernehmen muss, sind mit der Zeit übliche Werte entstanden. Diese belaufen sich auf 75 bis

100 Euro im Jahr. Liegen die Kosten darüber, sind diese dem Vermieter in Rechnung zu stellen. Pro Jahr sollten die Kosten jedoch maximal zwischen 200 und 300 Euro liegen oder als Prozent der Jahresmiete angegeben werden. Generell gilt: Kleinreparaturklauseln dürfen sich nur auf Dinge beziehen, die einer gewissen Abnutzung durch Gebrauch unterliegen. Nur dann kannst du die Kosten auf den Mieter abwälzen. Das heißt, Mieter müssen den Gegenstand wirklich regelmäßig nutzen, wie beispielsweise einen Wasserhahn. Eine Scheibe, die beispielsweise kaputtgeht, zählt nicht dazu.

Haustierhaltung

Als Vermieter einer Altbauwohnung mit neu verlegtem Parkett wirst du sicherlich keine Freudensprünge machen, wenn sich dein Mieter beispielsweise einen Labrador zulegen will. Doch wie ist das eigentlich? Hast du als Vermieter ein Mitspracherecht, wenn es um ein Haustier geht, oder kannst es sogar komplett untersagen? Du darfst deinem Mieter die Haltung von Haustieren nicht grundsätzlich verbieten. Auch hier hat der BGH (BGH VIII ZR 340/06) entsprechende Klauseln für unwirksam erklärt. Kleintiere wie Hamster oder Meerschweinchen müssen geduldet werden. Auch bei der Anschaffung eines Hundes oder einer Katze muss dich dein Mieter zwar um Erlaubnis fragen, verbieten darfst du das Tier jedoch nur in Ausnahmefällen. Gründe für ein Verbot wäre beispielsweise eine zu geringe Wohnfläche oder das Vorhandensein anderer Tiere in der betreffenden Wohnung.

Standard- oder Individualmietvertrag

Grundsätzlich muss zwischen Standard- und Individualmietvertrag unterschieden werden. Bei einem Standardmietvertrag musst du dich an die gesetzlichen Gegebenheiten halten. Ein Individualvertrag hingegen ist rechtlich gesehen von beiden Parteien fair verhandelt worden. Da jeder seine Wünsche einbringen konnte, können darin auch Dinge vereinbart werden, die in einem Standardmietvertrag ungültig wären. Hier könntest du dann auch deine gewünschte Renovierung oder Ausbesserungen vor Auszug einbringen.

Mietminderung

Die Miete deiner Wohnung sollte eigentlich dafür da sein, deinen Cashflow zu erhöhen oder zumindest das Darlehen der Wohnung zu bedienen. Was ist nun, wenn du feststellst, dass die Miete nicht mehr in der einheitlichen Höhe eintrifft, weil der Mieter die Miete mindert? Dein Mieter hat ein Anrecht auf einen Zustand der Wohnung, der den vertragsgemäßen Gebrauch ermöglicht. Sollte dies nicht der Fall sein, kann der Mieter die Miete mindern, und zwar so lange, bis du den Mangel behoben hast. Der geminderte Teil muss im Anschluss nicht nachgezahlt werden, das Geld ist für dich also verloren.

Um die Höhe der Minderung zu klären, gibt es online unzählige Portale und Tabellen. Sie weisen bestimmte Prozentsätze für diverse Mängel auf, um die dein Mieter die Miete verringern kann. Es ist dabei nicht relevant, ob dich als Vermieter ein Verschulden trifft. Fakt ist, dass du für die Behebung verantwortlich bist. Als Erstes musst du prüfen, ob die Minderung überhaupt rechtmäßig ist. Das kannst du entweder durch einen Anwalt prüfen lassen oder, falls vorhanden, durch eine telefonische Erstauskunft bei deiner Rechtsschutzversicherung. Sofern diese Vermieterangelegenheiten abdeckt, wird sie dir darüber sicherlich Auskunft erteilen. Übrigens darfst du keine Klausel in den Mietvertrag aufnehmen, welche die Minderung der Miete verbietet.

In jedem Fall gilt es, Ruhe zu bewahren. Suche das persönliche Gespräch mit deinem Mieter. Ein tropfender Wasserhahn reicht hierfür beispielsweise nicht aus, er gehört zu den Bagatellschäden. Dein Mieter darf die Miete nur dann mindern, wenn es zu erheblichen Einschränkungen im Gebrauch des Wohnraums kommt. Allerdings gibt es hier eine Einschränkung: Du musst keine Mängel akzeptieren, die der Mieter durch unsachgemäßen Gebrauch der Wohnung verursacht hat. Ein Klassiker hierfür sind Feuchtigkeitsschäden, die durch mangelhaftes Lüftungs- und Heizungsverhalten entstanden sind. Dieses Thema ist in der Praxis weitverbreitet, auch wenn die Ursachen hierfür schwer nachzuweisen sind. Wenn der Mieter in eine deiner Bestandswohnungen eingezogen ist, in der niemals zuvor Feuchtigkeitsprobleme aufgetreten sind, kannst du von Fehlverhalten ausgehen. Übrigens darf dein Mieter die Miete auch nicht mindern, wenn du ihn im Vorfeld über die Mängel aufgeklärt hast und er diese akzeptiert hat.

Vereinbare mit deinem Mieter einen Termin und prüfe den Mangel selbst. Lass dir alles genau zeigen. Wenn die Minderung berechtigt ist und der Mieter sie bei dir angezeigt hat, solltest du schnellstens handeln, denn jeder Monat kostet dich Geld. Bestimmt fragst du dich jetzt, wie hoch eine angemessene Minderung sein darf. Liegt deine Wohnung in einem belebten Viertel, ist Gaststättenlärm weniger kritisch als in einem ruhigen Wohngebiet. Kinderlärm ist weniger schlimm als Schimmelschäden, und natürlich ist es dramatischer, wenn die Heizung im Januar ausfällt, als im Juli. Wenn du eine Luxuswohnung vermietest, wird die Minderung anders ausfallen als bei einer einfachen Wohnung. Falls die Minderung nicht rechtens ist, musst du ihr unter Angabe des Grundes schriftlich widersprechen. Zudem musst du eine Frist setzen, innerhalb der dein Mieter dir die einbehaltene Miete erstatten muss, da du ihm ansonsten die Kündigung aussprechen kannst. Es lohnt sich in jedem Fall, dir rechtzeitig rechtlichen Beistand zu holen, denn wenn der Fall vor Gericht geht, solltest du gut vorbereitet sein. So viel erst mal zum Thema Miete und Mietminderung.

Mieterhöhungen

Wie ist es eigentlich mit einer Mieterhöhung, wenn du eine Wohnung gekauft hast, in der bereits jemand wohnt, oder die Miete in deinem Bestandsobjekt lange nicht erhöht wurde? Grundsätzlich gilt die Regelung, dass ein Mieter zwölf Monate lang sicher sein muss vor einer Mieterhöhung. Innerhalb dieser zwölf Monate darf auch keine Mitteilung eingehen, dass die Miete beispielsweise ab dem 14. Monat erhöht werden wird. Da eine Erhöhung drei Monate im Voraus angekündigt werden muss, liegen mindestens 15 Monate zwischen zwei Mieterhöhungen.

Du darfst die Miete nur bis zur ortsüblichen Miete anheben und musst die Kappungsgrenze beachten. Diese beträgt bundesweit 20 Prozent, es sei denn, die Gemeinde oder die Stadt hat beschlossen, sie auf 15 Prozent zu senken. Die Kappungsgrenze regelt, dass du die Miete innerhalb von drei Jahren nicht mehr als um besagte 20 oder 15 Prozent erhöhen darfst. Ansonsten hast du leider Pech gehabt, es sei denn, du erhöhst die Miete aufgrund von Modernisierungen. Dazu erfährst du später mehr.

Eine weitere gute Möglichkeit, die Miete regelmäßig zu erhöhen, sind Staffel- oder Indexmietverträge. Diese sind nur bei einer Neuvermietung möglich oder wenn du den Mieter davon überzeugen kannst, einen neuen Vertrag einzugehen. Bei der Staffelmiete wird die Miete nach einer bestimmten Zeit automatisch erhöht. Schauen wir uns als Erstes den Indexmietvertag an. Er besagt, dass die Miete genau in dem Maße erhöht werden darf, wie die Lebenshaltungskosten steigen. Dabei muss der Abstand zwischen zwei Mieterhöhungen auch hier zwölf Monate betragen. Du berufst dich als Vermieter salopp gesagt auf die Inflation, also die Änderung des Verbraucherpreisindexes. Genau wie beim Staffelmietvertrag gibst du die Mieterhöhung als Geldbetrag an. Informiere dich auf der Homepage des Statistischen Bundesamtes über den Verbraucherpreisindex und dessen Entwicklung. Die Mieterhöhung wird ab dem übernächsten Monat gültig, nachdem du sie deinem Mieter mitgeteilt hast. Da der Verbraucherpreisindex schwankt, schwankt auch die Höhe der regelmäßigen Mietanpassungen. Auf unserer Seite immlab.de erhältst du unter Downloads kostenlose Vorlagen zur Mieterhöhung.

Beispiel: Wie wird die Mieterhöhung vereinbart und berechnet?

Nehmen wir an, du hast deine Wohnung für 400 Euro vermietet. Der Verbraucherpreisindex lag zunächst bei 90,8 Prozent und erhöhte sich später auf 91,7 Prozent. Um deine mögliche Mieterhöhung zu berechnen, teilst du den neuen Wert durch den alten, multiplizierst mit 100 und subtrahierst 100. Also 91,7 / 90,8 x 100 – 100 = 0,99 Prozent. Somit wäre die Steigerung 0,99 Prozent. Du könntest die Miete also von 400 Euro auf 403,96 Euro erhöhen. Abbildung 13 und 14 – Verbraucherpreisindex und Mietpreisentwicklung bei einer vereinbarten Indexmiete – zeigt die Entwicklung des Mietpreises im Vergleich zum jeweils gültigen Verbraucherpreisindex.

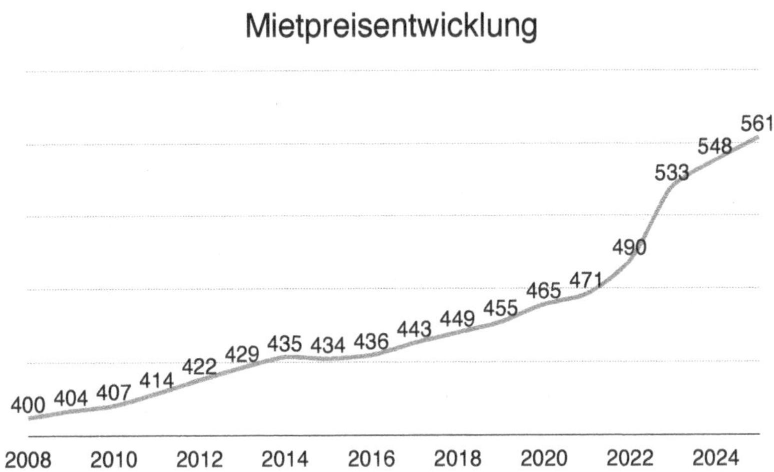

Abbildung 13: Mietpreisentwicklung bei einer vereinbarten Indexmiete

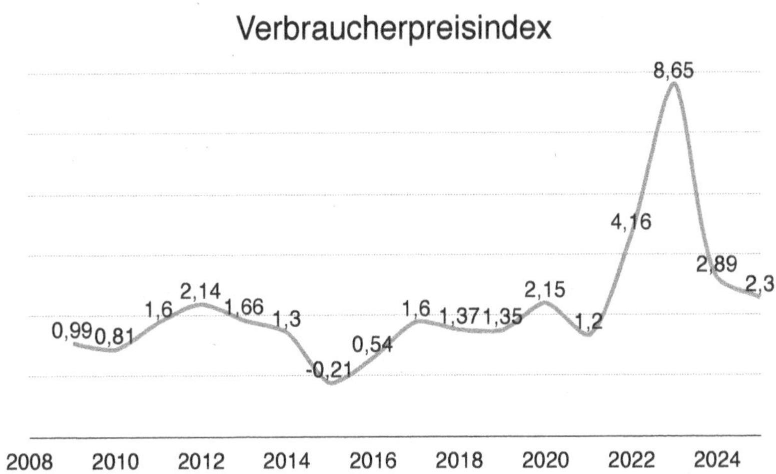

Abbildung 14: Änderung des Verbraucherpreisindexes zum Vorjahresmonat (Beginn Januar 2008); Quelle: Statistisches Bundesamt

Wenn du eine Wohnung mit einem Indexmietvertrag vermietest, könntest du über die Jahre eine Miete von beispielsweise 452 Euro erreichen, sofern keine Neuvermietung stattfindet. Die Vorteile liegen klar auf der Hand: Beide Parteien wissen, worauf sie sich einlassen. Auch wenn die Miete über dem ortsüblichen Niveau oder dem Mietspiegel liegt, wie in Hamburg, wo Neuvermietungen für 14 Euro vereinbart werden, obwohl der Mietspiegel 9 Euro angibt, kannst du die Miete regelmäßig steigern. Zudem kannst du mit einem Indexmietvertrag die Mietpreisbremse umgehen. Nachteil eines Indexmietvertrages ist, dass bei einer Deflation auch die Miete sinken kann oder der Verbraucherpreisindex langsamer steigt als die ortsübliche Miete, wie es in florierenden Mietmärkten der Fall sein kann. Ein weiterer Nachteil ist, dass du die Miete außerhalb des Indexes nicht erhöhen kannst, auch dann nicht, wenn du modernisierst. Das ist bei dieser Form des Mietvertrags leider ausgeschlossen.

Bei einem Staffelmietvertrag kannst du von Anfang an festlegen, wie die Miete zu bestimmten Zeitpunkten ansteigt. Der Vorteil liegt in der Planbarkeit und regelmäßigen Steigerung deiner Mieteinnahmen. Allerdings sind die Erhöhungen an gesetzliche Vorgaben gebunden, insbesondere in Gebieten mit angespanntem Wohnungsmarkt, wo auch Staffelmietverträge durch die Mietpreisbremse begrenzt werden. Während bei regulären Mieterhöhungen eine Kappungsgrenze gilt, sind größere Steigerungen bei Staffelmieten nur möglich, wenn die Mietpreisbremse nicht gilt.

Auch für den Abschluss eines Staffelmietvertrags gilt die Mietpreisbremse, es sei denn der Vertrag wurde vor Inkrafttreten der Mietpreisbremse abgeschlossen. Diese greift, wenn sich die Wohnung, die du vermietest, in einem angespannten Wohnungsmarkt befindet. Du vermietest die Wohnung neu? Dann darf die Miete nicht höher sein als 10 Prozent über der ortsüblichen Vergleichsmiete. Was bedeutet das konkret für dich? Du musst in diesem Fall jede einzelne Staffel auf die korrekte Höhe überprüfen, und zwar, sobald die jeweilige Staffel fällig wird. Dein Mieter kann es nämlich beanstanden und somit gerichtlich durchsetzen, dass das Ergebnis der Erhöhung maximal 10 Prozent über der im Ort üblichen Vergleichsmiete liegt. Die Mietpreisbremse ist derzeit in Kraft, wobei ihre zukünftige Geltung von politischen Entscheidungen abhängt. Alle Staffeln, die fällig werden, sobald die Mietpreisbremse außer Kraft gesetzt ist, sind nicht mehr von der Kappung betroffen. In einigen Regionen Deutschlands findet die Mietpreisbremse keine Anwendung, während sie in anderen bereits eingeführt wurde.

Beispiel: Staffelmiete bei geltender Mietpreisbremse

Deine Wohnung liegt in einem Wohngebiet, in dem die Mietpreisbremse gilt. Die ortsübliche Vergleichsmiete liegt für diese Wohnung bei 500 Euro. Im Mietvertrag werden eine Staffelmiete und eine Anfangsmiete von 545 Euro vereinbart, da 10 Prozent über der ortsüblichen Miete erlaubt sind. In der im Mietvertrag angegebenen Staffelung wird eine weitere Erhöhung von 25 Euro nach dem ersten Jahr vereinbart. Im Vergleich dazu steigt die ortsübliche Miete nur um 1,5 Prozent an, also von 500 Euro auf 507,50 Euro. Demnach würde eine Erhöhung von 545 Euro auf 570 Euro die 10 Prozent oberhalb der Mietpreisbremse, die erlaubt sind, übersteigen. Die Erhöhung ginge somit über das erlaubte Maß hinaus. Allerdings dürfte die Erhöhung der Miete gemäß der Steigerung von 1,5 Prozent erfolgen, also von 545 Euro auf 558,25 Euro.

Ein Staffelmietvertrag kann zeitlich unbegrenzt vereinbart werden. Es empfiehlt sich jedoch, eine maximale Laufzeit (z. B. 10 Jahre) oder eine Überprüfung nach einigen Jahren zu vereinbaren, um die Entwicklung des Marktes im Blick zu behalten. Sobald die letzte Staffel ausgelaufen ist, bleibt der Vertrag zwar bestehen, aber du kannst dann nur noch anhand der ortsüblichen Miete die Miete erhöhen oder durch Modernisierung.

Dennoch raten wir dir zu einer gewissen Fairness gegenüber deinem Mieter, denn niemand mag Jahr für Jahr steigende Mieten zahlen, vor allem dann nicht, wenn im Vorfeld eine Mindestmietdauer vereinbart wurde. Mieter werden zudem von hohen Staffelmieten abgeschreckt, weshalb du diese lieber vorsichtig ansetzen solltest. Der Nachteil bei einem Staffelmietvertrag deckt sich mit dem eines Indexmietvertrags: Du darfst Modernisierungen nicht auf den Mieter umlegen und dementsprechend auch aus diesem Grund keine Mietanpassung vornehmen.

Eine andere, auch sehr elegante Möglichkeit, die Miete anzupassen, ist die Mieterhöhung aufgrund von Modernisierung. Sollte sich die Wohnung, die du kaufst, in einem schlechten Zustand befinden, kannst du die Modernisierungskosten auf den Mieter umlegen, allerdings nur zu dem Teil, der auf die Aufwertung entfällt. Wenn beispielsweise das Laminat verwohnt war und du als Ersatz Parkett genommen hast, darfst du nicht die volle Summe für den neuen Fußboden auf die spätere Miete umlegen. Nach § 559 Abs. 2 BGB sind die Kosten der zum Zeitpunkt der Durchführung der Modernisierungsmaßnahme fälligen Instandsetzungsmaßnahmen bei den umlegbaren Kosten nicht zu berücksichtigen. Ein qualifizierter Mietspiegel gibt zusätzlich Auskunft darüber, wie sich die Kaltmiete durch einzelne Ausstattungsmerkmale, wie beispielsweise eine besondere Badezimmereinrichtung oder hochwertige Modernisierungen, anpassen kann. Die konkreten Zu- oder Abschläge sind je nach Region und Mietspiegel unterschiedlich geregelt.

Natürlich solltest du überlegen, inwieweit du die gesamten Kosten auf die Miete umlegst, denn Kosten können die Kaltmiete auch gut und gerne mal um mehr als 100 Euro steigern. Dabei gilt es zu unterscheiden, ob du eine Umlage der Modernisierungskosten auf die Kaltmiete oder die Erhöhung nach Mietspiegel wählst. Entscheide dich für das, was sich besser rechnet. Letztendlich kannst du auch einfach mit deinem Mieter sprechen und einen Deal machen, bei dem er nicht die volle Erhöhung bekommt, aber dafür einen neuen Mietvertrag mit einer kleinen Erhöhung und einer gemäßigten Staffelmiete.

Es gibt eine Kappungsgrenze bei der Modernisierung. Demnach darfst du nicht mehr 11 Prozent, sondern nur noch 8 Prozent der umlagefähigen Kosten auf die Kaltmiete aufschlagen. Zusätzlich gilt eine Begrenzung auf maximal 3 Euro pro Quadratmeter innerhalb von 6 Jahren, was die Belastung der Mieter moderater hält.

Sollte die Kaltmiete unterhalb von 7 Euro pro Quadratmeter liegen, darfst du sogar nur 2 Euro pro Quadratmeter innerhalb von 6 Jahren umlegen. Bei Maßnahmen bis insgesamt 10.000 Euro können pauschal 70 Prozent mit 8 Prozent auf die Miete umgelegt werden.

Steuerliche Betrachtung eines Immobilien-Investments

Dass du bei Immobilien das Thema Steuern nicht vernachlässigen darfst, versteht sich von selbst. Doch was musst du diesbezüglich eigentlich wissen, und wie kannst du die Steuer für dich nutzen? Wir wollen hier keinerlei steuerliche Beratung durchführen, sondern nur einen ungefähren Umriss geben, was steuerlich im Zusammenhang mit Immobilien geregelt wird. Alles Weitere kläre bitte mit deinem Steuerberater. Zunächst ist es wichtig, das Thema Immobilien-Investment vom Thema Eigenheim zu trennen. Das Steuerthema ist bei einem Eigenheim kaum bis gar nicht präsent, weshalb sich dieses Buch nur um Investments dreht. Vor allem zwei Steuersparmöglichkeiten sind für dich als Immobilien-Investor interessant: die Abschreibung des Objekts und die Absetzung von Modernisierungskosten.

Abschreibung

Wenn du ein Objekt kaufst und es vermietest, schreibst du das Objekt steuerlich ab. Du erklärst dem Finanzamt gegenüber einen fiktiven Verlust. Dieser kommt dadurch zustande, dass jemand in deinem Objekt wohnt, es benutzt und abwohnt. Je nach Fertigstellungszeitpunkt schreibst du den Anteil der Gesamtkosten für das Objekt (Kaufpreis, Notar, Makler und so weiter) über 40 oder 50 Jahre ab. Entscheidend dabei ist der 1. Januar 1925. Objekte, die davor fertiggestellt wurden, werden über 40 Jahre abgeschrieben, und Objekte, die danach fertiggestellt wurden, über 50 Jahre. Mit einem Gutachten kannst du zudem eine kürzere Restnutzungsdauer nachweisen, was eine höhere Abschreibung ermöglicht. Abgeschrieben werden darf allerdings nur der Teil der Gesamtkosten, also Kaufpreis plus Kaufnebenkosten, der auf das Objekt, sprich die Bebauung, entfällt.

Die Aufteilung vom Anteil des Kaufpreises auf Objekt und Grund und Boden ist tatsächlich eine komplexe Sache. Im Idealfall sollten es 80 Prozent für das Objekt und 20 Prozent für das Grundstück sein. Dem muss das Finanzamt zustimmen, was nicht immer leicht zu erreichen ist. Wenn du beispielsweise eine einzelne Wohnung kaufst, im Objekt weitere neun Wohnungen sind und sich das Objekt auf einem relativ großen Grundstück in einer guten Lage mit hohen Bodenrichtwerten befindet, kann es schwierig werden, diese Verteilung durchzubekommen. Denn der Bodenanteil im Kaufpreis wird die angestrebten 20 Prozent des Gesamtpreises wahrscheinlich übersteigen.

Wie wird die Aufteilung des Kaufpreises auf Objekt beziehungsweise Grund und Boden nachgewiesen?

Die Anschaffungskosten umfassen unter anderem den Kaufpreis, die Notarkosten, Grunderwerbsteuer, Maklerkosten und die Kosten der Umschreibung beim Grundbuchamt. Nicht zu den Anschaffungskosten gehören die Kosten rund um die Grundschuld. Diese sind sofort als Werbungskosten abziehbar. Da sich die Anschaffungskosten bisher auf das gesamte Gebäude beziehen, ist eine Aufteilung für den Anteil des Gebäudes nötig. Es gibt dabei verschiedene Möglichkeiten:

1. Es besteht die Möglichkeit, bereits im notariellen Kaufvertrag Einzelwerte für den Grund und Boden beziehungsweise das Gebäude aufzunehmen und diese auch steuerlich anzusetzen. Das Finanzamt muss es nicht so akzeptieren, allerdings sind zwei unabhängige Parteien (Verkäufer und Käufer) der Meinung, dass es so stimmt. Es ist ein Indiz, aber keine Garantie, und bei zu starken Missverhältnissen wird das Finanzamt auch ein Veto einlegen.

2. Es hat sich herauskristallisiert, dass ein Ansatz im Verhältnis 80 zu 20, also 80 Prozent Gebäude und 20 Prozent Grund und Boden, oftmals glaubhaft und realitätsnah ist. Von der Finanzverwaltung werden diese Werte in der Regel akzeptiert, doch haben sich die Wertverhältnisse in Ballungszentren in den letzten Jahren deutlich verschoben. Aus diesem Grund wird diese pauschale Aufteilung in großen Städten immer häufiger hinterfragt. Die Finanzverwaltung rechnet auf Excel-Basis mit einem online zugänglichen Rechner des Bundesministeriums für Finanzen. Die zugrunde liegende Berechnung basiert auf der aktuellen Rechtsprechung und teilt den Kaufpreis im Verhältnis der einzelnen Verkehrswerte (Einzelveräußerungspreise) von Grund und Boden beziehungsweise Gebäude auf. Die ermittelten Werte sind somit bei korrekten Eingaben rechtssicher.

3. Zuletzt besteht die Möglichkeit, ein individuelles Gebäudegutachten zugrunde zu legen. Da hier zusätzliche Kosten anfallen, ist ein Gutachten nur zu empfehlen, wenn offensichtliche Unstimmigkeiten vorliegen, die bei den oben genannten Methoden nicht einbezogen wurden. Die so ermittelten Anschaffungskosten des Gebäudes stellen die Bemessungsgrundlage für die AfA dar. Was das für dich und dein Objekt bedeutet, erfährst du im Kapitel »Kalkulation«.

Modernisierungskosten

Steuerlich interessant sind auch die Modernisierungskosten. Sie können mit einigen Einschränkungen sofort steuerlich als Werbungskosten geltend gemacht werden. Dieser Umstand kann als Strategie dienen, damit du dein Eigenkapital mit der ersten Steuererklärung nach Anschaffung der Immobilie zum Großteil wiederbekommst. In den ersten drei Jahren nach Anschaffung dürfen die Modernisierungskosten allerdings nicht über die Grenze von 15 Prozent netto vom Objektwert kommen. Sonst würden sie zum Kaufpreis hinzuaddiert, und du müsstest sie zusammen mit dem Gebäude über 40 oder 50 Jahre abschreiben. Mehr dazu erfährst du in unserem Buch Die perfekten Steuerstrategien für Immobilieninvestoren, das wir gemeinsam mit dem Finanzbeamten und Steuerberater Till Carstens geschrieben haben. Hol es dir am besten sofort, damit du bestens vorbereitet bist!

Nehmen wir an, die Beispielwohnung mit 60 Quadratmetern für 120.000 Euro (inklusive Kaufnebenkosten) wird mit der 80/20 Regelung beim Finanzamt anerkannt. In diesem Fall könntest du für 18.000 Euro (zuzüglich Mehrwertsteuer) modernisieren und diese Summe direkt als Werbungskosten steuerlich geltend machen (18.000 € x 1,19 = 21.420 € inkl. MwSt., bei 42 % Einkommensteuer: 42 % von 21.420 € = 8.996,40 € Steuererstattung). Wir empfehlen dir, nur so viel abzusetzen, dass du dich oberhalb der Progressionszone bewegst, also im Spitzensteuersatz. Sollte dir dies passieren, kannst du die Kosten auf bis zu fünf Jahre splitten. Das heißt, wenn du die Modernisierungskosten geltend machst und noch über circa 70.000 Euro zu versteuerndes Einkommen im Jahr hast, erreichst du die maximale Erstattung, da dann der höchste Steuersatz von 42 Prozent gilt und deine Steuerlast entsprechend gesenkt wird.

Solltest du danach oder vielleicht vorher schon unterhalb dieser Summe liegen oder mehrere Modernisierungsprojekte haben, überlege, ob du wirklich alles auf einmal geltend machst. Je nachdem, ob du direkt das Kapital zurückhaben möchtest oder es egal ist, kannst du es dann splitten, um nichts zu verschenken.

Was heißt es für dich, wenn du beispielsweise 18.000 Euro direkt im ersten Jahr absetzt? Du kannst diese Kosten einfach zu der steuerlichen Verlustseite aus dem Kapitel »Kalkulation« addieren und bekommst quasi von den 18.000 Euro 42 Prozent plus Solidaritätszuschlag (der zukünftig wegfallen wird), Erstattung zurück, also 7.560 Euro. Du hast für diesen Deal 6.600 Euro Kaufnebenkosten (bei 120.000 Euro Kaufpreis, 3,5 Prozent Grunderwerbsteuer, 2 Prozent Notar und Grundbuch) ausgegeben und bekommst nun sogar mehr zurück.

Allerdings gibt es hier zwei Dinge zu beachten. Zum einen solltest du im Vorfeld genauestens klären, was du modernisieren willst, und das auch mit der Bank abklären, wenn du es mitfinanzierst. Es muss aus Sicht der Bank eine werterhöhende Maßnahme sein, beispielsweise das Verlegen von Parkett oder der Einbau eines neuen Badezimmers. Tapezieren oder Streichen gehört hingegen nicht dazu. Der zweite wichtige Punkt ist, dass du die 15-Prozent-Grenze im Blick behältst. Wenn du auch nur einen Euro darüber liegst, verlierst du sämtliche Vorteile, und die Kosten werden auf die normalen 2 Prozent beziehungsweise 2,5 Prozent der AfA addiert, und zwar vom ersten Cent an. Bei einer Eigentumswohnung kann es schwierig werden, innerhalb dieser Grenze zu bleiben. Wenn du in ein Mehrfamilienhaus investierst, kannst du beispielsweise den Beschluss einer Maßnahme, die diese Grenze sprengen würde, aufschieben und bist nicht auf die Entscheidung einer Gemeinschaft angewiesen. Wenn es nicht drängt, kannst du eine Maßnahme auch gezielt ins vierte Jahr nach der Anschaffung schieben, dann musst du auch keine 15-Prozent-Grenze mehr beachten. Bei einer Eigentumswohnung musst du dir immer mit den anderen Eigentümern einig sein. Was bedeutet das? Wenn du die 15 Prozent zu sehr ausreizt und vor Ende des dritten Jahres doch etwas Unvorhergesehenes (beispielsweise Heizung fällt aus und muss erneuert werden) passiert, wird deine Strategie nicht aufgehen. Um diese Kalkulation vernünftig machen zu können, sollte die Verteilung des Kaufpreises vor der Umsetzung der Maßnahmen klar sein.

Nach den ersten drei Jahren nach Anschaffung darfst du machen, was du willst, es sei denn, es ist wirklich umfangreich oder du bist herstellend tätig. Du solltest dich in jedem Fall mit deinem Steuerberater absprechen.

Steuererleichterungen für denkmalgeschützte Objekte

Das Thema Denkmalsanierung hatten wir bereits kurz angesprochen. Sanierungsbedürftige, denkmalgeschützte Objekte sind am Markt sehr selten geworden, da vieles bereits fertig saniert ist. Der Kaufpreis hierbei unterteilt sich nicht nur in Objekt und Grund und Boden, sondern zusätzlich in einen Sanierungsanteil, für den es die Förderung in Form einer Steuererstattung gibt. Das heißt, bei einer Wohnung von 50 Quadratmetern, 4.000 Euro Kaufpreis pro Quadratmeter und einem Sanierungsanteil von 75 Prozent würde dies 150.000 Euro von den 200.000 Euro betragen, Anschaffungskosten sind hierbei exklusiv zu betrachten. Diese 150.000 Euro können in den ersten acht Jahren zu 9 Prozent und in den vier darauffolgenden Jahren zu 7 Prozent abgeschrieben werden. Du könntest also in den ersten acht Jahren allein durch die Sanierungskosten jedes Jahr 13.500 Euro von deinem zu versteuernden Einkommen abziehen; hinzu kommt die normale 2-Prozent- beziehungsweise 2,5-Prozent-Abschreibung auf den Altanteil des Gebäudes inklusive der Anschaffungskosten. Wenn du eine hohe Steuerlast hast, kann es sich lohnen. In jedem Fall entsteht beim Verkauf ein Problem, wenn der Verkaufspreis die Restschuld nicht ablösen kann. In manchen Szenarien trägt sich ein solches Objekt sogar ohne Mieter. Vor einigen Jahren gab es diese Objekte in guten Lagen in Leipzig noch für 3.500 bis 4.000 Euro pro Quadratmeter, was mittlerweile unvorstellbar ist. Nach zwölf Jahren kommt bei einer nicht durchdachten Strategie allerdings das böse Erwachen, wenn zum einen die steuerliche Abschreibung fast komplett wegfällt, da die Sanierungskosten abgeschrieben sind, und das Objekt verkauft werden soll. Wir haben täglich Denkmalsanierungen zwischen 1996 und 2016 auf dem Tisch, und die meisten Verkäufer können nicht einmal die Restschuld mit dem Kaufpreis begleichen.

Steuerfreie Veräußerung

Für dich als Investor ist die Frist von zehn Jahren wahrscheinlich sehr interessant, denn dann kannst du dein Objekt veräußern, ohne dass du den dadurch erzielten Spekulationsgewinn versteuern musst. Das heißt, du steckst dir 100 Prozent vom Gewinn ein. Mit einer entsprechenden Wertentwicklung kann hier schnell eine sechsstellige Summe entstehen. Wenn du allerdings vorzeitig aus diesem Investment aussteigen willst, weil du beispielsweise eine gute Wertsteigerung erfahren hast oder das Geld für einen anderen Deal benötigst, kannst du auch früher verkaufen. Das Problem ist in der Regel nicht nur die Spekulationssteuer, sondern auch die Vorfälligkeitsentschädigung bei der Bank. Mehr dazu erfährst du im Finanzierungs-Kapitel. So berechnet sich die »Spekulationssteuer« (= Steuer auf Gewinne aus privaten Veräußerungsgeschäften):

Verkaufspreis deines Objekts:	250.000 €
Anschaffungskosten:	220.000 €
Abgeschriebener Objektwert (AfA):	20.000 €
Gewinn:	50.000 €
Dein Steuersatz:	42 %
Zu zahlende Steuer:	21.000 €

Bei Spekulationsgewinnen greift der persönliche Einkommensteuersatz, also der gleiche Steuersatz, mit dem auch dein Lohn oder Gehalt besteuert wird. Die Abschreibung, die du bereits geltend gemacht hast, wird gewinnerhöhend in diese Rechnung einbezogen. Um das Beste aus deinen Immobilieninvestitionen herauszuholen, empfehlen wir dir unbedingt unser Buch *Die besten Steuerstrategien für Immobilieninvestoren.* Darin findest du die entscheidenden Ansätze, wie du steuerlich optimal handelst und deine Investments effizienter machst. Falls du individuelle Fragen hast, kannst du auf unserer Webseite unter Investoren Support direkt einen Termin mit einem unserer Steuerberater buchen. Das Beste aber ist unser Accelerator-Programm: Hier bekommst du eine umfassende Betreuung, die nicht nur deine Steuerstrategien optimiert, sondern dich auch bei Sanierungsmaßnahmen begleitet. Unsere Steuerberater und Experten unterstützen dich zudem beim Antrag auf Lohnsteuerermäßigung, damit du deine Steuererstattung schon vorab erhältst – so hast du ein höheres Netto und mehr Kapital für deine Projekte. Am Ende des Tages wird sich jede Minute, die du mit uns investierst, lohnen – sowohl finanziell als auch strategisch.

Strategien, nach denen du vorgehen kannst

Du hast dich dafür entschieden, in Immobilien zu investieren? Das ist ein spannendes Unterfangen, bei dem es einiges zu beachten gilt. Wichtig ist, dass du dir nicht einfach planlos ein vermeintlich gutes Objekt kaufst, nur weil auf den ersten Blick der Preis oder die Rendite stimmig erscheinen.

Investorenprofil erstellen

Zunächst solltest du dir also einen Plan aufstellen. Welche Art von Objekten willst du kaufen und was willst du mit deiner Immobilien-Investition erreichen? Vergleichbar ist dies mit einem Autokauf. Wahrscheinlich hast du bereits einige konkrete Automarken und Modelle im Kopf. Du hast dir Gedanken darüber gemacht, was dein Auto in jedem Fall haben sollte und worauf du verzichten kannst. Benötigst du einen Kombi, ein Cabrio, einen Diesel oder ein Elektrofahrzeug? Wie viele Sitze soll das Auto haben, und wie hoch darf der Verbrauch sein?

Was würde passieren, wenn du ohne diese Überlegungen zum Autohändler gingest? Wahrscheinlich würdest du das Auto bekommen, das als Erstes vom Hof muss. Mit hoher Wahrscheinlichkeit ist es überhaupt nicht für deine Zwecke geeignet. Genauso überlegt solltest du beim Kauf von Immobilien vorgehen.

Warum ein Investorenprofil sinnvoll ist

Wie kann ein solches Investorenprofil aussehen? Zunächst überlegst du dir, welche Art von Objekt du kaufen möchtest: Möchtest du in Eigentumswohnungen, Mehrfamilienhäuser, Einfamilienhäuser oder Grundstücke investieren? Nun legst du fest, welche Kriterien die einzelnen Objekte erfüllen sollen: Welche Größe, welches Baujahr, wie viele Zimmer, welche Ausstattung soll dein Wunschobjekt haben? Insbesondere bei Eigentumswohnungen ist auch die gewünschte Etage ein wichtiges Kriterium. Tendenziell sind Erdgeschoss oder Dachgeschosswohnungen oftmals unbeliebt, Letztere insbesondere, wenn das Gebäude keinen Aufzug hat..Dies kann sich im Verkaufspreis niederschlagen. Oft sind bei Mehrfamilienhäusern Gewerbeanteile im Objekt enthalten. Wenn das für dich infrage kommt, wie hoch darf der Anteil maximal sein? In diesem Zusammenhang ist eines wichtig: Egal wofür du dich entscheidest, du kaufst die Immobilie nicht für dich. Du musst dir lediglich grundsätzlich vorstellen können, dass es Menschen gibt, die in deiner Immobilie wohnen möchten. Der Wurm muss dem Fisch schmecken, und nicht dem Angler. Überlege also, wer deine Zielgruppe ist. Du kannst in unserem Downloadbereich ein Musterprofil herunterladen und nach deinen Wünschen ergänzen.

Suchfilter einstellen

Nach Erstellung des Ankaufprofils solltest du die Suche nach geeigneten Objekten angehen. Solltest du keinerlei Zugang zum Immobilienmarkt haben, wird die erste Adresse das Internet mit den einschlägigen Portalen wie Immobilienscout24, Immowelt, Immonet und Kleinanzeigen sein. Hier kannst anhand deines Profils Suchfilter anlegen und neu inserierte Objekte werden dir per Newsletter zugeschickt. Anschließend solltest du sortieren und entscheiden, bei welchen Objekten du eine Anfrage verschickst. Baue dir parallel dazu einen Expertenteam auf, wie später beschrieben, damit du direkt nach dem Kauf einsatzfähig bist.

Um keinen guten Deal aufgrund langer Bearbeitungszeit bei deiner Finanzierung zu verlieren, bereite diese schon mal, wie im Kapital »Finanzierung« beschrieben, vor. Wenn du die Unterlagen zu deinen angefragten Objekten erhalten hast, gilt es, diese ausgiebig zu prüfen. Diejenigen, die jetzt noch interessant sind, solltest du besichtigen. Bei der Besichtigung empfiehlt es sich, einen Gutachter mitzunehmen, der eine Kurzeinschätzung für das Objekt erstellt. Nach der Besichtigung und der Einschätzung des Gutachters solltest du in die finale Verhandlung mit dem Verkäufer gehen. Je nach Standort kannst du hier nochmal über den Preis reden, aber beachte, dass du gerade in angespannten Märkten nicht zu stark nachverhandeln solltest, um den Deal nicht zu gefährden. Hast du diese Hürde gemeistert, geht es an den Kaufvertragsentwurf. Beauftrage das Notariat, einen Entwurf anzufertigen und passe diesen an. Wichtig ist, dass du vor der Beurkundung deine Finanzierungsbestätigung von der Bank vorliegen hast. Den Darlehensvertrag darfst du noch nicht unterschreiben. Der Darlehensvertrag hat eine Widerrufsfrist von 14 Tagen. Wenn diese abgelaufen ist und der Deal kommt nicht zustande, hast du ein Darlehen ohne Objekt, was genau das bedeutet, kannst du im Kapitel »Finanzierung« nachlesen. Der Darlehensvertrag wird erst unterzeichnet, nachdem der Kaufvertrag von beiden Parteien vollständig unterzeichnet und rechtsgültig geschlossen wurde.

Nach der Beurkundung wickelt der Notar die Transaktion ab und du wirst regelmäßig über die Fortschritte informiert. Irgendwann wird der Kaufpreis fällig werden und du gibst der Bank den Auftrag, das Darlehen auszuzahlen. Je nachdem was im Kaufvertrag geregelt ist, steht dir nach Zahlung und nach Übergang von Nutzen und Lasten die Miete zu. Jetzt geht die eigentliche Arbeit als Investor los, nämlich die Objektentwicklung. Parallel machst du dich natürlich auf die Suche nach weiteren Objekten und beginnst von vorn.

Warum es nicht sinnvoll ist, an eine spätere Eigennutzung zu denken

Du willst dir ein Objekt kaufen, das du in weiter Zukunft für den Eigenbedarf nutzen möchtest? Dies ist nicht sinnvoll, da es in 99 Prozent der Fälle nicht dazu kommen wird. Warum? Denke zurück an deine erste eigene Wohnung. Damals warst du bestimmt total davon begeistert. Aber könntest du dir auch vorstellen, mit 50 oder 60 Jahren dort wieder einzuziehen? Mit der Zeit ändern sich die Ansprüche, weshalb es äußerst unrealistisch ist, dass du jetzt ein Objekt erwirbst, in das du später selbst gerne einziehen möchtest. Suche dir stattdessen ein Investitionsobjekt, das objektiven Kriterien entspricht. An welchen Standorten und in welchem Viertel willst du kaufen? Kommen Randlagen oder ländliche Regionen für dich infrage? Im nächsten Abschnitt kommen wir zu den konkreten Lagestrategien. Wo spricht vieles dafür, eine Immobilie zu erwerben? Eine Eigentumswohnung mit 50 Quadratmetern in einem Viertel zu erwerben, in dem ansonsten nur Einfamilienhäuser stehen, kann beispielsweise wenig förderlich sein.

Zu welcher Rendite willst du kaufen?

Du solltest auch die Rendite festlegen, zu der du einkaufen möchtest. Bei einer Gewerbeimmobilie gelten noch mal andere Werte. Am besten unterscheidest du in eine Ist- und eine Soll-Rendite. Die Ist-Rendite basiert auf der unentwickelten, aktuell vorhandenen Miete, während die Soll-Rendite sich anhand der angestrebten Miete errechnet, die du durch dein Know-how, durch Modernisierungen und durch andere geschickte Maßnahmen letztlich erzielen kannst. Ein Glücksfall könnte hierbei eine Neuvermietung sein. In diesem Fall könntest du nämlich eine unterentwickelte Miete auf einen Schlag verdoppeln. Natürlich gilt das hauptsächlich für Großstädte. In ländlichen Lagen kannst du hier auch lange Leerstand haben. Nimm dich vor Objekten in Acht, die gerade mit sehr hoher Miete neu vermietet wurden und eine schlechte Rendite haben. Ebenfalls problematisch: Objekte mit sehr alten Mietverträgen, bei denen die Miete so niedrig ist, dass sie mit normalen Erhöhungen nicht mehr aufzuholen ist. Dazu kommen wir später noch einmal.

Welche Mindestmiete möchtest du mit deiner Immobilie erzielen? Wir selbst kaufen nur in Ausnahmefällen unterhalb von 400 Euro Kaltmiete, zumindest, wenn es um einzelne Wohnungen geht. Prozentual gesehen zahlst du bei niedrigeren Mieten den identischen Anteil an Fixkosten wie beispielsweise das Hausverwaltungshonorar, das nicht an den Miteigentumsanteil gekoppelt ist. Wenn du zum Beispiel eine Wohnung mit 200 Euro Kaltmiete hast und die Kosten für Verwaltung 50 Euro betragen, sind schon mal 25 Prozent der Miete dafür weg. Bei 1.000 Euro Kaltmiete sind es nur noch 5 Prozent. Darüber hinaus stellt sich die Frage, wie groß dein angestrebter Gewinn sein soll, wie deine finanziellen Ziele aussehen und ob du dies mit einer Kaltmiete von lediglich 200 Euro erreichen kannst.

Überlege dir, ob du dir Problem-Objekte anschauen möchtest, die beispielsweise Renovierungsstau, Rechtsstreitigkeiten, Mieterprobleme oder Sonstiges mit sich bringen. Mit dem richtigen Know-how kannst du hier Wunder bewirken. Ein großer Gewinnbringer können auch Objekte mit Projektierungs- oder Sanierungsbedarf sein. Dies ist beispielsweise der Fall, wenn das Grundstück eines Mehrfamilienhauses den Bau eines weiteren Objekts zulässt oder wenn du ein Dachgeschoss ausbauen kannst. Auch nachgerüstete Balkone werten ein Objekt ungemein auf. Überlege dir, welche Themen du mit deinem Expertenteam angehen kannst und welchen Aufwand du betreiben willst und auch kannst. Ein weiteres Kriterium sollte die Kaufpreishöhe sein. Wo liegt für dich die Schmerzgrenze? Wir selbst haben uns keine Grenze gesetzt, was den Kaufpreis angeht, solange der gesamte Deal sinnvoll ist. Die finanzielle Obergrenze wird oftmals von der Bank vorgegeben. Wir betreuen jedoch viele Investoren, denen eine gewisse Kaufpreisgrenze sehr wichtig ist, da sie sich sonst unwohl fühlen.

Prüfe genau, wie es dir mit dem aufgenommenen Darlehen geht und was dir die Bank überhaupt an Kaufpreisvolumen zutraut. Wie oft willst du Objekte kaufen, und was kannst du überhaupt mit deinem Eigenkapital darstellen? Wenn du Maklern ein Folgegeschäft in Aussicht stellst, kann es deine Position verbessern. Um dem Anbieter oder Verkäufer möglichst professionell gegenüberzutreten, prüfe im Voraus, wie lange du benötigst, um eine Finanzierung auf die Beine zu stellen und das Objekt selbst zu prüfen. In der Verhandlung kannst du dann direkt sagen, du brauchst x Tage, bis beurkundet werden kann. Du kannst das Ankaufsprofil natürlich beliebig erweitern, es wird sich vermutlich sowieso mit zunehmender Erfahrung verändern. Wichtig ist, dass du dich nicht mit den Angeboten verzettelst. Dein Kriterienkatalog hilft dir bei der schnellen Beurteilung, welche Objekte deinen Wünschen entsprechen und deshalb näher unter die Lupe genommen werden sollten. Wir empfehlen dir eine kleine Grauzone für Verhandlungen. Wenn ein Angebot beispielsweise nicht direkt deinen Kriterien entspricht, aber nicht mehr viel fehlt, kannst du mit einer guten Verhandlung vielleicht doch noch einen Deal einfädeln, der zu deinem Ankaufsprofil passt.

Die einzelnen Strategien für Immobilien-Investments

Wenn du in Immobilien investierst, stehen dir verschiedene Strategien zur Verfügung. Bei manchen ist das Risiko geringer, was sich entsprechend auf deine Rendite auswirkt. Bei anderen locken hohe Renditen, allerdings besteht auch ein höheres Risiko. Aus unserer Sicht sind Risiken oft Dinge, die zu Beginn nicht klar waren oder aber nicht beachtet oder geprüft wurden. Manchmal fehlt für deren Lösung auch einfach das passende Know-how. Natürlich können nie alle Risiken komplett ausgeschlossen werden können.

Grundsätzlich kannst du die vorhandenen Immobilien-Strategien in Lage- und in Objektstrategien unterscheiden. Du kannst alle Strategien miteinander kombinieren. Wichtig ist, dass du dir vorher Gedanken machst, welche Strategien du verfolgen willst und welches Ziel du damit erreichen möchtest. In welche Standorte möchtest du investieren? Du musst dich vor Ort gut auskennen. Es bringt nichts, wenn du beispielsweise zugleich in Augsburg, Kassel und Flensburg Objekte einkaufst. Der logistische Aufwand wäre schlichtweg zu groß. Bedenke nur die zahlreichen Besichtigungen, die erforderlich sind, bevor du eine Kaufentscheidung treffen kannst. Mit einem Immobilien-Investment gehen viele Verpflichtungen einher. Zudem ist das Management aus der Ferne ein Problem, insbesondere, wenn du keine professionelle Verwaltung hast. Im Idealfall kannst du eine durchdachte Strategie mit einem guten Einkaufspreis kombinieren. Bei einem solchen Deal sind die Chancen auf lukrative Gewinne hoch.

Lagestrategien, die du kennen solltest

Die Lage ist bekanntlich der wichtigste Faktor, wenn es um Immobilien geht. Warum? Eine Immobilie ist nun mal nicht mobil. Sollte der gewählte Standort, aus welchen Gründen auch immer, nicht den Erwartungen entsprechen oder sich negativ entwickeln, bist du dennoch an ihn gebunden. Dies sollte allerdings in der Praxis nach ausführlicher Prüfung nicht passieren oder zumindest sollte eine schlechtere Lage von Beginn an im Kaufpreis berücksichtigt worden sein. Wir kaufen beispielsweise auch einfache Lagen, wenn der Preis entsprechend ist. Wichtig ist nur, dass du fast alles an einem Objekt verändern kannst, außer der Lage. Bei der Lage sind vier verschiedene Strategien zu unterscheiden, die eine unterschiedliche Komplexität aufweisen. Wenn wir in diesem Kapitel von Wertentwicklung sprechen, meinen wir nicht die Entwicklung des Objekts durch Maßnahmen, Aufwertungen oder sonstige aktive Tätigkeiten des Investors, sondern einfach nur aufgrund der Wertentwicklung von Grund und Boden.

Hotspots

Unter Hotspots verstehen sich angesagte Lagen. Sogenannte A-Lagen sind hochpreisig im Einkauf sowohl in der Vergangenheit, in der Gegenwart als auch in der Zukunft. Beispiele hierfür sind der Marienplatz in München, der Jungfernstieg in Hamburg und der Alexanderplatz in Berlin: Das sind Top-Lagen. Die Angebote dort sind sehr rar, und die meisten Objekte gehen abseits des herkömmlichen Marktes weg. Mietausfall und Leerstand ist hier kaum zu erwarten. Die Mehrzahl der Investoren, die sich hier bewegen, arbeitet mit viel Eigenkapital. Das Ziel ist hierbei der Werterhalt der finanziellen Mittel, die Rendite ist zweitrangig.

Um diese Strategie zu verfolgen, ist neben hohen Summen an Eigenkapital ein guter Zugang zum Markt nötig. Die Finanzierung einer solchen Strategie ist ebenfalls schwieriger, da der Faktor, zu dem du hier einkaufst, meistens über 35 liegt. Obwohl die Mieten im Zentrum sehr hoch sind, ist das Verhältnis zum Kaufpreis zu gering, als dass die Darlehensrate davon bedient werden könnte. Was bedeutet das? Auch wenn du den Großteil fremdfinanzieren möchtest, wird deine Haushaltsrechnung dennoch sehr belastet. Dies musst du finanziell aushalten können. Im Vordergrund steht bei dieser Strategie der Werterhalt und in Maßen auch eine gewisse Wertsteigerung. In diesem Segment wirst du auf institutionelle oder auch internationale Investoren treffen, vorausgesetzt, es sind Städte jenseits der 500.000 Einwohner. In kleineren Städten oder Dörfern gelten andere Regeln, die Hotspot-Strategie kommt hier nicht zum Einsatz.

Unterbewertete Lagen

Unterbewertete Lagen haben das Potenzial, in naher Zukunft eine Aufwertung zu erfahren. Da solche Viertel nicht auf den ersten Blick erkennbar sind, musst du sie durch ausführliche Recherche und Prüfung erst mal ausfindig machen. Eine solche Aufwertung haben beispielsweise Berlin-Kreuzberg oder die Sternschanze in Hamburg erfahren. Vor 20 bis 30 Jahren hätten dort die wenigsten Investoren Objekte erworben. Heute sind die Immobilien in diesen Stadtteilen kaum noch bezahlbar. Natürlich ist es sehr schwierig, eine solche Entwicklung vorherzusehen. Dann sind nämlich die Preise noch nicht so entwickelt wie in A-Lagen. Oft grenzen unterentwickelte Lagen an A-Lagen an und profitieren somit direkt davon. Du hast bei dieser Strategie grundsätzlich die Möglichkeit, Deals zu finden, bei denen sich bei einer Vollfinanzierung die Kreditrate allein durch die Miete trägt. Als Grundregel für Immobiliendeals gilt stets, dass die Rate spätestens nach der Entwicklung des Investments durch die Miete getragen wird. Gerade bei einer knappen Haushaltsrechnung (finanzierungsseitig) solltest du hier auf Dauer nicht zu viele Objekt mit zu starken Unterdeckungen im Portfolio haben. Wie sehen die Indizien für solche Lagen aus? Ein wichtiges Kriterium ist eine gute Infrastruktur, beispielsweise durch eine gute Autobahnanbindung und Haltestellen des öffentlichen Nahverkehrs. Aber auch eine Vielzahl von Einkaufsmöglichkeiten, Ärzten, Schulen, Cafés und Restaurants deuten darauf hin. Wo ziehen junge Leute hin? In welchen Vierteln ist Raum für Kreativität, Bars und Clubs? Sobald ein Viertel als hip erachtet wird, ziehen die Preise an. Der Ansatz dieser Strategie ist eine hohe Wertentwicklung, gepaart mit einer guten Mietrendite während der Haltedauer.

Randlagen

Randlagen zeichnen sich durch eine hohe Mietrendite aus und partizipieren von der Aufwertung durch eine angrenzende Stadt, wenn diese entsprechend wächst. Sollte dies nicht eintreten, sind die betreffenden Lagen natürlich die ersten Verlierer. Randlagen sind quasi der Dunstkreis einer großen Stadt und können auch umliegende Dörfer oder Orte beinhalten. Das heißt jedoch nicht, dass ein weit vom Zentrum entfernter Stadtteil keine Top-Lage sein könnte. Nehmen wir als Beispiel Hamburg mit dem Stadtteil Blankenese, in dem Quadratmeterpreise von bis zu 30.000 Euro aufgerufen werden. Du würdest komplett danebenliegen, wenn du beim Blick auf die Karte zu dem Schluss kämest, dass eine weite Entfernung vom Zentrum eine schlechte Lage bedeutet. Blankenese befindet sich am Ortsausgang von Hamburg und ist fast 15 Kilometer vom Zentrum entfernt. In Hamburg sind Randlagen generell sehr schwierig zu finden, da der Dunstkreis hier erheblich ausgeweitet wurde. Ein Durchschnittsverdiener kann sich in Hamburg kaum ein Eigenheim leisten und wird bis zu einer Stunde Fahrtzeiten in Kauf nehmen. Ob das sinnvoll ist, steht auf einem anderen Blatt.

Viele raten dazu, nur Mehrfamilienhäuser zu kaufen, weil das Risiko dadurch geringer sei. Allerdings trifft dich ein möglicher Leerstand genauso wie bei einer einzelnen Wohnung. Wenn du ein Objekt in einer

Randlage kaufst, sollten die einzelnen Wohnungen überwiegend vermietet sein, da hier eine Neuvermietung lange dauern kann. Randlagen sind vom Einkaufspreis her in der Regel deutlich unterhalb der unterbewerteten Lagen innerhalb der Stadt angesiedelt. Gleichzeitig ist die Mietrendite höher. Da der Faktor immer standortabhängig ist, ist es schwierig, eine pauschale Aussage zu treffen. Wenn du jedoch in einer Randlage ein Mehrfamilienhaus besitzt, solltest du am Ende des Monats einen deutlichen Überschuss erwirtschaftet haben.

»Plattes Land«

Wenn du an Immobilien-Investments und lukrative Objekte denkst, kommen dir wahrscheinlich als Erstes die gängigen Standorte wie München, Hamburg, Berlin oder Köln in den Sinn. Du hast bereits drei Lagestrategien kennengelernt, die sich alle innerhalb einer großen Stadt beziehungsweise direkt daran angrenzend befinden und von einer solchen Metropole profitieren. Da die Preise anziehen und ländliche Lagen oft mehr Rendite bieten, ziehen einige Investoren Dörfer und Kleinstädte in Betracht. Diese Strategie nennt sich »plattes Land«. Hierfür sind viel Know-how und Zeit nötig. Auch wenn diese angesprochenen Regionen laut Prognosen einen deutlichen Bevölkerungsrückgang erwarten, wird es immer Menschen geben, die ihre Heimat nicht verlassen möchten und dort wohnen bleiben. Wenn du hier attraktive Objekte im Bestand hast, kannst du von dieser Strategie profitieren. Allerdings müssen die Objekte in einem wirklich guten Zustand sein, damit die Interessenten zuerst bei deinen Wohnungen anfragen, wenn es um eine Neuvermietung geht.

Auch der Kauf verläuft bei dieser Strategie in der Regel sehr angenehm. Anders als bei den bereits beschriebenen Lagen besteht auf dem platten Land kein Verkäufer-, sondern ein Käufermarkt. Dies hat zur Folge, dass der Druck wesentlich kleiner ist als in den Metropolen. Du hast mehr Zeit, die Objekte zu prüfen, und auch dein Verhandlungsspielraum ist in der Regel größer. Es sind schlichtweg weniger Menschen vorhanden, die das Objekt haben wollen. Natürlich gibt es auch hier Nachteile.

Gerade Mehrfamilienhäuser müssen in ländlichen Lagen einige Kriterien erfüllen, damit sie infrage kommen:

- ❒ nachvollziehbare Instandhaltungshistorie
- ❒ Mietauslastung mindestens 90 Prozent
- ❒ professionelle Verwaltung sollte vor Ort sein
- ❒ Nahversorgung muss gegeben sein
- ❒ maximaler Marktfaktor 15
- ❒ keinerlei sprachliche Barrieren durch Bewohner

Was die Objektprüfung angeht, ist diese Strategie jedoch sehr komplex. Denn gerade in ländlichen Lagen, wo sich eher selten professionelle Anleger, Eigentümer und Verkäufer tummeln, kann es sein, dass beispielsweise die Unterlagen zu einem Objekt nicht vollständig sind. Viele Eigentümer agieren als ihr eigener Hausmeister und schalten und walten nach eigenem Ermessen, was nicht immer positiv für das Objekt ist. Besichtige das Objekt unbedingt mit einem professionellen Gutachter und ziehe etwaige Ausbesserungen direkt vom Kaufpreis ab. Wir haben schon mal erlebt, dass der Eigentümer nicht aus Deutschland stammte und die Standardsprache im Objekt Griechisch war. Das bringt natürlich weitere Schwierigkeiten mit sich. Wie bereits angesprochen, ist der Zustand der Immobilie entscheidend. Da der Preis für die Unterhaltung der Immobilie auf plattem Land genauso hoch ist wie im Zentrum von München, muss der Zustand der Immobilie hervorragend sein. Das Objekt sollte in den 90er-Jahren in jedem Fall kernsaniert oder gebaut worden sein.

Angenommen, du kaufst ein Objekt für 150.000 Euro mit Faktor 12 (150.000 Euro Kaufpreis geteilt durch 12.500 Euro Jahreskaltmiete ergibt Faktor 12) und das Dach und die Heizung müssen für insgesamt 100.000 Euro erneuert werden. Nun liegst du bei einem Faktor von 20, der in dieser Lage jedoch völlig unangebracht ist. Ziele hier insbesondere auf den Cashflow ab, es sei denn, du triffst aktiv Maßnahmen wie die Schaffung von neuem Wohnraum, den Anbau von Balkonen oder Ähnliches, wobei du auch überlegen musst: Lohnt sich die Investition? Ändert es nichts an der Miete? Oder bleibt die Wertsteigerung unterhalb der Investitionskosten? Ansonsten kann es passieren, dass das Objekt an Wert verliert, wenn die Stadt nicht entsprechend floriert. Wenn du dieses Szenario bereits in den Faktor mit einkalkuliert hast, ist das in Ordnung. In diesem Fall hast du den Kaufpreis nach spätestens zehn Jahren wieder durch die Miete eingenommen, wenn kein dauerhafter unerwarteter Leerstand besteht (Einkauf zu Faktor 10). Wir betreuen Investoren, die ausschließlich solche Objekte ankaufen und damit sehr erfolgreich sind. Ein großes Problem bei dieser Strategie ist, der Bank den Kauf solcher Objekte plausibel zu machen, denn oft genug sind diese aufgrund ihres Alters und der unterbliebenen Modernisierung nicht werthaltig genug. Manchmal nehmen Banken auch ganz von einer Finanzierung Abstand, weil die Lage zu schlecht ist. Du kannst die vier Lagestrategien hervorragend miteinander kombinieren, insbesondere, wenn die Bank deine Haushaltsrechnung aufgrund vieler Objekte mit negativem Cashflow kritisch sieht. Du hast beispielsweise die Möglichkeit, deine Haushaltsrechnung mit einem Objekt auf dem platten Land mit einem Faktor unterhalb von 10, also einer Mietrendite von mehr als 10 Prozent, aufzubessern. Mehr dazu erfährst du im Kapitel »Grundwissen Kreditverträge«.

Objektstrategien, die du kennen solltest

Bei den Objektstrategien gibt es ebenfalls unterschiedliche Möglichkeiten, je nachdem, wie viel Aufwand du betreiben möchtest, über welches Know-how du verfügst und wie dein Zugang zum Immobilienmarkt ist. Behalte auch dein Ankaufsprofil im Blick.

Kaufen und Halten

Die im Vergleich mit allen anderen Strategien wohl am wenigsten spannende Objektstrategie ist »Kaufen und Halten«. Hierbei geht es lediglich darum, ein Objekt zu kaufen, es im Bestand zu behalten und nach mindestens zehn Jahren wieder zu verkaufen. Dabei werden in der Regel keine großartigen Aufwertungen durch Modernisierungen oder Optimierungen stattfinden. Insbesondere Kapitalanleger verfolgen diese Strategie oftmals, da sie sich nicht tiefergehend mit dem Thema Immobilien-Investment befassen und auch keinen Aufwand damit haben möchten. Dies hat zur Konsequenz, dass diese Objekte selten ihr volles Potenzial entwickeln und der mögliche Gewinn geringer ausfällt. Am Ende des Investments gibt es meistens ein böses Erwachen, wenn die wirkliche Wertentwicklung nicht den ursprünglichen Erwartungen entspricht. Für professionelle Investoren sind solche Objekte ein »gefundenes Fressen«. Diese Immobilien sind in der Regel unterentwickelt. Nicht selten ist die aktuelle Miete so niedrig, dass dies mit einer reinen Mieterhöhung nach Mietspiegel nicht mehr aufzuholen ist. Vor allem bei Objekten, die der aktuelle Verkäufer direkt als Neubau oder Sanierungsobjekt gekauft hat, wohnen die Mieter oftmals seit Erstbezug darin und haben seitdem keine einzige Mietanpassung erlebt.

Warum ist das so? Bei der ursprünglichen Erstvermietung war die Miete deutlich höher als der Mietspiegel, weshalb du mit der Erhöhung nach dem Mietspiegel gar nichts bewirken konntest. Wenn heutzutage eine Wohnung in Leipzig, beispielsweise in der Südvorstadt, zu 10,50 Euro pro Quadratmeter neu vermietet wird und der Mietspiegel bei aktuell 7,35 Euro pro Quadratmeter liegt, kannst du viele Jahre lang keine Mieterhöhung durchführen. Wir haben nicht selten Objekte auf dem Tisch, bei denen in den letzten zehn bis 15 Jahren die Miete nicht ein einziges Mal erhöht wurde. Dementsprechend fällt der Kaufpreis niedrig aus. Einmal gab es sogar eine Situation, bei der die Miete nach sechs Jahren gesenkt wurde, weil sie dem Mieter zu hoch war und die Hausverwaltung seiner Bitte um einen Mietpreisnachlass stattgegeben hat, um einen Auszug zu verhindern, da es in Leipzig auch andere Zeiten mit sehr hohem Leerstand gab und manche Hausverwaltungen das noch im Kopf hatten. Die Verwaltung ist ein Thema für sich. Im Idealfall schließt du bei einer Neuvermietung einen Staffelmietvertrag oder einen Indexmietvertrag ab, denn dadurch kannst du die Miete trotzdem steigern.

Für Investoren sind Immobilien mit diesem versäumten Potenzial interessant, da der Kaufpreis dementsprechend geringer ausfällt. In den Abschnitten über die Strategien »Entwickeln und Halten« oder »Fix and Flip« liest du, wie genau die Überlegungen angestellt werden und was Investoren unternehmen können. »Kaufen und Halten« ist nicht unbedingt eine schlechte Strategie, aber meistens wird hier Potenzial verschenkt. Bei einigen Objekten kann es aber auch gut funktionieren, wenn sie gut eingekauft sind und die Miete entwickelt wurde. Schauen wir uns aber ein Rechenbeispiel zu »Kaufen und Halten« an.

Du kaufst eine Wohnung mit 60 Quadratmetern für 120.000 Euro und einer Mietrendite von 4 Prozent, was 4.800 Euro Jahresmiete entspricht. Die Wohnung wurde gerade neu vermietet. Wenn du nun eine Mieterhöhung anstrebst, musst du darauf warten, dass der Mietspiegel oberhalb deiner aktuellen Miete liegt, was schwierig ist, wenn gerade jemand neu eingezogen ist und eine Miete zahlt, die deutlich über dem Mietspiegel liegt. Also trittst du miettechnisch erst mal auf der Stelle. Zudem benötigst du eine Hausverwaltung, die regelmäßig schaut, wie der Mietmarkt aussieht und ob es Potenzial für eine Steigerung gibt. Sollte sich die Miete bis zum Verkauf nur geringfügig ändern, musst du auf eine Wertsteigerung hoffen. Dies liegt jedoch nicht in deiner Macht, da sich der Ertragswert nicht sonderlich erhöhen wird. Nehmen wir an, dass sich das Objekt mit 2 Prozent pro Jahr entwickelt und im Wert steigt. In zehn Jahren wäre es demzufolge 146.279,33 Euro wert. Der Gewinn ist steuerfrei. Du musst lediglich die Restschuld davon abziehen, was für das Beispiel unerheblich ist. Das Potenzial dieses Objekts wurde überhaupt nicht ausgeschöpft.

Schauen wir uns an, was bei diesem Beispiel-Objekt mit der Strategie »Entwickeln und Halten« möglich gewesen wäre. Natürlich kann diese Strategie auch einfach auf den Werterhalt abgestellt werden, wie aus der Lagestrategie »Hotspots« hervorgeht. In diesem Fall sind wieder andere Faktoren wichtig. Diese Strategie wird genutzt, wenn ein Objekt gut eingekauft wurde und es einfach nichts zu entwickeln gibt, da vielleicht gerade lukrativ neu vermietet wurde und die Rendite oberhalb des Marktes liegt. Diese Situation ist allerdings selten der Fall. Wichtig ist, dass du beim Investieren in Immobilien nicht wie ein Kapitalanleger denkst, der nichts mit dem Objekt zu tun haben möchte, sondern es wie ein Unternehmen betrachtest, das du voranbringen willst. Dazu musst du prüfen, welche Bereiche noch nicht entwickelt wurden und wo Reserven versteckt sind.

Entwickeln und Halten

Das Pendant zu »Kaufen und Halten« ist »Entwickeln und Halten«. Du setzt hierbei dein gesamtes Know-how ein und entwickelst gemeinsam mit deinem Expertenteam das Objekt. Angenommen, du erwirbst das Objekt aus dem vorherigen Beispiel. Du schaust es dir an, gehst mit einem Gutachter durch und lässt es einschätzen.

Im Mitgliederbereich unserer Website immlab.de siehst du, wie eine Kurzeinschätzung aussieht. Daraus entwickelst du dann eine Strategie. Du könntest beispielsweise den Fußboden durch Parkett austauschen, Balkone nachrüsten, das Badezimmer modernisieren oder bei Mehrfamilienhäusern prüfen, ob es im Dach noch Ausbaureserven gibt. Habe dazu immer den aktuellen Mietspiegel im Blick. Eventuell werden durch den Einbau einer neuen Heizung auch Räume im Keller frei. Momentan befinden wir uns gerade in der Prüfung eines Mehrfamilienhauses. Es überzeugt durch einen günstigen Einkaufspreis, allerdings muss die Heizung komplett ausgetauscht werden. Dieses Objekt birgt eine riesige Chance, weil es danach mit einem großen Gewinn verkauft werden kann. Alternativ kann es mit Faktor 15 einfach weiter gehalten werden. Bis jetzt hat es niemand gekauft, da die Heizung wohl für viele Investoren ein Problem darstellt. Der Gutachter wird dir sagen, welche Summe du für welche Maßnahme einplanen solltest. Diese Kosten solltest du genau im Auge behalten, um die bereits erwähnte 15-Prozent-Grenze des anschaffungsnahen Aufwands einzuhalten.

Mit den Modernisierungen kannst du zum einen dein Objekt aufwerten, beispielsweise, indem du Teppich oder Laminat durch Parkett ersetzt. Wenn du außerdem noch Balkone anbringst, schaffst du zusätzlich mehr Fläche und erhöhst die Attraktivität für Mietinteressenten. Du musst jedoch wissen, dass du bei einzelnen Wohnungen innerhalb einer Eigentümergemeinschaft nicht einfach so Balkone anbringen darfst. Im Vorfeld muss die Eigentümergemeinschaft zustimmen, und es muss eine Baugenehmigung eingeholt werden. Ein Problem bringt diese Strategie mit sich: Du bist auf Dienstleister angewiesen. Termine mit Fliesenlegern, Malern, Handwerkern usw. sind aufgrund der hohen Auslastung manchmal erst nach einigen Monaten zu bekommen, was dir einen gehörigen Strich durch die Rechnung machen kann. Sinn macht es hier, bereits im Vorfeld die notwendigen Dienstleister parat zu haben und einen ausreichenden Puffer für Verzögerung, Leerstand und unvorhergesehene Kosten einzuplanen. Diese Strategie ist deshalb spannend, weil es bei Bestandsobjekten in der Regel immer etwas zu tun gibt. Diejenigen, bei denen dies nicht der Fall ist, können wir an einer Hand aufzählen.

Nehmen wir als Beispiel die Wohnung aus der vorherigen Strategie. Diese Wohnung hat 60 Quadratmeter, kostet 120.000 Euro, was bei einer Jahreskaltmiete von 6.000 Euro einer Mietrendite von 4 Prozent entspricht. Da die Wohnung zuletzt in den 90er-Jahren kernsaniert wurde, gibt es mittlerweile einiges zu tun. Du planst, das Laminat durch Parkett zu ersetzen, das Badezimmer zu modernisieren und im Flur und Badezimmer Deckenspots zu installieren. Es lohnt sich, zuvor einen Blick auf den Mietspiegel zu werfen. Dort siehst du, für welche Ausstattungsmerkmale du die Miete um wie viel Cent erhöhen kannst. Die Kosten für Parkett liegen je nach gewünschter Ausführung, inklusive Einbau und Entsorgung des alten Bodens, bei 70 bis 120 Euro pro Quadratmeter. In der oben genannten 40-Quadratmeter-Wohnung belaufen sich die Kosten hierfür auf 2.800 bis 4.800 Euro. Für die Modernisierung des Badezimmers kalkulieren wir 8.000 Euro. Um die Miete zu steigern, kannst du zusätzlich eine elektrische Heizmatte im Badezimmer einbauen lassen. Sie bietet deinem Mieter eine Art Fußbodenheizung, ist jedoch deutlich günstiger.

Die gesamten Modernisierungskosten von 10.800 bis 12.800 Euro kannst du bei der Finanzierung mit aufnehmen. So nutzt du günstige Zinsen und schonst dein Eigenkapital. Für die Bank ist dies ebenfalls positiv, da der Objektwert sich durch deine Maßnahmen erhöht.

Wenn die Wohnung beim Kauf leer steht, hast du ein leichtes Spiel und kannst direkt modernisieren. Falls nicht, solltest du mit dem aktuellen Mieter eine Modernisierungsvereinbarung schließen, die du im Vorfeld im Idealfall mit einem Anwalt besprochen hast. Du kannst den Mieter beispielsweise fragen, ob er demnächst Urlaub macht, oder ihm für ein paar Tage ein Hotel für die Zeit bezahlen, in der er die Wohnung nicht bewohnen kann. Grundsätzlich sollten die Arbeiten innerhalb von vier bis sechs Wochen erledigt sein. Bei bestehenden Mietverhältnissen ist die Anhebung der Miete aufgrund der Modernisierung mit viel Fingerspitzengefühl anzusprechen. Du dürftest seit 2019 zwar 8 Prozent der umlegbaren Kosten auf die Kaltmiete aufschlagen. Mögliche Konsequenzen wären der Auszug des Mieters oder auch ein gerichtliches Vorgehen gegen die Modernisierung, obwohl der Mieter gesetzlich dazu verpflichtet ist, diese zu dulden. Da dein Mieter immer gut auf dich zu sprechen sein sollte, empfehlen wir dir, es nicht auf einen Rechtsstreit ankommen zu lassen.

Ein möglicher Vorschlag bestünde darin, einen neuen Staffel- oder Indexmietvertrag abzuschließen, bei dem sich die Miete langsam mit der Zeit entwickelt. Natürlich nur, wenn die Anfangsmiete oberhalb des Mietspiegels liegt. Steigerst du die Mietrendite nach einem Jahr von 4 Prozent auf 5 Prozent, wird der nächste Käufer mehr für dieses Objekt zahlen, sofern es marktüblich ist, für 4 Prozent einzukaufen. Hier muss natürlich der absolute Quadratmeterkaufpreis berücksichtigt werden. Durch die Wertsteigerung von 30.000 Euro (120.000 Euro x 5 Prozent = 6.000 Euro Jahreskaltmiete, Verkauf für 4 Prozent = 6.000 / 4 Prozent = 150.000 Euro) hast du mehr Gewinn erzielt als der Kapitalanleger aus der vorherigen Strategie. Hinzu kommt der steuerliche Anreiz der Modernisierungskosten, die in einem gewissen Rahmen sofort als Werbungskosten geltend gemacht werden können. Wenn du so vorgehst, kannst du schnell 5 oder 6 Prozent Mietrendite aufbauen. Diese Strategie ist übrigens auch der erste Teil der Strategie »Fix and Flip«, die wir uns als Nächstes anschauen. Insbesondere, wenn du Mehrfamilienhäuser kaufst, können die Renditen durch die Decke gehen, da du uneingeschränkt Maßnahmen beschließen und umsetzen kannst.

Fix and Flip

Den ersten Teil von Fix and Flip kennst du bereits aus der vorherigen Strategie. Es geht hierbei um unterentwickelte Objekte, die du mit Know-how und einem Expertenteam aufwertest und die Miete entsprechend anpasst. Anders als bei der Strategie »Entwickeln und Halten« verkaufst du die entwickelten Objekte gleich im Anschluss mit einem ordentlichen Gewinn. Der Nachteil bei dieser Strategie ist die Steuerlast auf den erzielten Gewinn, da du hier die zehn Jahre Haltefrist nicht erreichen wirst, die notwendig sind, damit der Gewinn aus diesem Geschäft steuerfrei bleibt. Dein Ziel besteht bei dieser Strategie darin, das Objekt nach kurzer Zeit wieder zu veräußern. Nehmen wir als Beispiel das Objekt, das wir momentan prüfen. Der aktuelle Eigentümer will verkaufen. Er bewohnt das Objekt mit seiner gesamten Familie, die nach dem Verkauf ausziehen wird. Aus Investorensicht ist das eine hervorragende Situation, da es schwierig wäre, die Mieten neu zu verhandeln oder umfassende Maßnahmen innerhalb der vermieteten Wohnungen durchzuführen. Das Objekt hat 390 Quadratmeter und unter dem Dach eine ausbaufähige Fläche von 100 Quadratmetern, was eine spannende Reserve darstellt. Zudem steht das Objekt auf einem 400 Quadratmeter großen Grundstück, woran weitere 400 Quadratmeter Bauland angrenzen.

Dieses Objekt hat enormes Potenzial. Es liegt am Rande von Leipzig zwischen diversen großen Arbeitgebern. Aktuell kostet das Objekt knapp 380.000 Euro. Gespräche mit einem Gutachter ergaben, dass die Heizung in Höhe von 50.000 Euro eingepreist werden kann. Auch der Ausbau des Dachs wird Kosten verursachen, die im Vorfeld genau kalkuliert und am besten direkt mit den Gewerken besprochen werden sollten. Wie realistisch die berechnete Summe ist, wird der Bauzustand zeigen, den du vorher beurteilen können solltest. Ist das Gebälk noch in Ordnung? Reicht die aktuelle Deckenhöhe im Dachgeschoss? Soll eine Dachgaube mit eingebaut werden? Sollte das Dach angehoben werden? In den letzten Jahren sind die Handwerker- und Materialkosten allerdings explosionsartig gestiegen, weshalb hier keine pauschale Aussage zu den Kosten gemacht werden kann. Ohne den Einbau von Dachgauben entstand in unserem Szenario eine zusätzliche Summe von circa 100.000 Euro. Mit den angesprochenen Maßnahmen kommt das Objekt auf etwa 550.000 Euro Kaufpreis plus Neben- und Investitionskosten. Da gewiss noch die einen oder anderen zusätzlichen Kosten fällig werden, planen wir 600.000 Euro ein. Auch Balkone könnten noch nachgerüstet werden, was die Wohnfläche und die Miete ebenfalls noch mal steigern würde.

In dieser Lage kann aktuell eine Miete zwischen 8 und 9 Euro pro Quadratmeter erzielt werden. Das würde in der Rechnung wie folgt aussehen:

Kaufpreis und Investition: 600.000 €
Kaltmiete: 490 qm x 8,50 x 12 = 49.980 €
Das entspricht einer Mietrendite von 8,33 % oder auch dem Faktor 12,0.

Aktuell werden Objekte in vergleichbarer Lage sogar teilweise über dem Faktor 20 verkauft. Wenn wir es zum Faktor 20 am Markt anbieten, liegt der Verkaufspreis bei 999.600 Euro. 399.600 Euro sind ein schöner Gewinn, trotz der darauf anfallenden Steuer. Aus diesem Grund ist diese Strategie so spannend, allerdings ist das Risiko auch enorm. Zudem ist das zusätzliche Grundstück noch gar nicht berücksichtigt. Daraus kann ebenfalls das eine oder andere Projekt entstehen oder es bleibt einfach als Vorratsgrundstück liegen. Auch ein separater Verkauf dieses Grundstücks wäre möglich. Mit dieser Strategie kannst du sehr schnell viel Eigenkapital aufbauen. Damit kannst du Deals in Sphären machen, die du mit Objekten, die du zehn Jahre hältst, nie erreichen würdest.

Wie gehst du bei dieser Strategie konkret vor? Bei der Suche nach geeigneten Objekten achtest du auf Probleme oder Mängel wie Instandhaltungsstau, Ausbaureserven, problematische Mieterstrukturen oder auch eine Vermietung, die deutlich unter dem aktuellen Niveau liegt. Danach prüfst du das Objekt auf Herz und Nieren. Gerade wenn Instandhaltungsstau besteht, solltest du akribisch vorgehen, da Fehler hier sehr teuer werden können. Schlage nur zu, wenn die Bausubstanz transparent und einschätzbar ist.

Gerade bei Mehrfamilienhäusern lauern Gefahren, wenn der Verkäufer nach eigenem Ermessen gehandelt hat, was die Instandhaltung angeht. Lasse dir die Historie der Maßnahmen belegen und schalte einen Gutachter oder Architekten ein. Das kostet in der Regel weniger, als du denkst, und ist in jedem Fall gut investiertes Geld. Lies dir zudem auf dem Amt die Bauakten durch. Sollte etwas umgebaut worden sein, findest du dort die Aufzeichnungen. Auch hinderliche, ungenehmigte Schwarzbauten würden hier auffallen. Sei dir über die Schwachstellen bestimmter Baujahre im Klaren. Wenn das Objekt beispielsweise 1905 gebaut wurde, solltest du dir von einem Bausachverständigen die typischen Probleme von Bauten aus dieser Zeit erklären lassen. Es ist positiv für dich, wenn der Eigentümer eine professionelle Verwaltung mit der Betreuung des Objekts betraut hatte. Dann kannst du davon ausgehen, dass zumindest alles protokolliert wurde und die Verwaltung das Objekt gut kennt.

Überlege dir, welche Maßnahmen du treffen willst und welche wirklich sinnvoll sind. Sind es allein bauliche Maßnahmen oder nur welche im Management, beispielsweise die Cashflow-Optimierung durch eine zusätzlich vermietete Garage, die bisher kostenlos überlassen wurde? Rechne aus, was dir eine Maßnahme wirklich bringt, und kalkuliere genau deinen angepeilten Gewinn. Wie werden Objekte in diesen Lagen gehandelt, wenn sie gut dastehen? Welche Mieten werden erzielt? Kannst du eventuell durch eine Optimierung der Bewirtschaftungskosten einsparen oder gibt es Möglichkeiten, die Einnahmen durch zusätzliche Quellen zu erhöhen? Das Wichtigste bei dieser Strategie ist eine gute Planung. Es kann nämlich problematisch werden, wenn dein Vorhaben am Ende durch Unvorhergesehenes oder falsche Annahmen nicht aufgeht.

Was würde in diesem Fall passieren? Was geschieht, wenn sich die Vermietung, der Umbau oder der Verkauf verzögert? Kannst du die Rate für das Darlehen ohne die Einnahmen tragen? Trägt sich das Objekt vielleicht sogar selbst? Wenn du alle Optimierungsmaßnahmen umgesetzt hast, verkaufst du die Immobilie. Dabei solltest du das Projekt so schnell wie möglich beenden, denn je länger die Vermarktungsdauer ist, desto mehr steigen die Kosten für Zins, Bewirtschaftung und so weiter. Mehr dazu findest du im Kapitel »Grundwissen Kreditverträge« bei der variablen Finanzierung. Recherchiere, zu welchen üblichen Faktoren Investoren in dieser Lage Objekte einkaufen. Zudem solltest du das Objekt möglichst professionell inserieren. Auch die Einschaltung eines kompetenten Maklers kann sinnvoll sein. Wenn es der Markt erlaubt, kannst du die Wohnungen auch einzeln verkaufen. Wie das geht, liest du in der nächsten Strategie.

Kaufen und Aufteilen

Eine weitere Strategie ist »Kaufen und Aufteilen«. Aufteiler kaufen Globalobjekte, also Mehrfamilien-Häuser oder sogar ganze Straßenzüge. Diese werden im Anschluss geteilt, und die sich darin befindenden Eigentumswohnungen werden einzeln weiterverkauft. Beim Kauf eines Mehrfamilienhauses sollte genau geprüft werden, ob es preislich unterhalb und renditetechnisch oberhalb von Eigentumswohnungen liegt. Oft sind attraktive Gewinne erst durch gezielte Aufwertungen und eine clevere Nutzung des Potenzials möglich. Somit ist es hier aktuell nur mit Aufwertungen möglich, entsprechende Gewinne zu machen. Grundsätzlich sieht die Strategie aus wie folgt: Du kaufst ein Mehrfamilienhaus zu einem geringen Preis, modernisierst es umfassend und verkaufst die Wohnungen in diesem Objekt einzeln weiter. Im Idealfall verkaufst du die Wohnungen an Eigennutzer, denn diese legen ihr Augenmerk nicht auf die Rendite aus der aktuellen Miete, sondern auf den Zustand des Objekts und auf die Lage.

Kauf vom Bauträger

Grundsätzlich läuft der normale Verkaufskreislauf so, dass sich der Hersteller (in diesem Fall der Bauträger) eine Marge einsteckt, weil er viele Wohnungen auf einmal errichtet und diese einzeln oder als Paket verkauft. Bei ihm liegt das größte Risiko in der Bauphase, und somit kann er auch den größten Gewinn erzielen. Weiterhin werden interne oder externe Vertriebsgesellschaften genutzt, die ebenfalls einen Gewinn erwirtschaften möchten. Meistens wird bei Neubau das Honorar vom Hersteller gezahlt, es ist also im Kaufpreis enthalten. Am Ende steht der Käufer oder Investor, der den Stückpreis für die einzelne Wohnung zahlt. Es ist ratsam, Zwischenhändler und Kosten, so gut es geht, auszulassen, da jede zwischengeschaltete Partei einen Gewinn erzielen möchte. Dieses Vorgehen nennt sich »Killing the middleman«. Du kannst dies mit einem Paket Kaffee vergleichen. Vom Hersteller über den Exporteur und den Importeur zum Großhändler, über den Zwischenhändler dann in den Einzelhandel und zum Endkunden. Jeder in der Kette möchte mitverdienen, und so ist es bei Immobilien auch. Im Fall von Immobilien-Investitionen würdest du direkt an den Hersteller herantreten und ihm das Objekt abnehmen. In der Praxis ist es schwierig, Häuserblöcke direkt vom Bauträger zu kaufen, nicht zuletzt aufgrund des Finanzierungsvolumens. Dein Ziel sollte es sein, ein günstiges Mehrfamilienhaus in einer guten Lage jemandem abzukaufen, der möglichst weit oben in der Wertschöpfungskette ist, oder den Deal über den Preis zu regeln, also ein günstiges Bestandsobjekt zu kaufen. Anschließend sanierst du die Wohnungen und verkaufst sie einzeln an Kapitalanleger oder Eigennutzer. Vom Bauträger wird natürlich nichts mehr modernisiert.

Die Einkaufs-Strategie ist problematisch, wenn die Konkurrenz sehr hoch ist und du dementsprechend nicht den gewünschten Einkaufspreis erzielen kannst. Gerade, wenn du dich bei einem Mehrfamilienhaus verkalkulierst, können die Auswirkungen existenzbedrohend sein. Analysiere sowohl die Lage als auch das Objekt gründlich, bevor du eine Kaufentscheidung triffst. Lass dich nicht vom äußeren Erscheinungsbild beeindrucken. Gerade optisch unschöne Objekte können sich als wahre Schätze entpuppen, da du für verhältnismäßig kleines Geld optisch vieles ändern kannst. Hier solltest du natürlich auch wieder ausreichende finanzielle Reserven haben. Welche Faktoren musst du für deine Einschätzung analysieren? Folgende Daten solltest du kennen und auswerten:

- ❒ Kaufpreis (Vergleichsobjekte)
- ❒ Ist-Miete
- ❒ Steigerungspotenzial (sofort und zukünftig)
- ❒ Mikrolage um das Objekt herum
- ❒ Objektzustand

Für die steuerliche Betrachtung solltest du einen Steuerberater hinzuziehen. Um das Potenzial einzuschätzen, betrachtest du zunächst den Ist-Zustand. Wie hoch ist die Miete, um wie viel kannst du sie sofort erhöhen, was sagt der Mietspiegel beziehungsweise wie hoch sind die Vergleichsmieten, zu welchem Mietzins werden Objekte neu vermietet? Letzteres ist vor allem interessant, wenn eine Sanierung stattgefunden hat und die Wohnung aufgewertet wurde. Kalkuliere am besten sehr vorsichtig. Lieber erzielst du am Ende ein besseres Ergebnis, als dir ein Luftschloss zu bauen, das sich später als Illusion erweist. Es lohnt sich, systematisch vorzugehen und mehrere aktuell gehandelte Angebote miteinander zu vergleichen. Nur so kannst du die beste Entscheidung treffen, welches Immobilien-Investment dir am meisten Gewinn einbringen wird.

Ein Objekt hat deine Prüfung bestanden, und du konntest es erwerben? Herzlichen Glückwunsch! Nun geht die Arbeit weiter, da das Aufteilen von Objekten gut durchdacht werden sollte. Wenn du ein ungeteiltes Mehrfamilienhaus kaufst und die sich darin befindlichen Wohnungen einzeln weiterverkaufen willst, muss eine Teilung vorgenommen werden. Das heißt, es wird eine Teilungserklärung und eine Abgeschlossenheitsbescheinigung erstellt. Eine Teilungserklärung ist eine Urkunde, die du beim Notar unterschreiben musst. Dadurch weiß das Grundbuchamt, dass du dein Grundstück in Miteigentumsanteile aufgeteilt hast und dass die einzelnen Miteigentumsanteile mit dem einzelnen Sondereigentum, also den Wohnungen, verbunden sind. Die Abgeschlossenheitsbescheinigung besagt einfach nur, dass die Wohnungen räumlich klar voneinander abgegrenzt sind.

Beispiel

Ein Haus mit zehn Wohnungen, 1.000 Quadratmetern Wohnfläche und 500 Quadratmetern Grundstück. Die Wohnungen sind alle gleich groß und haben je 100 Quadratmeter. Nun teilst du das Objekt auf. Dein Ziel ist es, zehn einzelne Wohnungen an zehn verschiedene Leute zu verkaufen. Am Grundstück bekommt jeder einen Anteil von 100/1.000, was im angelegten Grundbuch auch so beschrieben wird. Die Teilungserklärung regelt nahezu alle Dinge, die im Objekt vor sich gehen, und auch die Art und Weise, wie das Objekt genutzt wird. Darin kann beispielsweise erfasst sein, zu welcher Wohnung welcher vorhandene Stellplatz gehört, welche Flächen von der

Gemeinschaft genutzt werden dürfen, welche Räumlichkeiten nicht zu Wohnzwecken dienen und vieles mehr. Diese Teilungserklärung kannst du nur erstellen, wenn eine Abgeschlossenheitsbescheinigung vorliegt. Je nach Schnelligkeit der jeweiligen Ämter können von der Idee bis zur fertigen Teilungserklärung auch mal drei bis vier Monate vergehen. Die Kosten für die Teilungserklärung sind nicht pauschal in Prozent zu beziffern. Es wird der Wert des Objekts mit Grund und Boden bewertet. Im Anschluss wird nach Kostentabelle abgerechnet. Bei 500.000 Euro musst du mit 1.000 Euro und 1.500 Euro rechnen.

Wir raten dir bei der Ausgestaltung, an alle Möglichkeiten zu denken, denn hier kannst du beim Verkauf punkten. Was ist beispielsweise, wenn der Käufer einer Wohnung eine zweite erwerben will und beide Wohnungen dann zusammengelegt werden sollen? Was passiert, wenn der Kellerbereich zu Wohnzwecken umgebaut werden soll, wenn dies aber laut Teilungserklärung nicht möglich ist? Solchen Einschränkungen kannst du gut aus dem Weg gehen, indem du mit einem Experten über das Projekt sprichst und alle Eventualitäten in Erwägung ziehst. Bereite die Teilungserklärung gut vor. Du kannst darin beispielsweise auch aufnehmen lassen, dass eine Aufstockung des Objekts möglich ist. Gerade in Städten mit wenig freien Bebauungsflächen ist dies interessant, denn dadurch lässt sich zusätzlicher Wohnraum schaffen. Genauso ist es aus unserer Sicht wichtig, über die Nachrüstung nicht vorhandener Balkone nachzudenken.

Wir hatten vor Kurzem ein Objekt in Dresden auf dem Tisch, bei dem der Verkäufer zwar nicht das gesamte Objekt besaß, aber über eine Zwei-Drittel-Mehrheit verfügte. Am Objekt befanden sich keine Balkone. Diese wären allerdings mit einer überschaubaren Summe nachrüstbar gewesen. Das Objekt würde dadurch eine erhebliche Aufwertung erfahren, und auch die Miete könnte erhöht werden. Wir waren sehr angetan von der Idee und sprachen den derzeitigen Eigentümer an. Wie hoch wäre in diesem Fall der Gewinn gewesen? Bei der Wohnung handelte es sich um eine Zwei-Zimmer-Wohnung mit 65 Quadratmetern Wohnfläche und einer Grundmiete von 6 Euro pro Quadratmeter. Laut

Mietspiegel wäre eine durchschnittliche Mehrmiete von 53 Cent pro Quadratmeter durch einen Balkon möglich. Das wären bereits 34,45 Euro monatlich mehr Miete, ohne dass die Fläche des Balkons berücksichtigt wurde. Wären hier 10 Quadratmeter Balkon entstanden, würde dies noch mal 16,33 Euro (10 qm x 25 % x 6,53 €) mehr pro Quadratmeter pro Monat bedeuten, da 25 Prozent des Balkons als Wohnfläche angerechnet werden. Wir werden später ausrechnen, was es für den Kaufpreis bedeutet, wenn die Miete erhöht wird. Wie ging diese Balkongeschichte aus? Die Idee kam leider zu spät beim Verkäufer an. Viele Wohnungen waren bereits verkauft und die Finanzierungssumme hätte nicht mehr entsprechend erhöht werden können, um die Anbringung der Balkone mitzufinanzieren.

Denke detailliert über die Maßnahmen nach, die am Objekt noch umgesetzt werden könnten. Können beispielsweise neue Stellplätze geschaffen werden, wo zurzeit eine Wiese ist? Was gibt das Objekt noch her?

Wenn du hier Fehler machst und die Teilungserklärung im Nachhinein geändert werden muss, entsteht ein sehr hoher Aufwand. Zudem müssen alle Eigentümer im betreffenden Objekt zustimmen. Dabei ist es nicht entscheidend, ob die Maßnahmen, die du in die Teilungserklärung aufnimmst, auch tatsächlich eine Baugenehmigung erhalten. Wichtig ist zu diesem Zeitpunkt lediglich, dass sie aufgeführt wurden. Bei dieser Strategie musst das Vorkaufsrecht des Mieters beachten. Dieses Problem besteht, wenn ein Mieter vor Teilung des Objekts bereits darin gewohnt hat. Tausche dich dazu am besten mit einem Fachanwalt oder einem anderen Spezialisten aus. Grundsätzlich ist es aber auch möglich, dass dir dein Mieter die Wohnung abkauft.

Verkauf deines Objekts

Beim Verkauf passiert das Gegenteil dessen, was beim Kauf vonstattenging. Du stehst jetzt auf der anderen Seite und benötigst so viele Interessenten und einen so hohen Kaufpreis wie möglich. Das bedeutet, dass du dich mit deinem Angebot genau dort bewegen solltest, wo die größte Nachfrage besteht und dein Angebot am besten sichtbar ist. Nutze die einschlägigen Portale und die großen Maklerfirmen. Allerdings kann es passieren, dass du auf Käufer triffst, die gerne ohne Maklerprovision kaufen würden. Anbei noch ein wichtiger Tipp: Wenn du ein privates Inserat aufgibst, wird dein Telefon je nach Lage des Objekts nicht mehr stillstehen. Viele Makler werden versuchen, dir ihre Dienstleistung zu verkaufen. Falls du überhaupt einen Makler beauftragen möchtest, empfehlen wir dir, eine kurze Vertragslaufzeit beziehungsweise eine kurze Kündigungsfrist von beispielsweise 3 Monaten zu verhandeln. Bei Makleristo haben wir beispielsweise 14 Tage Kündigungsfrist zu jeder Zeit. Sollte der Makler mit dem Kauf nicht erfolgreich sein, kannst du schnell zu einem anderen Anbieter wechseln.

Vor dem Verkauf sollte dein Objekt so tadellos wie möglich aussehen. Worauf legen die Menschen großen Wert, wenn sie eine Immobilie mieten oder für die Eigennutzung kaufen? Entscheidend sind der Boden, die Küche, das Badezimmer und alles, was emotional wichtig ist, damit sich der zukünftige Eigentümer wohlfühlt und es als neues Zuhause sieht. Grundlegende Ausstattungsmerkmale wie Balkon oder Aufzug sind natürlich auch wichtig, aber meist kurzfristig kaum umzusetzen. Prüfe vor dem Verkauf, was du noch verbessern kannst. Gerade der Austausch des Bodens ist günstiger, als du vielleicht denkst. Wenn bereits Parkett vorhanden ist, kannst du dieses noch einmal abschleifen lassen. Ein Verkaufstipp besteht darin, punktuell das Objekt einzurichten, beispielsweise mit einer Couch, einer Lounge und so weiter. Dadurch verändert sich der Raumeindruck positiv, und das Gespräch mit den Interessenten ist am Tisch sitzend angenehmer als beim Stehen in einer leeren Wohnung. Zu viele Möbel sollten es jedoch nicht sein, da sonst die Einrichtungsvorstellungen des potenziellen Käufers beeinträchtigt werden können. Du kannst solche Mustermöbel übrigens von Firmen mieten, die sich eigens darauf spezialisiert haben.

Mit dieser Strategie ist es möglich, einen guten Gewinn zu erzielen; du solltest dafür aber ein Expertenteam um dich herum haben. Viele Investoren, die wir kennen und von denen wir früher auch mal das eine oder andere Objekt angekauft haben, nutzen diese Strategie. Sie bauen sie sogar noch weiter aus, indem sie eine eigene Verwaltung beauftragen, Mietpools mit anbieten und dennoch die Objekte derart schnell drehen, dass sie bereits alles verkauft haben, bevor sie selbst überhaupt im Grundbuch als Eigentümer eingetragen werden. Allerdings handelt es sich bei dieser Strategie meistens um gewerblichen Grundstückshandel, da mehr als drei Objekte innerhalb von fünf Jahren mit weniger als zehn Jahren Haltedauer verkauft werden. Dieser wird steuerlich anders behandelt, als wenn du privat von Zeit zu Zeit eine Wohnung verkaufst.

Bauen und Sanieren

Diese Strategie ist eine der risikoreichsten, da vieles schieflaufen kann. Neben der Überschreitung des Budgets gehören zu den Risiken auch eine fehlende Einhaltung des Zeitplans oder auftretende Schwierigkeiten mit dem Bauträger, die schnell in einen Rechtsstreit ausarten können. Es ist unabdingbar, einen detaillierten Werkvertrag zu vereinbaren. Alles startet mit einem Grundstück oder einer Ruine und der Idee, daraus etwas zu machen. Was solltest du wissen, um hier starten zu können? Der Einkauf eines Grundstücks allein ist schon ein Thema für sich. Wie darf gebaut werden, wie muss es aussehen, welche Dinge muss ich beachten? Hier ist die Prüfung sehr wichtig, da ansonsten meine Kalkulation vielleicht nicht aufgeht. Vielleicht hast du auch ein Grundstück geerbt, oder auf einem bereits erworbenen Grundstück ist noch Platz vorhanden. Kläre unbedingt vor dem Kauf, ob du das Grundstück überhaupt bebauen darfst, und wenn ja, welche Form der Bebauung erlaubt ist. Dies ist Sache des Käufers und nicht des Verkäufers, wenn nicht etwas anderes im Kaufvertrag geregelt ist. Die nötige Auskunft darüber erhältst du von der Bauaufsichtsbehörde. Schaue dir dort den Bebauungsplan an. Wenn es keinen Bebauungsplan gibt, prüfe mithilfe der Bodenrichtwertkarte, ob es sich um ausgewiesenes Bauland handelt. Oft musst du dich auch an die Umgebung anpassen. Wenn also eine geschlossene Bebauung mit vier Stockwerken angrenzt, wirst du dich vermutlich an die Umgebung anpassen müssen und hast hier nicht freie Hand bei der Gestaltung. Gehe ansonsten zum Bauamt und lasse dich beraten. Lass dir eine

Altlastenauskunft geben und ein Schadstoffkataster erstellen, um Verunreinigungen des Bodens zu entdecken.

Wer keine Vorkenntnisse zum Thema Bauen mitbringt, könnte denken, dass er mit seinem eigenen Grund und Boden machen kann, was er möchte. Leider ist jedoch eine Baugenehmigung erforderlich, und dafür besteht kaum Verhandlungsspielraum. Es spielen viele Faktoren eine Rolle, wie beispielsweise Rettungswege, die Geschossflächenanzahl, Bebauungsgrenzen, eventuell sogar die Farben vom Dach oder der Fassade, die zur Umgebung passen sollen. Deshalb solltest du im Vorfeld genau herausfinden, was überhaupt realisierbar ist, bevor du ein Grundstück oder eine Ruine kaufst. Vor dem Bau solltest du einen Architekten aufsuchen und die Planung mit ihm besprechen. Er sagt dir, ob das, was du dir vorstellst, überhaupt möglich ist. Er holt dich auch auf den Boden der Tatsachen zurück, wenn deine Vorstellungen allzu abgehoben sind. Der Architekt macht nicht nur die Planung im Vorfeld, sondern begleitet dich gegebenenfalls über die gesamte Bauphase hinweg, wenn du dies möchtest. Wenn du es dir zutraust, kannst du auch selbst einige Aufgaben übernehmen. Der Architekt entscheidet, welche Bauunternehmer und Gewerke benötigt werden, und vergibt die entsprechenden Aufträge. Weiterhin kümmert er sich um die Bauzeitenplanung, das heißt, er legt die korrekte Abfolge der einzelnen Gewerke fest. Je nachdem, was du mit dem Architekten verhandelst, überwacht er die einzelnen Gewerke während der Bauphase und führt am Ende die Schlussabnahme durch.

Sollten Mängel bestehen, müssen diese natürlich behoben werden. Wenn du auf Nummer sicher gehen willst, schaue genau nach, welche Aufgaben der Architekt für dich übernehmen kann und welche nicht. Dazu gibt es die sogenannte Honorarordnung für Architekten und Ingenieure (HOAI). Dort und in der Anlage 10 der Verordnung sind alle Aufgaben erfasst, die der Architekt leisten kann. Wenn du die Planung fertig hast und du dir einen Anbieter gesucht hast, der für dich bauen soll, wäre der nächste Schritt die Unterschrift unter dem Bauvertrag. Hier gibt es wieder einige Fallstricke zu beachten. Je besser du dich im Vorfeld damit beschäftigst, desto weniger Probleme wirst du am Ende haben. Auch professioneller Rat ist sinnvoll, beispielsweise von einem Anwalt, der sich auf dieses Thema spezialisiert hat. Grundsätzlich hast du als Bauherr zwei Möglichkeiten, dein Objekt zu bauen: Entweder, du vergibst Einzelgewerke oder du beauftragst einen Generalunternehmer.

Einzelgewerkvergabe

Hier schließt du mit jedem Bauunternehmen und Handwerker einen Einzelvertrag ab, der jeweils genau den vereinbarten Teil der Bauleistungen abdeckt. Wenn du dieses Modell wählst, brauchst du nicht nur eine sehr gute Planung, sondern du läufst auch Gefahr, dass sich die Fertigstellung deines Objekts verzögert, wenn auch nur ein beteiligtes Bauunternehmen ausfällt oder eine schlechte Leistung erbringt. Unter Umständen verzögern sich alle nachfolgenden Arbeiten, wenn bei einem einzelnen Handwerker oder Bauunternehmen Probleme auftauchen. Für deinen Architekten bedeutet es erheblich höhere Anforderungen bei der Planung der Bauausführungen, aber auch bei der Überwachung der Bauarbeiten.

Architekten haben natürlich ein entsprechendes Netzwerk an Handwerkern und Gewerken, auf die sie zurückgreifen können. Der größte Nachteil bei der Vergabe von Einzelgewerken ist jedoch folgender: Wenn ein Bauunternehmer oder Handwerker keine gute Arbeit leistet, kann dies die Leistungen der anderen Bauunternehmen negativ beeinflussen. Oftmals lassen sich die Verantwortungsbereiche nicht sauber voneinander trennen, wodurch komplexe Rechtsstreitigkeiten vorprogrammiert sind. Das Problem hierbei ist zudem, dass du einen Mangel dem jeweiligen dafür verantwortlichen Handwerker zuordnen musst, was in der Praxis nicht immer einfach ist.

Generalunternehmer

Hier vergibst du keine Einzelgewerke an die eingebundenen Handwerker und Bauunternehmen, sondern du beauftragst einen einzelnen Generalunternehmer. Solltest du dich hierfür entscheiden, prüfe diesen ganz genau. Schaue die Bilanzen und die Referenzobjekte an. Der Generalunternehmer liefert dir sämtliche Bauleistungen und übernimmt die Haftung. Letztendlich vergibt aber auch dieser die einzelnen Aufträge an Subunternehmer und schlägt auf den Preis sein Honorar auf. Du gibst die Koordination der einzelnen Bauleistungen und die Einhaltung der Termine komplett an ihn ab. In der Regel benötigst du jedoch zuerst ein fertiges Konzept, das du in der Planungsphase erstellt hast. Erst wenn es um die Ausführungsplanung und die tatsächliche Ausführung geht, schaltest du einen Generalunternehmer ein.

Der große Vorteil dabei ist, dass du nicht mehr sämtliche Bauleistungen koordinieren musst und auch die Verantwortung des Bauerfolgs abgeben kannst. Du musst aber davon ausgehen, dass die Herstellungskosten höher werden, weil sich der Generalunternehmer die Übernahme der Verantwortung natürlich bezahlen lässt. Sollte er in der Phase der Fertigstellung deines Objekts pleitegehen, musst du zudem dein Bauwerk selber fertigstellen. Dies ist in der Regel mit deutlich höheren Kosten verbunden, als die Vergabe von Einzelgewerken von Anfang an. Lasse dir auf jeden Fall die Gewährleistung der Einzelgewerke abtreten. Falls der Generealunternehmer irgendwann selbst insolvent ist, kannst du trotzdem noch deine Ansprüche geltend machen.

Preisgestaltung bei der Auftragsvergabe

Auch über die Preisgestaltung musst du dir Gedanken machen. Grundsätzlich gibt es drei mögliche Lösungen. Zum einen kannst du einen Stundenlohn und eine Materialvergütung vereinbaren. Dies hat den entscheidenden Nachteil, dass du keinen Überblick über die Menge der verbauten Materialien hast und auch nicht weißt, wie viel Zeit sich die beteiligten Handwerker lassen. Wir raten dir von dieser Lösung ab, da du am Ende eine böse Überraschung erleben kannst.

Die zweite Lösung ist die Einheitspreisvergütung. Dabei wird ein sogenanntes Leistungsverzeichnis erstellt, woraus sich die Menge der Materialien ergibt. Nachteil ist, dass hierfür die genaue Menge an Materialien kalkuliert werden muss, da du ansonsten entweder zu viel oder zu wenig hast. Da der genaue Bedarf meistens erst zu einem späteren Zeitpunkt feststeht, hast du als Bauherr erneut das Risiko, dass dieses Leistungsverzeichnis nicht komplett ist.

Die sicherste, aber leider auch teuerste Möglichkeit ist die Globalpauschalvergütung mit Leistungsverzeichnis. Hierbei ist der Bauunternehmer dafür verantwortlich, dass alles so gebaut wird wie vereinbart, ohne dass irgendwann die Materialien ausgehen oder die Handwerkerkosten aus dem Ruder laufen. Natürlich lässt sich auch hier der Bauunternehmer die Übernahme des Risikos entsprechend bezahlen. Gerade, wenn du unerfahren bist, gehst du mit dieser Lösung allerdings auf Nummer sicher.

Bauabnahme

Sobald das Objekt fertiggestellt ist, geht es an die Abnahme. Hierbei müssen gewisse Fristen eingehalten werden. Sobald dir der Bauunternehmer die Fertigstellung bekannt gegeben hat, musst du dich mit ihm in Verbindung setzen. Du hast nämlich ab diesem Termin lediglich zwölf Werktage Zeit, die Abnahme des Baus vorzunehmen (§ 12 Abs. 1 VOB/B), es sei denn, du hättest im Vertrag etwas anderes geregelt. Beauftrage für die Abnahme in jedem Fall einen Fachmann. Bei zu großen Mängeln, beispielsweise einem Verstoß gegen den Brandschutz, solltest du die Abnahme verweigern und im gleichen Atemzug eine Frist setzen, bis wann die Mängel behoben sein sollen. Bevor fünf Jahre nach Fertigstellung vergangen sind, sollte zwingend eine erneute Begehung durchgeführt werden, um Mängel festzustellen, die der Bauträger dann im Rahmen seiner Gewährleistung ausbessern muss. Der Bauunternehmer ist nämlich fünf Jahre lang zur Gewährleistung verpflichtet.

Du benötigst viel rechtliches Know-how, um diesen Weg zu beschreiten. Bauunternehmer haben wesentlich mehr Erfahrung, wenn es zu Problemen kommt. In diesem Fall profitierst du enorm davon, wenn du ein Expertenteam um dich versammelt hast. Zur Sicherheit kannst du hier auch noch die eine oder andere Versicherung abschließen, wie Rechtsschutz oder Bauherrenhaftpflicht.

Was solltest du beim Bauen ansonsten noch beachten?

Bevor du dich für ein Grundstück entscheidest, musst du prüfen, ob es bereits erschlossen ist. Das bedeutet, dass irgendwo im Umkreis von 150 Metern Leitungen liegen sollten. Beachte unbedingt den Bebauungsplan. Welche Bebauung ist für das Grundstück vorgesehen? Welche Abstände müssen zu den Nachbarn und zur Straße eingehalten werden, und wie viel der Fläche darf überhaupt bebaut werden? In der Kalkulation liegen wir in Leipzig und Dresden aktuell zwischen 2.500 Euro und 3.500 Euro pro Quadratmeter bei den Herstellungskosten.

In anderen Städten wird dies vermutlich abweichen. Ein Punkt, der in vielen Städten beachtet werden muss, sind die Stellplatzvorgaben. Je nach Stadtgebiet gibt es Regelungen, die festlegen, wie viele Parkplätze pro Wohneinheit geschaffen werden müssen. Ist dies nicht möglich, kann eine Ablöse an die Stadt fällig werden – oft mehrere tausend Euro pro Stellplatz. Entscheidest du dich für das Bauen, ist umfassendes Know-how nötig, damit du nicht in eine solche Kostenfalle tappst.

Möbliertes Vermieten

Was haben Airbnb, Mikro-Apartments und Ferienhäuser gemeinsam? Sie werden möbliert vermietet. Der Markt dafür hat sich seit einigen Jahren enorm weiterentwickelt, und mittlerweile haben sich spezielle Anbieter darauf fokussiert. Wie kannst du das Thema für dich nutzen, und lohnt sich das überhaupt? Grundsätzlich musst du verschiedene Unterkategorien unterscheiden. Zum einen gibt es Mikro-Apartments, in denen auf kleinster Fläche sehr funktional alles an Möbeln und Ausstattung untergebracht ist, was für den Alltag benötigt wird. Andere Wohnungen haben wiederum eine normale Größe und sprechen primär Menschen an, die dort für einige Tage wohnen, anstatt in ein Hotel zu gehen. Zuletzt gibt es noch Ferienwohnungen an Touristen-Hotspots. Diese lassen wir in diesem Buch unberücksichtigt, da deren Finanzierung aufgrund von unregelmäßigen Einnahmen und eventuellem langen Leerstand nicht bei jeder Bank möglich ist. Zudem ist das Management auch ein Thema für sich.

Schauen wir uns zunächst die Möglichkeit eines Mikro-Apartments an. Du kannst entweder ein eigenes Konzept entwickeln oder auf einen professionellen Anbieter zurückgreifen, der gesamte Häuser oder mehrere Aufgänge kauft und diese insgesamt zu möblierten Wohnungen umbaut. Warum sind diese Investments sinnvoll? In der heutigen Zeit gibt es immer mehr Berufspendler, Geschäftsreisende und nicht zuletzt Studenten, die quer durch Deutschland ziehen müssen. Für diese Zielgruppen stellen möblierte Apartments die perfekte Lösung dar, da die aufwändige Einrichtung eines Hausstandes entfällt. Zudem muss sich ein Mieter nicht mit der Frage beschäftigen, was mit den Möbeln passiert, wenn ein erneuter Umzug erforderlich ist. Auch der räumliche Faktor spielt eine Rolle. Wenn ein Student beispielsweise von München nach Hamburg zieht, kann er meistens nicht Dutzende Male für Wohnungsbesichtigungen vor Ort sein. Für ihn ist es praktisch, sich erst mal kurzfristig vor Ort eine Bleibe zu suchen, in der neuen Stadt anzukommen und sich zu einem späteren Zeitpunkt um eine dauerhafte Lösung zu kümmern. Genau solche Menschen sind die Zielgruppe von Mikro-Apartments.

Bei dieser Strategie ist die Lage von entscheidender Bedeutung. Dazu jedoch an späterer Stelle mehr. Zunächst erfährst du, weshalb sich die Investition in ein solches Objekt lohnen kann und wie du die genaue Strukturierung beziehungsweise Größe und Ausstattung wählst. Wir bekommen häufiger Angebote aus ganz Deutschland zugeschickt, in denen ein Anbieter wieder ein Objekt mit Mikro-Apartments herstellt und komplett verkauft. Oftmals entsteht der Eindruck, dass Mikro-Apartments nicht nur klein, sondern auch teuer sind. Wurden die Apartments von professionellen Projektentwicklern umgebaut, schlägt sich das natürlich entsprechend in den Kosten nieder. Für Kapitalanleger mag dies infrage kommen, weil sie in der Regel den Aufwand scheuen, der mit einem gekauften Objekt einhergeht. Unsere Empfehlung für professionelle Immobilien-Investoren lautet, diese Strategie auf eigene Faust umzusetzen. Im Vorfeld solltest du dir folgende Fragen stellen:

- ❒ Welcher Standort soll es sein?
- ❒ Welche Lage passt zu der Strategie?
- ❒ Welche Größe ist ideal für den Standort?
- ❒ Wer ist deine Zielgruppe?

Eine Wohnung mit einer Fläche von 25 bis 35 Quadratmetern kann für diese Strategie genau richtig sein. Durch einen Blick in die Portale siehst du, was derzeit angeboten wird. Beobachte, welche Objekte schnell wieder vom Markt verschwinden. Du musst die Grenze herausfinden, bei der Menschen sagen: »Kleiner darf es wirklich nicht sein!« Es ist übrigens ein Vorteil, wenn sich ein Raum schließen lässt. Das kann deine Zielgruppe erweitern, weil der Partner oder Freunde des potenziellen

Mieters dort übernachten können, ohne geweckt zu werden. Bei dieser Strategie ist der Mietpreis pro Quadratmeter nicht das Wichtigste. Wenn sich jemand dafür entscheidet, möbliert zu mieten, zählen in erster Linie Lage und Ausstattung. Wenn der Aufenthalt beruflicher Natur ist, kommt oftmals sogar der Arbeitgeber für die Kosten auf.

Wenn du möbliert vermietest, solltest du dir rechtzeitig Gedanken über die Ausstattung machen. Überlege dir, was deine Zielgruppe gerne hätte (Netflix, WLAN und vieles mehr) So ist beispielsweise ein bereits abgeschlossener Internet-Vertrag empfehlenswert.

Wie legst du die Höhe der Miete fest? Du kannst dabei zwischen verschiedenen Herangehensweisen wählen.

Eine Möglichkeit ist das Berliner Modell. Demnach vereinbarst du die ortsübliche Miete plus 2 Prozent des Zeitwertes der Möbel zum Zeitpunkt des Abschlusses des Mietvertrages. Es wird davon ausgegangen, dass die Möbel zehn Jahre Nutzungsdauer haben und dass sich der Aufschlag auf die Miete somit jedes Jahr verringert. Bei einem Kaufpreis der Möbel von insgesamt 10.000 Euro könntest du im ersten Jahr 200 Euro pro Monat extra verlangen. Im zweiten Jahr würde sich der Betrag auf 180 Euro verringern.

Bei der zweiten Variante, dem Hamburger Modell, wird zusätzlich eine Kapitalverzinsung unterstellt, denn der Investor hat sein Geld in diesem Fall ja in Möbel investiert. Hier wird davon ausgegangen, dass die Möbel über sieben Jahre abgeschrieben werden und danach noch 30 Prozent Restwert haben. Die Kapitalverzinsung darf laut Gesetzgebung maximal mit 15 Prozent angesetzt werden, und die Abschreibung beträgt ebenfalls 15 Prozent. Wie sieht hier die Berechnung aus? Wir nehmen in unserem Beispiel eine Verzinsung von 13 Prozent an.

$$\text{Kaufpreis Möbel} \times (\text{Kapitalverzinsung} + \text{Abschreibung})$$
$$10.000\,€ \times (0{,}13\,\% + 0{,}15\,\%) = 1.300\,€ + 1.500\,€ = 2.800\,€$$

Das bedeutet, du kannst im ersten Jahr 233,33 Euro pro Monat für die Möbel verlangen. Im zweiten Jahr sind die Möbel 10 Prozent weniger wert, weshalb sich der Betrag auf 210 Euro verringert. Wie du siehst, bist du mit dem Hamburger Modell aus Vermietersicht besser unterwegs.

Übrigens kannst du jedes Möbelstück unterhalb von 800 Euro netto als geringwertiges Wirtschaftsgut sofort im Rahmen der Werbungskosten von der Steuer absetzen, egal wie viele Möbel du anschaffst.

Bis jetzt ist die Höhe der möblierten Miete nicht gesetzlich geregelt. In Zukunft könnte eine solche Regelung allerdings kommen. Da du deine Kalkulation der Miete im Mietvertrag nicht offenlegen musst, bleibt es allein dir überlassen, welcher Anteil davon auf den Wohnraum und welcher auf die Möbel entfällt. Das gibt dir relativ viel Spielraum, und die Mietpreisbremse wird dir in diesem Segment wenig Schwierigkeiten bereiten. Eine Möblierung ist auch eine gute Möglichkeit, diese ganz zu umgehen. Der Nachteil einer solchen Strategie ist die Finanzierung der Möbel. Du musst sie in der Regel aus Eigenkapital bestreiten, denn Möbel sind für Banken keine werthaltigen Sicherheiten, weshalb die meisten hier Ikea oder Ebay-Kleinanzeigen nutzen. Hier sind deiner Kreativität keine Grenzen gesetzt. Wir empfehlen dir, bei der Einrichtung moderne Akzente zu setzen, da eine Küche in Eiche-rustikal einfach nicht mehr dem Zeitgeist entspricht. Auch ein durchdachtes Beleuchtungskonzept kann Wunder bewirken. Denke aber vorher drüber nach, wer deine Zielgruppe ist, bevor du dein Möbelkonzept umsetzt.

Kannst du die gekaufte Wohnung direkt verwenden oder musst du noch Renovierungsmaßnahmen ergreifen? Prüfe genau, ob es wirklich notwendig ist, beispielsweise ein neues Badezimmer einzubauen, oder ob rein kosmetische Änderungen ausreichend sind. Sinnvoll sind solche Optimierungen nur, wenn du dadurch einen Gewinn erhältst – entweder in Form einer höheren Miete oder in Form eines höheren Verkaufspreises. Übrigens ist der Verkauf einer solchen Wohnung ein weiterer großer Vorteil. Für wen sind solche Objekte interessant? Beispielsweise für die Eltern von Studenten, für Berufspendler oder für internationale Arbeitskräfte. Im Vergleich zu deutschen Immobilienpreisen sind die Preise in den meisten anderen europäischen Ländern deutlich höher.

Zudem erhöht ein ansprechendes Möblierungskonzept die Chancen beim Verkauf. Entscheidend ist dabei nicht der Quadratmeter-preis, sondern das Gesamtpaket und das Budget des Interessenten. Du kannst beispielsweise auch ein Objekt herrichten, vermieten und gleichzeitig zum Verkauf inserieren. Sollte sich für den angebotenen Preis ein Käufer finden, umso besser, falls nicht, hast du zumindest die hohen Mieteinnahmen. Für potenzielle Käufer der Wohnung ist die Möblierung ebenfalls interessant, da diese erstens keine Möbel kaufen müssen und zweitens die Wohnung während der eigenen Abwesenheit ebenfalls vermieten können, beispielsweise an Touristen. Der Gewinn in dieser Strategie resultiert aus den Maßnahmen, die du unternimmst, und nicht aus der Wertsteigerung des Objekts an sich. Entscheidender als der Kaufpreis pro Quadratmeter ist die Verkaufssumme insgesamt. Dein Ziel sollte sein, das Objekt durch seine Ausstattung und die geschickte Umgestaltung von Grundrissen in eine andere Objektkategorie zu überführen. Erst dadurch entsteht dein Gewinn.

Du interessierst dich nicht für eine mittelfristige möblierte Vermietung, sondern nur für eine kurzfristige? Dies ist beispielsweise bei Vermietungen über Airbnb der Fall. Hier solltest du beachten, wie die rechtliche Lage ist, da es in manchen Städten inzwischen restriktive Gesetze zur Kurzfrist-Vermietung gibt, an die du dich halten musst. Das ist etwa in Hamburg oder Berlin der Fall.

Du darfst zum Beispiel nicht mehr als 50 Prozent deiner Wohnung auf diese Weise vermieten, da dies eine Zweckentfremdung der Wohnung darstellt. Der Gedanke hierbei ist, dass Wohnungen, die wirklich nur zu Wohnzwecken dienen und in denen Familien wohnen, nicht plötzlich zu Touristenunterkünften umfunktioniert werden dürfen. Denn zum einen würde dadurch die Hausgemeinschaft belastet. Weiterhin sollen angespannte Wohnmärkte nicht noch zusätzlich unter Druck geraten. Wenn sowieso nur wenige Wohnungen leer stehen, darf es nicht passieren, dass davon welche für Airbnb & Co. freigehalten werden, wo doch potenzielle Dauermieter dringend auf Wohnraum in der betreffenden Stadt angewiesen sind. Unterm Strich könntest du mit dieser Strategie deutlich mehr Gewinn erzielen.

Doch wie wird die Einhaltung der Gesetze zur Kurzzeit-Vermietung eigentlich überprüft? In Berlin wurden zum Beispiel die Einwohner darum gebeten, entsprechende Verstöße von Nachbarn umgehend zu melden und das Zweckentfremdungsverbot-Gesetz wurde 2018 nochmal verschärft, damit eine Wohnung nicht einfach in eine Ferienwohnung umgewandelt werden kann. Jeder muss für die Vermietung seiner

Wohnung eine Registriernummer beantragen und dies genehmigen lassen. Stand 2020 haben jedoch nur knapp 5 Prozent der Nutzer dies getan (Auswertung der Registrierungen in Bezug auf die Inserate). Ob du es glaubst oder nicht, ein Bußgeld bei einem Verstoß kann hier bis zu 500.000 Euro betragen. Airbnb sperrt sich momentan noch gegen die von der Gesetzgebung geforderte Offenlegung der Daten. In diesem Fall würden alle Vermietungszeiträume der Eigentümer und Hauptmieter bekannt, und womöglich hätte dies für die Vermieter immense steuerliche Konsequenzen.

Zudem musst du, wie bereits erwähnt, darauf achten, dass du nicht als Gewerbebetrieb eingestuft wirst. Das ist der Fall, wenn du mit deiner Dienstleistung über die Vermietung und Verpachtung hinauskommst. So gilt zum Beispiel die Bereitstellung von Handtüchern und Bettwäsche noch nicht als Indiz für Gewerblichkeit. Solltest du jedoch ein Frühstück mit anbieten oder Personal vor Ort haben, das durchgehend ansprechbar ist, fällst du in den gewerblichen Bereich. Entsprechend müsstest du einen Gewerbebetrieb anmelden. Das gilt auch, wenn dieser Betrieb ausschließlich aus dir selbst besteht.

Sobald du als Gewerbetreibender mit deinem Umsatz über 25.000 Euro pro Jahr kommst und im darauffolgenden Jahr 100.000 Euro oder mehr zu erwarten sind, wird Umsatzsteuer fällig. Überschreitest du die Grenze von 24.500 Euro pro Jahr als Einzelunternehmer oder in einer Personengesellschaft (juristische Personen haben keine Gewerbesteuerfreibeträge), musst du zusätzlich Gewerbesteuer bezahlen. Damit du hier auf der sicheren Seite bist, solltest du beim zuständigen Bezirksamt deines ausgewählten Standortes nachfragen, wie es sich mit dieser Strategie verhält. Du musst darüber hinaus in Erfahrung bringen, ob Kommunalsteuern entrichtet werden müssen. Airbnb versucht, dies für die Anbieter zu regeln, aber wenn du andere Portale nutzt, solltest du dich in jedem Fall erkundigen. Bei der Möblierung kannst du wie bei der mittel- bis langfristigen Vermietung vorgehen. Gebrauchte Möbel sind in Ordnung, sofern sie gut erhalten und modern sind.

Bei einer möblierten Vermietung stellen weitere Finanzierungen ein Problem dar, zumindest, wenn du eine kurzzeitige Vermietung anstrebst. Du musst der Bank nämlich für jede weitere Finanzierung von

Immobilien deine Haushaltsrechnung plausibel machen. Für die Bank sind lediglich nachhaltige Einnahmen relevant. Kurzzeit-Mieten, wie sie beispielsweise über Airbnb generiert werden, sind meist nicht in der anfallenden Höhe anzusetzen. Es wird maximal die ortsübliche Kaltmiete angesetzt, ganz egal, wie viel Miete du mit deinem Objekt wirklich generierst. Solange entsprechende Einnahmen nicht regelmäßig sind, werden sie nicht berücksichtigt.

Ein möglicher Schwachpunkt dieser Strategie ist das Management. Es gibt für die kurzzeitige Vermietung von Airbnb und Co. mittlerweile Co-Hosts, die dir alles abnehmen, von der Schlüsselübergabe über den Empfang der Mieter bis hin zur Reinigung. Wenn du mehr als fünf solcher Wohnungen betreibst, wirst du das Management in der Regel nicht mehr selbst leisten können.

Ob kurz-, mittel- oder langfristig, die möblierte Vermietung ist eine attraktive Strategie, um einen relativ hohen Cashflow aus einem Objekt zu generieren, wenn dieser auch mit Aufwand verbunden ist. Übrigens gehen die Möbel weder schnell kaputt noch sind sie rasch abgenutzt. In der Regel halten sich die Mieter möblierter Apartments weniger darin auf als Menschen, die ihre Mietwohnung selbst mit Möbeln ausgestattet und ihren Hauptwohnsitz dort haben. Entweder arbeiten die Mieter möblierter Apartments vor Ort und sind nur in der Freizeit zu Hause, oder es sind Touristen, die ohnehin viel unterwegs sind. Es gibt aber natürlich auch andere Nutzer, wie Junggesellenabschiede in Metropolen oder andere Partytouristen, die eine Einrichtung arg strapazieren können und eventuell sogar im Haus Ärger mit anderen Eigentümern oder mit der Verwaltung verursachen. Bei einigen Portalen wie Airbnb kannst du die Bewertungen sehen und entsprechende Anhaltspunkte rechtzeitig deuten.

Spezialvermietung

Neben den bereits angesprochenen Strategien gibt es noch viele weitere Spezialthemen. Wir werden nicht alle in diesem Buch behandeln können, aber einige gängige spezielle Vermietungsstrategien beleuchten wir im Folgenden kurz.

Lagerräume / Lagerboxen

Gerade in Großstädten, wo der Stauraum begrenzt ist und die Häuser nur kleine Keller haben, bietet es sich an, Lagerboxen oder Lagerräume zu vermieten. Die Crux hierbei ist, dass du eine Möglichkeit haben musst, deine Lagermöglichkeiten zu platzieren. Dies kann auf einem Grundstück, in einem alten Gebäude oder Ähnliches sein. Bevor du dich für eine Lage entscheidest, solltest du dir die Frage stellen, ob es sinnvoll ist, den Menschen dort zusätzlichen Stauraum anzubieten. In der Regel wissen die meisten Menschen nicht, wohin mit ihren Sachen.

Hilfreich ist beispielsweise, bei Kleinanzeigen testweise eine Annonce aufzugeben, in der du deinen Lagerraum anbietest. Wenn die Resonanz groß ist, kannst du dein Vorhaben in die Tat umsetzen. Um im Nachhinein keine Probleme zu bekommen, solltest du bei der Vermietung professionelle Verträge erstellen. Auch alte Hallen bieten sich als potenzielle Objekte an, sofern sie an Wohngebiete grenzen. Die meisten Menschen ziehen es vor, den benötigten Stauraum in der Nähe zu haben. Du hast bereits in Immobilien investiert und deine Lagerfläche liegt in der Nähe? Biete sie deinen Mietern an! Ein Problem bei dieser Spezialvermietung ist die Finanzierung, insbesondere, wenn du Blechlagerboxen anbieten möchtest. In diesem Fall solltest du unbedingt über genügend Eigenkapital verfügen.

Garagen

Eine weitere spannende Möglichkeit ist die Vermietung von Garagen. Hierzu kannst du verschiedene Strategien verfolgen. Es gibt bei Versteigerungen zum Beispiel immer mal wieder Garagenhöfe, auf denen zehn, 20 oder mehr Einheiten stehen. Du kannst auch nach zu verkaufenden Tiefgaragenplätzen schauen. Zwar sind die Mieteinnahmen daraus nicht immens hoch, dafür ist allerdings auch dein Aufwand im Vergleich zu einer Wohnung geringer. Grundsätzlich sollten wir hierbei Tiefgaragen, Garagen und Stellplätze unterscheiden. Nachteil bei Stellplätzen ist die fehlende Abschreibung, da es kein Objekt an sich gibt, wie bei einer Garage, dennoch hast du hier im Vergleich natürlich den wenigsten Aufwand. Tiefgaragen und Garagen müssen bauseitig instand gehalten werden, was gerade auch bei Tiefgaragen oftmals zu hohen Kosten führen kann. Risse, Abdichtung, zu sanierende Auffahrt, es gibt einige Dinge, die hier kostenintensiv sind. Deshalb sollte eine Instandhaltungsrücklage für Tiefgaragen gebildet werden. Vor Kurzem haben wir mit einem Investor gesprochen, der sich in Hamburg für einen Tiefgaragenstellplatz angemeldet hat und auf Platz 180 der Warteliste steht. Die Existenz einer Warteliste an sich ist schon schlimm, obendrein beträgt die Miete für diesen Tiefgaragenstellplatz aber auch noch stolze 400 Euro pro Monat. In Leipzig kannst du dafür eine ganze Wohnung mieten! Bezüglich der Finanzierung benötigt diese Strategie eine spezielle Herangehensweise. Die wenigsten Banken akzeptieren Kredite für Immobilien im Wert von weniger als 50.000 Euro, manche machen noch bis 30.000 Euro mit, aber darunter ist endgültig Schluss. Es gibt zwar manchmal regionale Filialen, die für Stammkunden etwas machen, rechne aber besser nicht damit. Unterm Strich kannst du durch eine Garagen-Vermietung einen guten Cashflow erzielen, allerdings benötigst du dafür mehrere Garagen beziehungsweise Stellplätze. Die Vermietung musst du höchstwahrscheinlich selbst übernehmen, da sich wohl kaum ein Makler dafür begeistern lässt.

Sowohl bei Lagerboxen als auch bei Garagen solltest du deinen Steuerberater aufsuchen, denn hierbei kann es sein, dass du umsatzsteuerpflichtig wirst oder als gewerblich eingestuft wirst.

Pflegeimmobilien

Besonders Kapitalanleger empfinden die verhältnismäßig gute Rendite bei Pflegeimmobilien als reizvoll. Der Markt für Immobilien im Pflegebereich boomt, und auch wir bekommen regelmäßig Angebote zu solchen Investments. Es stellt sich aber die Frage, ob solche Konzepte am Ende des Tages aufgehen. Obwohl dieses Segment in Zukunft gebraucht wird und die Gesellschaft immer älter wird, sind wir keine Freunde solcher Konzepte und ziehen das klassische Immobiliengeschäft vor. Was macht eine Pflegeimmobilie eigentlich aus? Du kaufst immer auch das Konzept eines Pflegebetreibers mit, der mit dir einen Vertrag über einen längeren Zeitraum abschließt. Egal, ob das Pflegezimmer belegt ist oder nicht und ob die Miete an dich fließt oder nicht. In unseren Augen ist dies der erste kritische Punkt. Dein Investment hängt nicht mehr nur vom Objekt und dem Mieter ab, sondern auch von einem Unternehmen, das darin sein Geschäft betreibt. Wenn es schlecht läuft oder der Betreiber gar ausfällt, ist Schluss mit dem Investment. Du selbst hast auf dein Investment gar keinen Zugriff, wenn es nicht läuft, und musst dich an die zehn-, 20- oder sogar 25-jährigen Verträge halten.

Der zweite Punkt aus unserer Sicht ist, dass die Gesetzeslage zu solchen Einrichtungen eine wichtige Rolle spielt. Es gibt beispielsweise einen bestimmten Personalschlüssel, auf wie viele Pflegeplätze eine Pflegekraft kommen muss. Wenn nun der Bertreiber kein Personal findet, werden Pflegeplätze gestrichen und eine Abwärtsspirale könnte beginnen. Dennoch sind die Renditen von 5 bis 7 Prozent verlockend. Du kannst dieses Konzept mit einem Hotel vergleichen, in dem du ein einzelnes Zimmer kaufst und damit komplett auf den Betreiber angewiesen bist. Natürlich ist die Frage des Standorts auch wichtig, denn für den Fall, dass es sich um eine ganze Wohnung handelt und nicht nur ein Zimmer, könnte bei einer nachgefragten Lage im Ernstfall eine Umnutzung zu Wohnzwecken vorgenommen werden. Wer sich mit dieser Möglichkeit ausgiebig beschäftigt hat und nicht auf Hochglanzprospekte vertraut, wird höchstwahrscheinlich wie wir zu dem Schluss kommen, dass sie zu viele unwägbare Risiken birgt.

Kauf über eine Kapitalgesellschaft

Diese Strategie ist nur für fortgeschrittene Investoren sinnvoll, bei denen es um eine größere Anzahl von Objekten oder Mehrfamilienhäusern geht. Es ist nicht ratsam, die erste Wohnung direkt über eine solche Gesellschaft zu kaufen. Allein die Kosten für die Gesellschaft würden das gesamte Investment kippen lassen. Ein wesentlicher Unterschied zum Kauf als Privatperson ist der, dass Kapitalgesellschaften einen festen Ertragssteuersatz von 15 Prozent zuzüglich Solidaritätszuschlag zahlen. Während der persönliche Steuersatz im Laufe des Lebens bei den meisten Menschen auf bis zu 45 Prozent ansteigt, bleibt er bei Kapitalgesellschaften konstant. Der Vorteil besteht somit im Wesentlichen aus der Minderung von Ertragsteuern, was nur bei steuerlichen Überschüssen Auswirkung zeigt. Eine vermögensverwaltende Kapitalgesellschaft kann vom Gesetz her nur Einkünfte aus einem Gewerbebetrieb erzielen und ist somit grundsätzlich gewerbesteuerpflichtig. Die Gewerbesteuerlast kann auf Antrag aber um den Betrag gemindert werden, der auf die Verwaltung und Nutzung des eigenen Grundbesitzes entfällt. Bei einer rein vermögensverwaltenden Tätigkeit entfällt somit die Gewerbesteuer (je nach Standort 7 Prozent – 31,5 Prozent).

Voraussetzung ist, dass die Gesellschaft notariell gegründet wird und ein Gesellschaftervertrag und eine Satzung erstellt werden. Weiter muss die Stammeinlage für die vermögensverwaltende Kapitalgesellschaft geleistet werden, bevor der Notar die Gesellschaft beim Registergericht anmelden kann. Die Stammeinlage beträgt bei einer UG mindestens 1 Euro, bei der GmbH mindestens 25.000 Euro.

Kapitalgesellschaften sind buchführungspflichtig. Im Gegensatz zur einfachen Überschussermittlung bei dir als Person muss für jeden Jahresabschluss deiner Firma eine Bilanz aufgestellt werden. Das geht in der Regel nicht ohne Steuerberater. Die so entstehenden Mehrkosten müssen sich für den Investor durch eine geringere Steuerbelastung amortisieren. Es ist somit ein reines Rechenexempel, ob sich die Strategie, seine Immobilien-Investments über eine Kapitalgesellschaft abzuwickeln, lohnt. Abbildung 15 (siehe nächste Seite) zeigt eine Beispielrechnung dazu.

	Privatinvestor	Kapitalgesellschaft
Kaufpreis	1.000.000 €	1.000.000 €
Einnahmen	60.000 €	60.000 €
Betriebskosten	-12.000 €	-12.000 €
AfA	-20.000 €	-20.000 €
Zinsen 2 %	-20.000 €	-20.000 €
Tilgung	-20.000 €	-20.000 €
Steuerlicher Überschuss	8.000 €	8.000 €
Steuer auf 8.000	**-3.200 € (40 %)**	**-1.200 € (15 %)**
Liquidität	**4.800 €**	**6.800 €**

Abbildung 15: Beispielrechnung Vergleich Immobilienkauf über eine Kapitalgesellschaft mit Privatinvestor

Der Steuervorteil besteht allerdings nur, soweit die Beträge in der Kapitalgesellschaft verbleiben und reinvestiert werden. Somit kann diese Strategie vor allem dem Vermögensaufbau dienen. Sollen regelmäßig Dividenden gezahlt werden, müssen die Ausschüttungen aus der Unternehmenssphäre in das Privatvermögen überführt werden. Die »Dividende« ist nach dem Teileinkünfteverfahren zu versteuern, sodass sich die oben aufgezeigten Vorteile einer Kapitalgesellschaft nach Kosten erst ab einem Grenzsteuersatz von etwa 35 Prozent einstellen. Alternativ dazu kannst du auch die Abgeltungssteuer wählen, falls es für dich sinnvoller ist. Das entspricht bei Alleinstehenden einem zu versteuernden Einkommen von 50.000 Euro und bei Verheirateten einem zu versteuernden Einkommen von 100.000 Euro.

Im Ergebnis hältst du Immobilienanlagen besser im Privatvermögen, wenn steuerlich laufende Verluste geltend gemacht werden sollen und die Investition langfristig ein großes Wertsteigerungspotenzial verspricht. Der Vorteil der Strategie »Kaufen und Halten«, nämlich der steuerfreie Veräußerungsgewinn, wiegt so schwer, dass er die etwas höhere Steuerbelastung in der Haltephase gegenüber einer Kapitalgesellschaft in der

Regel überkompensiert. Die vermögensverwaltende Kapitalgesellschaft ist bei geringen Investitionen aufgrund der höheren Gründungs- und laufenden Kosten zunächst im Nachteil.

Durch den Besteuerungsvorteil der laufenden Gewinne kann sich die Gründung allerdings schnell amortisieren. Vorteilhaft ist hier vor allem eine hohe Mietrendite, aber das Wertsteigerungspotenzial ist nicht so groß. Es wird sich daher in der Regel um größere Projekte mit höherem Anlegerrisiko handeln, wie beispielsweise Wohnblöcke in Randlagen oder auf dem platten Land.

Werden die Gewinne regelmäßig reinvestiert, beträgt die steuerliche Belastung in der Aufbauphase weniger als 20 Prozent, was für viele Einkommensschichten äußerst attraktiv ist.

6b-Rücklage

Ob du Immobilienprofi mit einer Holdingstruktur bist oder aus Versehen durch zu viele Verkäufe in den gewerblichen Grundstückshandel geraten bist, in jedem Fall können steuerfreie Rücklagen für dich interessant werden. Du kannst beispielsweise mit einer 6b-Rücklage deinen zu versteuernden Gewinn reduzieren und somit Steuern sparen.

Zunächst ist es wichtig, Rückstellungen von Rücklagen zu unterscheiden. Rückstellungen sind echte, ungewisse Verbindlichkeiten (Fremdkapital). Sie ziehen einen zukünftigen Aufwand rechnerisch vor. Als Beispiele dienen die Rückstellung für Garantieverpflichtungen im Einzelhandel oder die Rückstellung für aufbewahrungspflichtige Unterlagen. Bei Rücklagen handelt es sich um eine Art der Gewinnverwendung (Eigenkapital). Ihren Ursprung haben Rücklagen im Handelsrecht (§ 266 HGB). Grundsätzlich stammen Rücklagen aus versteuerten Gewinnen, doch lässt das Steuerrecht in Einzelfällen die Bildung steuerfreier Rücklagen zu. Es handelt sich hierbei um eine Steuerstundung, bis aufgedeckte stille Reserven nicht mehr in einer steuerfreien Rücklage gebunden werden können. Aufgedeckte stille Reserven können durch den Verkauf von Wirtschaftsgütern entstehen, aber auch durch eine Versicherungsentschädigung nach Vernichtung des Objekts oder einem

Zuschuss zu Sanierungsmaßnahmen. Es handelt sich um den Betrag, der über die abgeschriebenen Anschaffungskosten hinausgeht. Für dich als klugen Investor kann die Steuerstundung, insbesondere im Fall der 6b-Rücklage, eine fast unbegrenzte Laufzeit erreichen. Damit kommt sie einer direkten Steuerersparnis gleich und hat noch weitere Vorteile, welche noch besprochen werden. Im Folgenden stelle ich dir verschiedene Rücklagen vor, welche für dich als Immobilieninvestor interessant werden können.

Gemäß § 6.6 Abs. 1 EStR kann die Besteuerung von stillen Reserven bei Ersatzbeschaffung vermieden werden. Voraussetzung ist, dass ein unbewegliches Wirtschaftsgut aus einem Gewerbebetrieb aufgrund höherer Gewalt oder einem behördlichen Eingriff ausscheidet. Hier kommt es in der Regel zu einer Entschädigung deiner Versicherung, welche sich am aktuellen Wert orientiert. Da der Buchwert in der Regel geringer war als der Entschädigungswert, entstehen stille Reserven, welche du grundsätzlich versteuern musst. Beabsichtigst du nun, ein funktionsgleiches Ersatzwirtschaftsgut anzuschaffen, kannst du die aufgedeckten stillen Reserven in einer Rücklage binden und somit Steuern sparen. Die Rücklage wird später von den Anschaffungskosten des neuen Wirtschaftsgutes abgezogen. Bei Bestandsimmobilien hast du für eine Ersatzbeschaffung vier Jahre Zeit. Wird ein Gebäude neu errichtet, beträgt der Zeitraum sechs Jahre.

Beispiel:

In deinem gewerblichen Grundstückshandel hast du ein Gebäude, das mit einem Buchwert von 100.000 Euro in der Bilanz steht. Der tatsächliche Wert des Gebäudeanteils beträgt 200.000 Euro. Ein Jahr nach Kauf schlägt der Blitz ein, und das Gebäude brennt vollständig nieder. Die Versicherung entschädigt dich mit 200.000 Euro, und du müsstest grundsätzlich 100.000 Euro versteuern (Wert 200.000 Euro – Buchwert 100.000 Euro). Doch die Einkommensteuer auf diesen Gewinn von über 40.000 Euro (je nach persönlichem Steuersatz) kannst du dir sparen.

Du beschließt, auf dem Grundstück ein neues Gebäude für 1.000.000 Euro zu errichten. Der Generalunternehmer plant die Fertigstellung innerhalb der nächsten Jahre. Du kannst die aufgedeckten stillen Reserven in Höhe von 100.000 Euro nun per Rücklage über mehrere Bilanzjahre binden. Sobald das Gebäude fertiggestellt ist, wird die Rücklage aufgelöst, indem die tatsächlichen Anschaffungskosten um 100.000 Euro reduziert werden. Dieser Betrag stellt die Grundlage der zukünftigen Absetzung für Abnutzung (AfA) dar. Im vorliegenden Fall kannst du also zukünftig für den nutzungsbedingten Wertverlust des Gebäudes gemäß § 7 Abs. 4 Nr. 2a EStG 2 Prozent der Herstellungskosten in Höhe von 900.000 Euro (1.000.000 Euro – Rücklage 100.000 Euro) als fiktive Betriebsausgaben geltend machen (18.000 Euro, entspricht 2 Prozent Abschreibung auf 900.000 Euro Gebäudewert).

Gemäß § 6.5 EStR kann die Besteuerung von stillen Reserven, die durch Zuschüsse entstehen, vermieden werden. Zuschüsse sind zweckgebundene Vermögensvorteile ohne Gegenleistung, welche aus betrieblicher Veranlassung gewährt werden. Bei Wirtschaftsgütern des Anlagevermögens handelt es sich in der Regel um Kapitalzuschüsse, welche per Rücklage in das Jahr der Anschaffung oder Herstellung transferiert werden können. Ist der bezuschusste Gegenstand dann fertiggestellt, ist der Zuschuss von den Anschaffungskosten abzuziehen. Du kannst dir also die Steuer, welche auf den Zuschuss als Einnahme entfällt, sparen.

Beispiel:

Eine Stadt gewährt einen Zuschuss für den Austausch der gesamten Heizungsanlage in deinem Mehrparteienhaus. Das Haus gehört zu deiner vermögensverwaltenden Kapitalgesellschaft. Laut Kostenvoranschlag beläuft sich der Austausch auf 50.000 Euro. Nach Einreichung des Antrags erhältst du schneller als erwartet einen Zuschuss von 10.000 Euro. Da der Monteur den Austausch erst im Folgejahr vornehmen kann, müsstest du den Zuschuss eigentlich im Jahr des Zuflusses versteuern. Hier kannst du jedoch Steuern sparen: Da es sich um einen Zuschuss ohne Gegenleistung aus betrieblichem Anlass handelt (Mehrfamilienhaus im Anlagevermögen), kannst du die 10.000 Euro per Rücklage ins Folgejahr übertragen und nach Fertigstellung von den Kosten der neuen Heizung abziehen. Der Restbetrag von 40.000 Euro stellt für dich Erhaltungsaufwand dar und zählt somit als laufende Betriebsausgabe.

Gemäß § 6b EStG kann die Besteuerung von stillen Reserven bei Veräußerungsvorgängen vermieden werden. Das gilt sowohl für das Gebäude als auch den Grund und Boden. Voraussetzung dafür ist unter anderem, dass die veräußerte Immobilie mindestens sechs Jahre zum inländischen Betriebsvermögen (Anlagevermögen) gehörte und die neue Immobilie ebenfalls zum inländischen Betriebsvermögen gehören wird. Es ist damit irrelevant, ob dein Immobilienportfolio aus Eigentumswohnungen oder Mehrfamilienhäusern besteht.

Um die stillen Reserven zu übertragen, muss die Neuanschaffung eines Gebäudes innerhalb von vier Jahren nach Veräußerung stattfinden. Wird ein Gebäude neu errichtet, beträgt der Zeitraum sechs Jahre. Die stillen Reserven werden solange per Rücklage in der Bilanz gebunden (6b-Rücklage). Die Steuern auf den Veräußerungsgewinn kannst du dir also sparen. Bei Ablauf der Frist ohne Übertragung der Rücklage erfolgt eine gewinnerhöhende Auflösung. Bei einem etwaigen Abverkauf von Immobilien aus dem Gewerbebetrieb oder der Liquidierung von Kapitalgesellschaften müssen sämtliche stillen Reserven besteuert werden. In der Regel fällt hier auch Gewerbesteuer an.

Zur Umgehung ist es bei immobilienverwaltenden Kapitalgesellschaften ratsam, noch ein letztes kleines Objekt zu behalten, um die Gewerbesteuerlast zu verringern. Gewerbesteuer fällt dann nur beim Verkauf dieses Objekts an. Es ist wichtig, nicht die Drei-Objekte-Grenze zu überschreiten und somit den Status als »vermögensverwaltend« aberkannt zu bekommen. Am steuergünstigsten wäre die Veräußerung im Rahmen eines Share Deals, um auch die Besteuerung der stillen

Reserven größtenteils zu sparen. Hier musst du allerdings die Kosten eines solchen Deals und das in der Regel höhere Volumen im Hinterkopf behalten.

Du hast als Geschäftsführer der B-GmbH ein Grundstück für 100.000 Euro erworben. Dieses wird bis zur Veräußerung abgeschrieben. Aus Vereinfachungsgründen bildet der Kaufpreis die Bemessungsgrundlage für 2 Prozent AfA pro Jahr (100.000 Euro x 2 % = 2.000 Euro pro Jahr). Nach einigen Jahren entwickelt sich die Marktlage so gut, dass du dich dazu entschließt, den Gewinn mitzunehmen. Du veräußerst das Grundstück für 200.000 Euro. Die B-GmbH will das Geld reinvestieren, doch es hat sich bisher keine passende Kaufgelegenheit ergeben. Die B-GmbH bildet daher eine Rücklage in Höhe der stillen Reserve (200.000 Euro – 100.000 Euro Anschaffungskosten + 10.000 Euro AfA = 110.000 Euro) und hat mehrere Jahre Zeit, den Betrag in ein neues Objekt zu investieren. Schließlich erwirbst du eine neue Immobilie für 200.000 Euro. Die Rücklage wird dann aufgelöst und mindert die Anschaffungskosten sowie die daraus folgende AfA.

Direkter Vergleich

Mit 6b Rücklage	**Veräußerung**	**Ohne 6b Rücklage**
90.000 Euro	Restbuchwert	90.000 Euro
200.000 Euro	Veräußerungspreis	200.000 Euro
110.000 Euro	Stille Reserve	110.000 Euro
110.000 Euro	Rücklage	0,00 Euro
0,00 Euro	Gewinn	110.000 Euro
0,00 Euro	**Steuer (ca.15%)**	**16.500 Euro**
	Rücklagephase	
16.500 Euro	Anlagebetrag	0,00 Euro
4 Jahre	Anlagezeitraum	4 Jahre
5,00 %	Angenommene Verzinsung	5,00 %
ca. 3.500 Euro	**Ertrag**	**0,00 Euro**

	Anschaffung neu:	
200.000 Euro	Anschaffungskosten	200.000 Euro
110.000 Euro	Rücklage	0,00 Eurp
90.000 Euro	Buchwert	200.000 Euro
1.800 Euro	AfA 2%	4.000 Euro
270 Euro	**Steuerersparnis (ca.15%)**	**600 Euro**

Abbildung 16: Steuerlicher Vergleich mit und ohne die Nutzung der 6b-Rücklage

Im Ergebnis hat dir die Rücklagenbildung eine Steuerersparnis in Höhe von 16.500 Euro bei der Veräußerung eingebracht. Soweit du diesen Betrag, wie oben beschrieben, gewinnbringend angelegt hast, ergibt sich ein weiterer Ertrag von circa 3.500 Euro. Die geringere Steuererstattung aufgrund der gekürzten AfA in Höhe von 270 Euro ist da leicht zu verschmerzen.

Es gibt vielfältige Möglichkeiten, in Form von Rücklagen die Besteuerung von stillen Reserven aufzuschieben und Steuern zu sparen. Eine besonders beliebte Form ist die 6b-Rücklage. Bei der immobilienverwaltenden Kapitalgesellschaft beziehungsweise Holdingkonstruktion stellt die 6b-Rücklage einen weiteren, wesentlichen Struktur- und Steuervorteil dar. Wenn du im Privatvermögen aus Versehen die Drei-Objekte-Grenze überschritten hast und dadurch gewerblicher Grundstückshändler geworden bist, stellt die 6b-Rücklage für dich ein probates Mittel dar, Schlimmeres zu vermeiden und Steuern zu sparen. Da du die zunächst ersparten Steuern vermutlich sinnvoll anlegst, kannst du dir über einen längeren Zeitraum und bei klugen Investitionsentscheidungen erhebliche Kapitalvorteile erarbeiten. Hier ist vor allem das Stichwort »Zinseszinseffekt« auf deine gestundeten Steuern zu erwähnen.

Kauf über eine Stiftung

Stiftungen sind juristische Personen, die mithilfe des Stiftungsvermögens einen bestimmten Zweck verfolgen. Das Stiftungsvermögen steht ab der Gründung ausschließlich dem Stiftungszweck zur Verfügung. Somit geht das rechtliche Eigentum des ursprünglichen Stifters auf Dauer und unwiderruflich in den Vermögensstock der Stiftung über. Das Vermögen der Stiftung muss so groß sein, dass aus den Erträgen der Zweck der Stiftung zu jeder Zeit finanziert werden kann.

In der Regel benötigst du je nach Stiftungszweck ein Mindestkapital von 100.000 Euro. Die Erträge aus dem gestifteten Vermögensstock dürfen nicht beliebig verwendet werden, sondern müssen dem Zweck dienlich sein. Sie können beispielsweise dafür verwendet werden, den Lebensunterhalt der Stifterfamilie zu bestreiten. Eine Thesaurierung in den Vermögensstock der Stiftung ist nicht möglich.

Auch hier wird wie bei der Kapitalgesellschaft wieder eine Satzung benötigt, in der unter anderem der Zweck und die Art der Umsetzung festgeschrieben sind. An der Stelle des Zweckes musst du zwischen der gemeinnützigen und der privatnützigen Stiftung unterscheiden. Du kannst allerdings frei wählen, wie der Stiftungszweck erfüllt werden soll. Eine Stiftung kann sämtliche steuerlichen Einkunftsarten bis auf die nichtselbstständige Arbeit (Gehalt) abdecken. Du kannst damit zum Beispiel Vermögen verwalten, aber auch einen Gewerbebetrieb ausüben. Die Organisation ist genauso wie bei einer Kapitalgesellschaft aufgebaut. Nach außen wird die Stiftung von einem Vorstand vertreten. Der Stifter kann Mitglied des Vorstandes sein oder den Alleinvorstand stellen und somit das Vermögen langfristig verwalten.

Im Rahmen der Vermögensverwaltung kommen vor allem privatnützige Stiftungen wie die Familienstiftung in Betracht. Sie dienen ausschließlich oder überwiegend dem Wohl der Mitglieder einer oder mehrerer Familien. Bei der Stiftungsgründung entsteht bei Zuführung des Vermögens die Schenkungsteuer. Die Höhe dieser Steuer richtet sich nach dem Verhältnis des Stifters und dem entferntesten Begünstigten, von diesem wird der Freibetrag berücksichtigt (Ehegatten und Lebenspartner 500.000 Euro, Kinder, Enkel, Stief- und Adoptivkinder mit verstorbenen Eltern 400.000 Euro, Enkel 200.000 Euro, Eltern und Großeltern 100.000 Euro, alle Übrigen 20.000 Euro). Grunderwerbsteuer fällt nach § 3 Nr. 2 GrEStG hierbei nicht an. Die Vermögensübertragung in die Stiftung unterscheidet sich damit nicht sonderlich von der Übertragung von Privatvermögen unter natürlichen Personen.

Solltest du dich für eine vermögensverwaltende Familienstiftung entscheiden, fallen hierbei grundsätzlich 15 Prozent Steuerbelastung an. Soweit es sich nicht um einen Gewerbebetrieb handelt, fällt die Buchführungspflicht weg. Solltest du nähere Informationen zum Thema Stiftung benötigen, kannst du auf https://immlab.de Einzelheiten zu diesem Thema nachlesen.

Die Familienstiftung ähnelt somit ertragsteuerlich einer vereinfachten vermögensverwaltenden Kapitalgesellschaft. Alle 30 Jahre fällt die sogenannte »Erbersatzsteuer« an. Sie berücksichtigt fiktiv den Freibetrag von zwei Kindern und einen entsprechenden Erbschaftsteuersatz. Was bedeutet das für dich? Bis zu einem Vermögensstock von 800.000 Euro fällt keine Steuer an. Dieser Vorgang soll den Ausfall der Erbschaftsteuer kompensieren, die normalerweise bei einem Vermögensübergang auf die nächste Generation angefallen wäre. Die Zuwendungsempfänger der Stiftung müssen ihre Erträge jedoch versteuern. Diese unterliegen der Abgeltungsteuer.

Sollte die Stiftung einmal aufgelöst werden, handelt es sich erneut um eine Schenkung. Die Steuerklasse und der Freibetrag richten sich nach dem persönlichen Verhältnis zwischen dem Begünstigten und dem Stifter. Der größte Vorteil von vermögensverwaltenden Stiftungen liegt in der Gestaltung der Vermögensübertragung über mehrere Generationen. In der laufenden Besteuerung handelt es sich vereinfacht gesagt um eine optimierte Kapitalgesellschaft, was aufgrund der regelmäßig anfallenden Erbersatzsteuer nicht unbedingt vorteilhaft ist. Weitere zivilrechtliche Vorteile sind allerdings die Abwehr von Haftungsrisiken sowie von Pflichtteils- und Zugewinnausgleichsansprüchen, da sich der Vermögensstock komplett verselbstständigt. Wenn für dich das komplexe Thema Stiftung infrage kommt, solltest du in jedem Fall zuvor Rechtsbeistand zurate ziehen.

Einkaufsquellen

Wenn du in Immobilien investieren möchtest, benötigst du jede Menge Know-how. Doch wie kommst du überhaupt an ein geeignetes Objekt? Wie auf jedem Gebiet, auf dem du erfolgreich werden möchtest, lohnt es sich, ein Netzwerk aufzubauen. Zunächst wollen wir schauen, welche Quellen es für deine Einkaufstour gibt. Viele Experten fachsimpeln über Einkaufsquellen wie Bankvertreter oder Insolvenzverwalter, mit denen du dich gut stellen und am besten regelmäßig Kaffee trinken gehen solltest. Allerdings können wir dir aus unserer Erfahrung sagen, dass es maximal zwei bis drei echte Quellen gibt, aus denen wir als normale Investoren Objekte beziehen können, der Rest ist graue Theorie.

Online-Portale

Als Erstes sind die einschlägigen Online-Portale zu nennen. Die Konkurrenz ist enorm hoch, da jeder Zugriff auf das Objekt hat und ein vermeintlich gutes Angebot sofort weg ist. Ein weiteres Problem ist, dass die Objekte, die dort landen, oftmals die Reste sind, die übrig bleiben. Wir arbeiten mit einigen Maklern und andern Immobilienanbietern zusammen. Bevor diese ein Objekt in ein Portal stellen, sickert das Angebot erst mal durch das eigene Netzwerk, denn hier hat der Makler meistens einen sicheren Verkauf. Erst, wenn niemand daran Interesse hat, landet es im Netz. Deine Herausforderung ist, aus ca. 99 Prozent der angebotenen unattraktiven Objekte, die eine Perle zu finden, die sich dorthin verirrt. Es gibt aber auch sehr wenige Makler, die nicht mit Netzwerk arbeiten und nahezu alle Objekte inserieren.

Erstelle dir einen detaillierten Suchfilter gemäß deinem individuellen Ankaufsprofil und prüfe regelmäßig die angezeigten Ergebnisse. Der große Vorteil ist, dass du sofort darüber benachrichtigt wirst, wenn eine spannende Immobilie online gestellt wird. Du erhältst mit dieser Methode einen guten Marktüberblick. Da du nicht der einzige Interessent bist, können gute Objekte schneller vergriffen sein, als du klicken kannst. Wenn du dich für ein Objekt interessierst, solltest du zudem recherchieren, welche Möglichkeiten der Aufwertung es dir bietet, um einem eventuellen Mitstreiter voraus zu sein und um zu einem passenden Preis einzukaufen.

Um geeignete Exposés zu entdecken, musst du viele Quellen durchforsten. Es lohnt sich, dir eine Strategie anzueignen, da du sonst Gefahr läufst, dich zu verzetteln. Sei in deiner Vorgehensweise kreativ. Neben den bekannten Immobilienportalen wie immobilienscout24.de, immowelt.de, immonet.de gibt es auch übergreifende Portale, die für dich von Nutzen sein können, da sie die Daten von anderen Immobilienportalen zusammenfassen. Die Immobiliensuche kostet Zeit. Statt Plattformen selbst zu durchsuchen, nutze den Deal-Finder von immlab.de! Unser Tool analysiert plattformübergreifend Angebote und findet die besten Deals. Jetzt auf sichern!

Makler

Ob auf einem Portal oder nicht: In den meisten Fällen wird ein Objekt von einem Makler angeboten. Dies ist die zweite Einkaufsquelle, die du auf dem Schirm haben solltest. Kalkuliere auf jeden Fall schon mal die Provision für den Makler mit ein. Viele sprechen zwar abwertend von Maklern, da diese angeblich nichts tun und am Ende des Tages nur die Hand aufhalten und ihre Provision haben wollen. Diese Arbeitsweise ist auch uns schon mehrfach begegnet. Es gibt allerdings genauso viele gute Makler, die eine sehr gute Arbeit machen und zuvorkommend sowie professionell arbeiten. Von ihnen spricht nur leider in den seltensten Fällen jemand. Dein Job besteht darin, an deinem Zielstandort einen guten Makler ausfindig zu machen, der den Markt kennt, die Preise realistisch verhandelt und vor allem die Unterlagen professionell aufbereitet. Wenn du das erste Mal mit einem Makler sprichst, wirst du wahrscheinlich nicht die besten Objekte vorgeschlagen bekommen. Wie überall musst du erst mal eine Beziehung schaffen. Der Makler sollte merken, dass du erstens echtes Interesse hast und zweitens auch wiederkommst, wenn er gute Arbeit leistet. Du solltest immer mehrere Makler ansprechen. Wenn du damit beginnst, wirst du schnell merken, wer der Big Player in der Region ist. Du wirst anhand des Objektangebotes erkennen, bei wem die Objekte monatelang liegen und bei wem die Immobilien regelmäßig wechseln.

Zwangsversteigerungen

Als dritte Einkaufsquelle können Zwangsversteigerungen dienen. Dies ist natürlich kein Geheimnis mehr. Wir schauen uns regelmäßig interessante Versteigerungen an und führen eine Statistik über die Verhältnisse von Verkehrswert, Geboten und Zuschlagpreisen. Fakt ist, dass der Andrang bei solchen Versteigerungen teilweise derartig hoch ist, dass die Anmeldung bereits den Rahmen sprengt und die letzten Gebote deutlich höher sind, als bei einer herkömmlichen Vermarktung. Dennoch gibt es die Chancen und Möglichkeiten, hier das eine oder andere gute Geschäft zu machen. Dies ist jedoch mit viel Arbeit und Durchhaltevermögen verbunden. Wenn du diese Quelle für dich nutzen möchtest, empfehlen wir dir, zehn bis 15 Zwangsversteigerungen anzuschauen und die Abläufe genauestens zu analysieren. Einige Objekte weisen große Probleme auf, die der aktuelle Eigentümer nicht lösen konnte oder wollte und stattdessen einfach ausgesessen hat.

Mit dem nötigen Know-how kannst du als Immobilien-Investor das Potenzial eines solchen Objekts entwickeln. Achte allerdings darauf, was genau übernommen werden muss und welche rechtlichen Besonderheiten bestehen. Auf ZVG-Portal.de kannst du die aktuellen Termine und Gutachten für jedes Objekt einsehen. Da Termine teilweise sehr kurzfristig abgesagt werden, solltest du noch mal prüfen, ob die Zwangsversteigerung auch wirklich stattfindet, bevor du dich auf den Weg machst. Das macht die Finanzierung auf der anderen Seite auch sehr mühselig, denn die Arbeit dafür wäre bei einem ausfallenden Termin umsonst. Ohne eine Finanzierung geht es jedoch meistens nicht. Du musst im Normalfall beim Bieten 10 Prozent des Verkehrswertes nachweisen beziehungsweise hinterlegen. Es gibt übrigens auch normale Auktionen. Zwangsversteigerungen darfst du nicht mit einer normalen Auktion verwechseln, bei der Objekte einfach so versteigert werden. Hier ist es noch unwahrscheinlicher, dass du einen guten Deal findest, denn die Preise werden diejenigen am Markt in der Regel sogar übersteigen.

Zwangsversteigerungen Leipzig

	Verkehrswert	Mindestzuschlag	Teilnehmer	Gebote	Zuschlag bei	Anzahl Bieter
Objekt 1	63.000 €	-	ca. 50	12	72.000 €	4
Objekt 2	67.100 €	85.000 €	ca. 16	6	91.000 €	2
Objekt 3	1 €		ca. 40	ca. 90	363.000 €	6
Objekt 4	115.000 €		22	26	144.000 €	6
Objekt 5	119.000 €		22	25	150.000 €	6
Objekt 6	97.000 €	67.900 €	12	16	91.000 €	4
Objekt 7	223.000 €		3	1 (20.000 €)	neuer Termin	1
Objekt 8	54.300 €	59.730 €	13	34	71.000 €	4
Objekt 9	115.000 €	121.000 €	12	20	136.000 €	3
Objekt 10	75.500 €	75.500 €	4	0	Neuer Termin	0
Objekt 11	98.000 €	98.000 €	6	0	Neuer Termin	0

Abbildung 17: Auszug aus unserer Statistik über Zwangsversteigerungen

Was sonst noch sinnvoll ist

Lade dir unsere immlab-App im Store herunter und werde Teil unserer Community! Dort siehst du auf einer Karte, in welchen Städten investiert wird und wo sich andere Investoren befinden. Vielleicht ergibt sich daraus ein Arrangement, bei dem du mit jemandem zusammen ein Objekt kaufst und fehlende finanzielle Mittel mit fundiertem Know-how oder umgekehrt ausgleichst.

Jetzt, wo du die wichtigsten Einkaufsquellen kennst, solltest du dir schleunigst Gedanken machen, wie du lukrative Immobilienangebote von weniger guten oder gar schlechten Angeboten unterscheiden kannst. Hierzu solltest du klare Kriterien festlegen. Wenn du dein Suchprofil über die Monate verfeinert hast, kann dir dieses einen ersten Anhaltspunkt geben. Ziel ist es, von Anfang an Immobilien auszusortieren, die ohnehin nicht relevant für dich sind. Nutze diese Zeit lieber, um dich mit spannenden Objekten auseinanderzusetzen.

Übrigens ist die Optik überhaupt kein Entscheidungskriterium. Diese kannst du immer mit relativ wenig Aufwand verbessern. Höre dem Verkäufer genau zu und finde seine individuellen Probleme heraus, die von familiären Schwierigkeiten wie Scheidung bis hin zu finanziellen Sorgen reichen können. Wenn du die Probleme des Verkäufers löst, hast du im besten Fall einen Rohdiamanten vor dir liegen. Hüte dich jedoch davor, deine gedankliche Hochrechnung vor dem Verkäufer offenzulegen. Du zahlst immer nur so viel, wie das Objekt zum aktuellen Stand wert ist.

Einkaufsprüfung und Bewertung

Was solltest du prüfen, bevor du ein Objekt kaufst? Vorab sei gesagt, es ist egal, ob du in Mehrfamilienhäuser, Eigentumswohnungen oder Einfamilienhäuser investieren möchtest. Auch wenn einige Kriterien speziell für Eigentumswohnungen oder Mehrfamilienhäuser gelten, solltest du überall einen Haken setzen können. Der Standort wird an dieser Stelle nicht behandelt, da wir diesen bereits beim Thema Standortanalyse ausführlich behandelt haben.

Kennzahlen des Objekts

Du solltest den Kauf eines Objekts nicht danach entscheiden, ob die Immobilie gut aussieht, ob die Räume hell sind und der Grundriss stimmt.

Viele Objekte, die wir prüfen, sind auf den ersten Blick spannend. Sobald wir jedoch die Kennzahlen bekommen, läuft es uns kalt den Rücken hinunter. Welche Zahlen und Daten solltest du genau unter die Lupe nehmen, wenn es um ein potenzielles Objekt geht? Zum einen solltest du dir den Kaufpreis anschauen. Wie hoch ist der Kaufpreis pro Quadratmeter? Da du zuvor die Lage und den Standort analysiert hast, kannst du einschätzen, ob das Objekt günstig oder teuer ist. Erstelle dir am besten wie wir eine Tabelle, in der du jedes potenzielle Objekt einträgst (vgl. Abbildung 18). Dadurch siehst du auf einen Blick, ob eine Immobilie günstig, teuer oder einfach nur okay ist.

	Etage		Stellplatz / Tiefgarage	Größe	**Miete**	Miete qm	Jahres-kaltmiete	KP	qm	Faktor
Objekt 1	2.OG	2 ZKB	nein	63,58	477 €	7,50 €	5.722 €	143.000 €	2.249 €	24,99
Objekt 2	4. OG	2 ZKB	nein	65,07	488 €	7,50 €	5.856 €	146.000 €	2.244 €	24,93
Objekt 3	1. OG	3 ZKB-B	nein	58,23	395 €	6,78 €	4.740 €	75.000 €	1.288 €	15,82
Objekt 4	2.OG	2 ZKB	nein	67,17	385 €	5,73 €	4.620 €	110.000 €	1.638 €	23,81
Objekt 5	1. OG	3 ZKB-B	nein	73,29	513 €	7,00 €	6.156 €	165.000 €	2.251 €	26,80
Objekt 6	2.OG	2 ZKB	nein	58,78	335 €	5,70 €	4.021 €	110.000 €	1.871 €	27,36
Objekt 7	3. OG	4 ZKB-B	ja	114,42	0 €	0,00 €	0 €	263.000 €	2.299 €	

Abbildung 18: Übersichtstabelle Objektkennzahlen

Als Erstes ist die Größe wichtig. Wir haben bestimmte Kriterien, nach denen wir Wohnungen und Häuser einkaufen. Sobald ein Objekt in dieses Raster passt, schauen wir uns die Zahlen an. Welcher Quadratmeterkaufpreis wird aufgerufen? Welche Miete wird momentan erzielt, und welche ist bei einer Neuvermietung möglich? Wie können wir die aktuelle Miete steigern? Gepaart mit der Minimum-Rendite, die wir nach festgelegten Kriterien immer erzielen möchten, kristallisieren sich anhand dieser Methode Objekte heraus, mit denen sich näher zu beschäftigen lohnt.

Als Nächstes nehmen wir mit einem Gutachter eine Besichtigung vor. Wenn diese positiv verläuft, kalkulieren wir nochmals neu. An welcher

Stelle erscheinen Modernisierungen sinnvoll, und wie können wir die Miete nochmals steigern? Daraus entwickelt sich unsere Strategie. Du erkennst mit diesem Vorgehen auch, wie ein Objekt grundsätzlich gehandelt wird. Wie wir bereits im Teil Standortanalyse besprochen haben, heißt es nicht, dass der Preis in Ordnung ist, nur weil die Rendite auf den ersten Blick stimmt. Du solltest dein Ankaufprofil so detailliert wie möglich erstellen. Beispielsweise angestrebter Marktfaktor, Baujahr, Ausstattung, Größe, und so weiter. Nur das Viertel zu berücksichtigen, in dem das Objekt liegt, ist nicht ausreichend.

Wenn du den Zuschlag für das Objekt nicht bekommst, solltest du im Nachhinein noch mal beim Makler oder beim Verkäufer anrufen. Bringe in Erfahrung, wie viel für das Objekt gezahlt wurde. Wenn du das Objekt erworben hast, solltest du nachfragen, welche Preise noch geboten wurden. Diese Werte liefern dir einen guten Überblick über die Zahlen, und du bekommst ein besseres Gefühl dafür, auf welchem Niveau du dich mit deinen Angeboten bewegst.

Natürlich gibt es dabei Grenzbereiche. Wenn der maximale Faktor für unseren Einkauf bei 20 liegt, schauen wir punktuell auch nach Objekten mit Faktor 21 oder 22. Vielleicht besteht preislicher Verhandlungsspielraum oder vielleicht sprechen sonstige Merkmale für die Immobilie, beispielsweise eine herausragende Lage. Unterscheide dabei harte Kriterien wie beispielsweise Hausschwamm oder Risse von weichen Kriterien wie eine momentan leer stehende Wohnung.

Wer verkauft und warum?

Wenn du ein interessantes Objekt auf dem Tisch hast, erkundige dich, wer es verkauft und warum. Weshalb kann das wichtig sein? Je nachdem, wo du dein Wunschobjekt entdeckt hast, kann es sich um einen gewerblich handelnden Verkäufer handeln. In diesem Fall wird im Kaufpreis eine relativ hohe Marge enthalten sein. Zum Preis kommen wir später noch. Gewerblichen Verkäufern liegt meistens das Geschäftsmodell zugrunde, Objekte zu handeln, also kurzfristiges An- und Verkaufen. Der Verkaufsgrund ist hier also klar. Es herrscht ein hoher Konkurrenzdruck, da viele große Vertriebsfirmen gleichzeitig verkaufen. Der Vorteil hierbei besteht darin, dass die Abwicklung meistens sehr professionell ist. Schwierig wird es, wenn der Verkäufer das Objekt noch nicht abschließend angekauft hat, er also noch gar nicht oder erst vor Kurzem beim Notar war und demzufolge noch nicht im Grundbuch steht.

Weshalb ist dies so wichtig? Zum einen ist der Vertrag schwebend unwirksam oder sogar doppelt schwebend unwirksam, je nachdem, ob du direkt mit dem Verkäufer beim Notar sitzt. Das bedeutet, der Verkäufer war beim Notar und hat für den Ankauf unterschrieben, aber der ursprüngliche Eigentümer hat beispielsweise den Kauf noch nicht genehmigt. Im schlimmsten Fall kommt dein Kauf nicht zustande und du stehst mit einer Finanzierung da, an die du gebunden bist, wenn die Widerrufsfrist abgelaufen ist. Wenn du den Verkaufsgrund kennst, kannst du deine Finanzierung entsprechend gestalten. Wir haben schon oft erlebt, dass die Abwicklung eines Kaufs sechs bis acht Monate in Anspruch nimmt. Die finanzielle Belastung durch die Bereitstellungszinsen zu deinem Darlehen kann anstrengend werden. Mehr dazu erfährst du beim Thema »Grundwissen: Kreditverträge«.

Prüfe also unbedingt vor einem Kauf, ob der Verkäufer im Grundbuch steht. Falls dies noch nicht der Fall ist, solltest du versuchen, eine möglichst lange bereitstellungszinsfreie Zeit zu vereinbaren, die sich nicht auf deinen Darlehenszins auswirkt. Ab einer gewissen Dauer erhöht sich dieser. Gewerbliche Verkäufer kalkulieren den Preis eines Objekts meistens fix und gewähren kaum Verhandlungsspielraum. Dennoch solltest du nachfragen, insbesondere, wenn du weißt, dass das betreffende Objekt bereits seit längerer Zeit zum Verkauf steht. Wenn du von deinem Finanzberater auf Immobilien angesprochen wirst und er kein Experte auf dem Gebiet ist, solltest du das Angebot sehr intensiv prüfen. Aus unserer Erfahrung werden diverse Objekte aufgrund von Cross-Selling angeboten, und die entsprechenden Berater haben kaum Wissen über das Objekt und die Lage. Da aber viele Endkunden ihre Berater auf Immobilien ansprechen und die Innenprovision zum Teil mehr als 10 Prozent vom Kaufpreis beträgt, will sich dieses Geschäft niemand entgehen lassen. Lasse dir am besten die Provisionshöhe des Beraters schriftlich geben, damit du Interessenkonflikte aufdecken kannst.

Bei einem privaten Anbieter oder bei Objekten, die ein Makler für einen privaten Verkäufer anbietet, ist es ebenfalls wichtig, zu erfahren, weshalb das Objekt verkauft wird. Wenn aufgrund privater Gründe wie Scheidung, Umzug oder Steuerproblemen Verkaufsdruck herrscht, kannst du anders in eine Verhandlung gehen, als wenn der Eigentümer entspannt das beste Angebot abwarten kann. Dies soll dich jedoch nicht dazu ermutigen, vom Verkäufer einen unfairen Preis zu fordern oder ihn gar über den Tisch ziehen zu wollen. Es geht lediglich darum, auszuloten, ob dir der Verkäufer preislich noch entgegenkommen kann. Ein weiteres Problem, welches ein privater Verkäufer mit sich bringen kann, ist die Unordnung bezüglich der Unterlagen zum Objekt. Dies werden wir aber an anderer Stelle behandeln.

Bei privaten Verkäufern kann es zudem vorkommen, dass sie unprofessionell auftreten und handeln. Wir haben es mehrfach erlebt, dass Objekte besichtigt wurden, Unterlagen angefordert und geprüft wurden und der Eigentümer im letzten Moment entschieden hat, nun doch nicht zu verkaufen. Gerade kurz vor Abgabe des Manuskripts zu diesem Buch hat ein Privatverkäufer den Deal zehn Stunden vor dem Notartermin platzen lassen.

Dieses Risiko besteht immer, deshalb ist es immens wichtig, herausfinden, wie konkret die Verkaufsabsicht ist. Nur so hast du eine Chance, den Aufwand nicht umsonst betrieben zu haben. Wenn ein Makler eingeschaltet ist, kannst du natürlich nur eingeschränkt heraushören, was genau los ist. Wenn du allerdings einen guten Draht zu ihm hast, wird er dir auch einiges erzählen. Gleichwohl gilt: Egal, ob es sich um einen gewerblichen oder privaten Verkäufer handelt, du kannst bei beiden Anbietern gute Objekte bekommen. Um eine ausführliche Prüfung kommst du aber in keinem Fall herum.

Welche Unterlagen solltest du berücksichtigen?

Oft sehen wir ein Objekt und wollen mehr darüber in Erfahrung bringen, weil es auf den ersten Blick recht spannend erscheint. Bei einer Besichtigung ist jedoch nicht alles klar und transparent. Du weißt nicht, wie sich der Mieter verhält, ob es im Objekt Streitigkeiten gibt oder ob bautechnische Probleme bestehen, es sei denn, es ist etwas Offensichtliches. Um ein Gefühl für das Objekt zu bekommen, solltest du eine gewisse Liste an Unterlagen abarbeiten, die du dir auf jeden Fall anschaust, bevor du in ein Objekt einsteigst. Das prägnanteste Beispiel, das wir bis jetzt erlebt haben, war ein Objekt in Berlin. Die Lage war sensationell, direkt in einer Seitenstraße vom Ku'damm in Charlottenburg. Der Einkaufspreis lag im Jahr 2015 bei knapp über 2.000 Euro pro Quadratmeter. Das Objekt war von außen sehr hübsch, ein klassischer Berliner Altbau. Es stammte aus einem Fonds, der im Jahr 2000 aufgelöst wurde. Das Objekt ging an einen Kapitalanleger. Die Verwaltung war 350 Kilometer entfernt, was an sich ein No-Go-Kriterium darstellt. Die Immobilie erschien jedoch äußerst verlockend und günstig, denn damals kostete der Quadratmeter Grund und Boden bereits 2.400 Euro. Allerdings fehlten zum Objekt nahezu sämtliche Unterlagen.

Im Objekt wurde zum Zeitpunkt des Kaufs der Dachboden zu Wohnzwecken ausgebaut. Der Initiator dieser Maßnahme verpflichtete sich, sämtliche Unannehmlichkeiten wie Beschädigungen und Mietminderungen, die während des Ausbaus auftraten, finanziell zu entschädigen. Leider lief die ganze Angelegenheit anders. Während des Dachausbaus wurde das Objekt weiterverkauft. Der neue Eigentümer wollte natürlich keinerlei Mietminderung ausgleichen und der alte ebenso wenig, denn er war ja jetzt nicht mehr verantwortlich. Die Miete wurde übrigens vor dem Kauf um 25 Prozent gemindert, was der Verkäufer nicht mal wusste, denn er hatte das Objekt geerbt und wollte damit nichts zu tun haben. Die Streitigkeiten gingen immer weiter und wurden nie wirklich geklärt, da die Verkäufer in Skandinavien ansässig waren und der neue Eigentümer des Dachgeschosses nicht zu erreichen war.

Zusätzlich kam das Thema Heizung auf. Die ursprüngliche Dampfheizung musste dringend erneuert werden. Die Kosten beliefen sich für die Gemeinschaft auf 250.000 bis 300.000 Euro. Leider war die gesamte Instandhaltungsrücklage von 80.000 Euro bereits im Vorfeld durch eine Schwammsanierung aufgebraucht worden. Die genannte Summe für die Heizung betraf übrigens nur den Gemeinschaftsanteil. Auf den Eigentümer würden pro Wohnung trotz der geringen Größe von unter

60 Quadratmetern nochmals etwa 30.000 Euro hinzukommen. Beim Thema Heizung besteht jedoch die Möglichkeit, die Kosten mit einem KfW-Programm zu einem sehr geringen Zinssatz zu finanzieren, da es sich hierbei um eine energetische Sanierung handelt. Wie ging das Fiasko aus? Mit viel Glück konnte der Käufer die Immobilie letztendlich für das Doppelte des Anschaffungspreises verkaufen. Eine Vorfälligkeitsentschädigung fiel nicht an, da die Bank einem Pfandtausch zugestimmt hatte. Dies war jedoch nur möglich, weil Berlin preislich regelrecht explodiert ist. Was soll dieses Beispiel verdeutlichen? Prüfe immer sämtliche relevante Unterlagen, bevor du ein Objekt kaufst. Dazu im Folgenden ein Überblick.

Grundbuchauszug und Flurkarte

Lass dir vom Eigentümer seinen Grundbuchauszug zeigen. Darin stehen die Größe des Grundstücks, der Miteigentumsanteil, der für dich wichtig ist, und auch die Lasten oder ein eventuell vorhandenes Vorkaufsrecht. Der Miteigentumsanteil am Grundstück ist für deine spätere Kalkulation wichtig, wenn es um die Kaufpreisaufteilung von Gebäude und Grundstück geht. Falls das Objekt über eine Tiefgarage verfügt, ist diese oft in einem separaten Grundbuch aufgeführt. Anhand der Flurkarte erfährst du zwar nichts über das Objekt, aber die Bank benötigt diese in den meisten Fällen. Wie Grundbuchauszug und Flurkarte aussehen, zeigen Abbildung 19 (siehe Seite 168) und Abbildung 20 (siehe Seite 169).

Grundbuchamt Leipzig
Grundbuch von Leipzig **Blatt** 18 **Bestandsverzeichnis** Einlegebogen 1

Lfd. Nr. der Grundstücke	Bisherige lfd. Nr. d. Grundstücke	Bezeichnung der Grundstücke und der mit dem Eigentum verbundenen Rechte: Gemarkung (nur bei Abweichung vom Grundbuchbezirk angeben) Flurstück	Wirtschaftsart und Lage	Größe m²
		a/b	c	
1	2	3		4
1	-	111/1.000 - Miteigentumsanteil an dem Grundstück Flst. 2 verbunden mit dem Sondereigentum an der Wohnung nebst Kellerraum, im Aufteilungsplan mit Nr. 8 bezeichnet. Für jeden Miteigentumsanteil ist ein Grundbuchblatt angelegt (Blatt 18 bis Blatt 18; der hier eingetragene Miteigentumsanteil ist durch die zu den anderen Miteigentumsanteilen gehörenden Sondereigentumsrechte beschränkt. Wegen Gegenstandes und Inhalts des Sondereigentums wird auf die Bewilligung vom 14.06.1999, Urk.-Nr. /1999; 23.03.2000, Urk.-Nr. /2000, je des Notars in Leipzig, Bezug genommen. Übertragen von Blatt ; eingetragen am 27.03.2000.		6 40

Abbildung 19: Grundbuchauszug (Beispiel)

Abbildung 20 Flurkarte (Beispiel)

Teilungserklärung mit allen Nachträgen (nur bei Eigentumswohnungen)

In der Teilungserklärung werden alle objektbetreffenden Angelegenheiten geregelt. Hinzu kommen die jeweiligen Nutzungsrechte, beispielsweise von Kellern, Stellplätzen oder Gärten oder angrenzenden Wegen, die zum Objekt gehören. Wer darf an der Eigentümerversammlung teilnehmen? Muss eine Verwaltung dem Verkauf von einzelnen Wohnungen zustimmen? Diese und ähnliche Fragen sind hier relevant. Lies genau nach, was für Regularien im Objekt bestehen. Ein Beispiel hatten wir vor Kurzem bei einem Objekt, wo die Tiefgarage zum Gemeinschaftseigentun zählt, allerdings die wartungsintensiven Duplexparker zum Sondereigentum zählen. In diesem Dokument, das übrigens notariell beglaubigt sein muss, sind auch die Zuordnungen von den Objektbestandteilen zu Sondereigentum oder Gemeinschaftseigentum aufgeführt. Dadurch weißt du beispielsweise, wer dafür aufkommen muss, wenn ein Fenster kaputt geht – du oder die gesamte Eigentümergemeinschaft. Im Grundbuch sind, sofern vorhanden, auch die Nachträge aufgelistet.

Baubeschreibung oder Sanierungsbeschreibung

Wenn du ein Objekt kaufst, sind nicht sämtliche verbauten Materialien einsehbar, vor allem dann nicht, wenn es vermietet ist. Deshalb solltest du dir die Bau- oder Sanierungsbeschreibung anschauen, sofern sie dem Verkäufer noch vorliegt. Du findest darin alle Materialien, die verbaut wurden. Zudem erfährst du dadurch den Namen des Bauträgers und kannst recherchieren, wo seine Schwächen waren oder ob es ihn überhaupt noch gibt. Übrigens legt auch die Bank auf diese Unterlagen Wert, bevor sie einer Finanzierung zustimmt.

Bemaßter Grundriss

Wie groß ist das Objekt, das du kaufen möchtest, wirklich? Wir haben in der Praxis mehrfach erlebt, dass Objekte kleiner sind als angegeben, und dass sogar verschiedene Grundrisse existieren, die vom Architekten bestätigt wurden. Du benötigst einen bemaßten Grundriss, also mit Angabe der Länge und Breite der Räume. Um auf Nummer sicher zu gehen, solltest du bei der Besichtigung eine Testmessung durchführen. Wenn es keinen Grundriss gibt, solltest du den Gutachter damit beauftragen. Warum ist das so wichtig? Du zahlst pro Quadratmeter mehrere Tausend Euro und möchtest sicherlich nichts bezahlen, was nicht vorhanden ist. Zudem benötigt die Bank einen bemaßten Grundriss. Eine abweichende Fläche ist auch einer der sehr wenigen Gründe, bei dem du den Preis nachverhandeln kannst.

Energieausweis

Der Energieausweis bewertet die energetische Effizienz des Gebäudes in den Klassen A+ bis H. Er enthält zudem allgemeine Angaben zum Objekt sowie zu den verwendeten Heizarten wie Gas, Öl oder Strom. Bei einer Vermietung und Verkauf bist du dazu verpflichtet, dem Mieter den Energieausweis auszuhändigen. Prüfe vorab, ob es ein Verbrauchsausweis oder ein Bedarfsausweis ist. Ein Verbrauchsausweis liefert lediglich eine Übersicht über den Verbrauch von Wasser und Strom und ist nicht so genau wie ein Bedarfsausweis. Dieser bezieht nämlich objektiv alle relevanten energetischen Bestandteile in die Berechnung ein und gibt den Wert unabhängig vom individuellen Verhalten der Bewohner wieder. Weiterhin sind dort die empfohlenen Maßnahmen aufgeführt, die die Energieeffizienz des Objekts erhöhen könnten.

Verwaltervertrag Wohnungseigentümergemeinschaft und ggf. Sondereigentum

Lass dir auf jeden Fall die Verwalterverträge von der Hausverwaltung geben. Daraus erkennst du die Konditionen und Leistungen der bestehenden Verwaltung und kannst überlegen, diese beizubehalten. Die Verwaltung wird sich üblicherweise nach dem Kauf bei dir melden und dir ein

Angebot für die Sonderverwaltung unterbreiten. Der bisherige Vertrag ist normalerweise bei Verkauf hinfällig. Auf immcube.de kannst du dir unseren Verwaltervertrag anschauen.

Mietvertrag und Mieterunterlagen

Natürlich dürfen die Unterlagen zur Vermietung nicht fehlen. Dazu gehört der Mietvertrag mit sämtlichen Nachträgen, genauso wie die Bonitätsunterlagen der Mieterprüfung, die hoffentlich stattgefunden hat. Im Mietvertrag solltest du auf die Gestaltung achten. Wurde eine Staffelmiete oder eine Indexmiete vereinbart? Wann wurde die Miete zum letzten Mal erhöht und um wie viel? Hier kannst du gleich prüfen, ob und in welchem Ausmaß die Miete steigerungsfähig ist. Wie hoch ist die Kaution? Wurde parallel dazu eine Bürgschaft vereinbart, weil der Mieter eventuell Student ist? In diesem Fall ist es schwierig, denn wenn eine Kaution eingenommen wurde und zugleich eine Bürgschaft vorliegt, besteht eine Übersicherung. Es dürfen niemals mehr Sicherheiten hinterlegt sein als drei Kaltmieten. Hier ist nochmal zwischen einer Bürgschaft und einer freiwilligen Bürgschaft zu unterscheiden. Die freiwillige Bürgschaft bietet eine Haftung über eine Höhe von drei Kaltmieten hinaus, was eine herkömmliche Bürgschaft nicht tut. Allerdings bekommt man eine freiwillige Bürgschaft nur, wie der Begriff es schon beschreibt, freiwillig. Wenn ich sie als Vermieter fordere, damit der Vertrag zustande kommt, ist es keine freiwillige Bürgschaft mehr, das heißt sie muss unaufgefordert angeboten werden. Eine alternative Lösung wäre es, den Bürgen einfach in den Mietvertrag mit aufzunehmen, was allerdings wieder problematisch in der Nebenkostenabrechnung sein kann, da mehr Personen dort mieten, als wirklich dort wohnen, und eine etwaige Zweitwohnsitzsteuer des Zusatzmieters fällig wird. Die Mieterprüfung sollte eine Selbstauskunft, einen SCHUFA-Bonitätscheck, Gehaltsnachweise und eine Vorvermieterbescheinigung enthalten. Bei der Verwaltung werden diese Unterlagen oftmals aus Datenschutzgründen nach der Vermietung vernichtet. Im besten Fall hat der Verkäufer die Unterlagen noch. Zu den Mieterunterlagen gehört aus unserer Sicht auch immer die Mieteingangsübersicht (siehe Abbildung 21). Am besten lässt du dir die Kontoauszüge der letzten zwölf Monate zeigen. Darin wirst du sehen, wann der Mieter die Miete überwiesen hat. Die Gründe für eventuell verspätete Zahlungen sollten dabei geklärt werden.

BU-Nr	Gegenkonto	We-Dat	Beleg	Buchungstext	Soll[EUR]	Haben[EUR]	Saldo[EUR]
26	9003.620	01.01.	SAVO	Saldovortrag	0,00	1.540,16	1.540,16
		Stand per		01.01.		1.540,16	1.540,16
10		04.01.	EB: 1/1	Miete	0,00	285,00	1.825,16
10		04.01.	EB: 1/1	Miete	0,00	160,00	1.985,16
58		01.02.	EB: 11/1	Miete	0,00	285,00	2.270,16
58		01.02.	EB: 11/1	Miete	0,00	160,00	2.430,16
87	4850	26.02.	Umb.	Verr. Unterkonten	816,56	0,00	1.613,60
94		01.03.	EB: 24/1	Miete	0,00	285,00	1.898,60
94		01.03.	EB: 24/1	Miete	0,00	160,00	2.058,60
97	1360	02.03.	DSK	Ausschüttung Miete/Beko	2.058,60	0,00	0,00
130		01.04.	EB: 32/1	Miete	0,00	285,00	285,00
130		01.04.	EB: 32/1	Miete	0,00	160,00	445,00
133	1360	05.04.	DSK	Ausschüttung Miete/Beko	445,00	0,00	0,00
162		18.05.		Auszahlung BeKo	0,00	-83,29	-83,29
181		02.05.	EB: 43/1	Miete	0,00	285,00	201,71
181		02.05.	EB: 43/1	Miete	0,00	160,00	361,71
186	1360	09.05.	DSK	Ausschüttung Miete/Beko	361,71	0,00	0,00
197	1590	26.05.		Re 162275 R&M Unterlagen Sparkasse	89,25	0,00	-89,25
215		01.06.	EB: 53/1	Miete	0,00	285,00	195,75
215		01.06.	EB: 53/1	Miete	0,00	103,00	298,75
219	1360	03.06.	DSK	Ausschüttung Miete/Beko	298,75	0,00	0,00
251		01.07.	EB: 64/1	Miete	0,00	285,00	285,00
251		01.07.	EB: 64/1	Miete	0,00	103,00	388,00
254	1360	04.07.	DSK	Ausschüttung Miete/Beko	388,00	0,00	0,00
284		01.08.	EB: 75/1	Miete	0,00	285,00	285,00
284		01.08.	EB: 75/1	Miete	0,00	103,00	388,00
287	1360	02.08.	DSK	Ausschüttung Miete/Beko	388,00	0,00	0,00
324		01.09.	EB: 85/1	Miete	0,00	285,00	285,00
324		01.09.	EB: 85/1	Miete	0,00	103,00	388,00
328	1360	05.09.	DSK	Ausschüttung Miete/Beko	388,00	0,00	0,00
352		04.10.	EB: 95/1	Miete	0,00	285,00	285,00
		Zwischensumme			5.233,87	5.518,87	285.00

Abbildung 21: Mieteingangsübersicht (Beispiel)

Übergabeprotokoll

Lass dir auf jeden Fall das Übergabeprotokoll geben, wenn das Objekt vermietet ist. Darin findest du die Beschädigungen, die der Mieter bei Einzug bemängelt hat. Wenn du mit einem Gutachter durch das Objekt gehst, kannst du prüfen, welche Mängel bereits bekannt sind.

Beschlusssammlung und Protokolle

Fordere von der Verwaltung am besten die gesamte Beschlusssammlung seit Teilung oder Bau des Objekts. Darin siehst du, welche Maßnahmen am Objekt bereits vorgenommen wurden, wann das war und wie hoch die Kosten waren. Darüber hinaus solltest du dir die Protokolle der Eigentümerversammlungen der letzten fünf Jahre vorlegen lassen, da hier die Informationen noch mal ausführlicher stehen. Wonach solltest du in diesen Protokollen und Beschlüssen suchen? Uns selbst sind generelle Dinge, beispielsweise ein neuer Anstrich oder die Erneuerung der Mülltonnenplätze, weniger wichtig. Stattdessen achten wir auf folgende kritische Dinge:

- ❐ Feuchtigkeit
- ❐ Rechtsstreitigkeiten
- ❐ Hausgeldrückstände
- ❐ Veruntreuung
- ❐ Rissbildung
- ❐ geplante große Maßnahmen, die nicht durchgeführt wurden (ab 10.000 Euro)
- ❐ sonstige ungewöhnliche Dinge

Die damit verbundenen Probleme schauen wir uns genau an. Wurde eventuell beim Bau etwas versäumt? Treten gewisse Probleme wie Feuchtigkeit immer wieder auf? Lass dir die entsprechenden Gutachten oder Durchführungspläne der Maßnahmen geben. Sollte es Dinge geben, die du auch nach Rücksprache nicht verstehst, lass die Finger vom Objekt und such ein anderes. Übrigens erkennst du anhand der Abstimmungsergebnisse auch, welche Stimmung in der Gemeinschaft herrscht. Werden unnötige Dinge sofort durchgeführt und per Sonderumlage finanziert, weil vielleicht die Eigennutzer das Sagen haben und das Objekt immer tipptopp sein soll? Oder sind die Kapitalanleger in der Überzahl und beschließen nur das Nötigste? Der Mittelweg wäre wünschenswert. Frage unbedingt die geplanten Maßnahmen ab, damit du weißt, ob in absehbarer Zeit Kosten drohen, die deine Kalkulation zur Makulatur werden lassen könnten.

Bestätigung der Hausgeldrückstände (bei Eigentumswohnungen)

Lass dir eine schriftliche Bestätigung dafür geben, dass keine Hausgeldrückstände bestehen, denn sobald du in die Gemeinschaft eintrittst, haftest du ebenfalls für einen Fehlbetrag. Das heißt: War auch nur ein Wohnungseigentümer mit seinen regelmäßigen Hausgeldzahlungen im Rückstand und ist dieses Geld nicht mehr einzutreiben, dann muss die gesamte Eigentümergemeinschaft für die Rückstände geradestehen – und damit anteilig auch du.

Erhaltungsrücklage

Du benötigst den aktuellen Wert der Erhaltungsrücklage zum Zeitpunkt des Verkaufs. Daran kannst du sehen, wie hoch die finanziellen Reserven sind. Dieser Teil der Erhaltungsrücklage ist leider nicht mehr von der Grunderwerbsteuer befreit. An der Höhe kannst du erkennen, ob Sonderumlagen drohen, denn wenn nicht genug Rücklagen vorhanden sind, werden die Eigentümer entsprechend zur Kasse gebeten und müssen sich an den Kosten beteiligen.

Wirtschaftsplan

Lass dir den Wirtschaftsplan geben, um einen Eindruck zu bekommen, welche Kosten im Objekt verursacht werden. Dabei kannst du direkt potenzielle Unstimmigkeiten erkennen. Ein Warnzeichen wäre zum Beispiel, wenn ein großer Teil der Kosten für Rechtsstreitigkeiten aufgewendet wird oder der nicht umlagefähige Anteil an sich relativ hoch ist. Das musst du in deiner Rechnung mit einkalkulieren.

Gebäudeversicherungsnachweis

Den Nachweis über die Existenz einer Gebäudeversicherung hat die Hausverwaltung. Die Kosten für die Versicherung sind auf den Mieter umlegbar. Deshalb ist es empfehlenswert, immer den besten Schutz zu nehmen, sofern die Nebenkosten für den Mieter dadurch nicht aus dem Ruder laufen. Achte hierbei auf einen hohen Selbstbehalt, zum Beispiel bei Leitungswasserschäden. Diese sind im Versicherungsfall nicht umlegbar. Hier kann es auch zu Interessenskonflikten zwischen Anlegern und Eigennutzern kommen. Letztere wollen meist eine geringere Versicherungsprämie und einen etwas höheren Selbstbehalt, da sie umlegbare Kosten selbst zahlen.

Sonstige Auskünfte

Wem gehört die Küche, wenn es um eine Eigentumswohnung geht? Wenn sie dem Eigentümer gehört, wäre ein Beleg über die Anschaffung für die zukünftige Abschreibung hilfreich. Denn grundsätzlich werden sie über zehn Jahre abgeschrieben. Falls der Beleg nicht vorhanden ist, solltest du das Alter der Küche erfragen. Du kannst den kalkulierten Preis vom Kaufpreis abziehen und dafür die Grunderwerbsteuer sparen.

Liegt das Objekt in einem Sanierungsgebiet? Falls ja, frag den Eigentümer, ob er dafür bereits einen Ausgleich gezahlt hat. Sanierungsgebiete werden von der Stadt festgelegt und irgendwann geschlossen. Spätestens zu diesem Zeitpunkt werden Ausgleichsbeträge erhoben, da die Stadt das betreffende Gebiet entwickelt hat. Durch die Erneuerung von Straßen, Plätzen usw. profitiert der Eigentümer durch eine Wertsteigerung seines Objekts. Wenn du vorzeitig ablöst, gibt es meistens einen Rabatt von bis zu 20 Prozent. Die vorzeitige Klärung hat den Vorteil, dass die Abwicklung des Verkaufes schneller geht. Du erkennst anhand eines Vermerkes im Grundbuch, ob das Objekt in einem Sanierungsgebiet liegt (siehe Abbildung 22, siehe nächste Seite). Nach Ablösung des Betrags wird der Vermerk noch nicht gelöscht, erst nach Schließung des Gebiets.

Grundbuchamt Leipzig
Grundbuch von Leipzig Blatt [redacted] Zweite Abteilung Einlegebogen 1

Lfd. Nr. der Eintragungen	Lfd. Nr. der betroffenen Grundstücke im Bestandsverzeichnis	Lasten und Beschränkungen
1	2	3
1	1	Auflassungsvormerkung für [redacted] am 26.10.1994 und 21.11.1994. Rang nach III/1.
2	1	Sanierungsverfahren wird durchgeführt; gemäß Ersuchen vom 06.04.1995 der Stadt Leipzig, AZ: S2 sa/kr; eingetragen am 01.06.1995.

Abbildung 22: Grundbuchvermerk zum Sanierungsgebiet (Beispiel)

Wer verwaltet das Objekt?

Welche Hausverwaltung betreut das Objekt? Diese Frage scheint auf den ersten Blick vielleicht nicht allzu relevant. Dennoch ist die Verwaltung eine der wichtigsten Instanzen bei einem Immobilien-Investment. Niemand ist besser mit dem Objekt vertraut und kennt es genauer als die Verwaltung. Alle Maßnahmen werden von der Verwaltung koordiniert. Sie weiß genau, was wann gemacht wurde und was in Zukunft noch kommen wird. Zumindest nach unserer Erfahrung kommt der Großteil der Verwaltungen seiner Aufgabe zwar nach und verwaltet das Objekt. Allerdings wird hierbei meist nur der Ist-Zustand erhalten. Es kommt nicht selten vor, dass Objekte seit mehr als zehn Jahren die gleiche Miete generieren. Bei einem Mietwechsel wird die Wohnung zwar begangen, aber es wird keine Empfehlung ausgesprochen, was modernisiert werden und somit womöglich mehr Miete bringen könnte. Verübeln kann man dies den Hausverwaltungen nicht. Verwalten heißt im Grunde nichts anderes, als den aktuellen Zustand zu erhalten.

Für dich als Immobilien-Investor bedeutet Stillstand jedoch Rückstand. Du profitierst nur dann von deiner Immobilie, wenn sie stetig weiterentwickelt wird. Du wirst schnell merken, inwieweit eine Verwaltung auf Zack ist und Erfahrung mit Investoren hat. Wie läuft die

Kommunikation, wie gut sind die Verantwortlichen erreichbar? Auch, wenn du unangemeldet anrufst, solltest du die Möglichkeit bekommen, mit jemandem zu sprechen und einen Rückruf notieren zu lassen. Wie geht die Verwaltung damit um, wenn du Unterlagen nachforderst? Musst du mehrfach anfragen und am Ende den Arbeitslohn für die Kopien zahlen oder ist die Verwaltung sofort dazu bereit, dir die Unterlagen zu mailen? Wie läuft es mit einer Mieterhöhung? Musst du mehrfach anrufen und darum bitten, die Möglichkeit einer Erhöhung zu prüfen oder nimmt die Hausverwaltung automatisch jedes Jahr eine Erhöhung vor? Kostet diese Dienstleistung etwas oder ist sie im Service enthalten? Oftmals ist diese tatsächlich kostenpflichtig, und du musst unter Umständen für eine Erhöhung von ein paar Euro pro Monat 150 Euro einmalig an die Verwaltung zahlen. Wenn du ein Objekt kaufst, ist meistens eine Verwaltung bestellt. Du musst zumindest die Gemeinschaftsverwaltung so nehmen, wie sie ist, da Verträge über mehrere Jahre vereinbart werden. Erst dann ist ein Wechsel möglich. Die Sonderverwaltung kannst du natürlich selbst wählen. Bei Mehrfamilienhäusern musst du in die Verträge schauen, wer verantwortlich für eine Kündigung bei Verkauf ist und wie diese dann umgesetzt werden kann. Bei der Auswahl ist es nicht sinnvoll, auf das günstigste Honorar zu setzen. Achte stattdessen auf den Leistungskatalog und Referenzen. Wir sehen oftmals, dass Verwaltungen 17 Euro im Monat zuzüglich Mehrwertsteuer verlangen, dabei aber äußerst schlecht arbeiten und kaum reagieren, wenn wir Fragen haben. Der preisliche Unterschied ist gering, aber der Stress, den du dir selbst mit einer schlechten Verwaltung generierst, ist erheblich. Prüfe deshalb genau, mit welcher Hausverwaltung du zusammenarbeiten möchtest.

Wer mietet, und wie ist der Mietvertrag gestaltet?

Grundsätzlich ist ein Mieter, der bereits in dem Objekt wohnt, für das du dich interessierst, kaum kündbar – auch dann nicht, wenn er problematisch ist. Dennoch solltest du prüfen, wer in besagtem Objekt wohnt. Der Mieter ist wie die Verwaltung einer der wichtigsten Bausteine deines Investments. Du solltest mit deinem Mieter gut auskommen und solltest ihn auch gut behandeln. Wenn du es dir mit ihm verscherzt, kann es sowohl bei Besichtigungen als auch beim Verkauf unbequem werden. Dein Mieter sollte sich immer wertgeschätzt fühlen. Wirf als Erstes einen Blick auf den Mietvertrag. Seit wann wohnt der Mieter dort, wie viel Miete zahlt er, wann wurde diese zuletzt um wie viel erhöht? Im besten Fall hat die Verwaltung oder der vorherige Eigentümer eine Mieterprüfung vorgenommen, bei der das Einkommen des Mieters angegeben wurde.

Übrigens kannst du hierbei auch erkennen, inwieweit die Verwaltung eine professionelle Mieterprüfung durchführt oder ob sie einfach den Erstbesten dort einziehen lässt. Wir würden empfehlen, bei einem Mieter darauf zu achten, dass die Miete beim Einzug nicht mehr als ein Drittel seines Einkommens ausmacht. Ansonsten ist die Gefahr geboten, dass er die Miete irgendwann nicht mehr bezahlen kann oder Mieterhöhungen nur mit Diskussionen durchgesetzt werden, weil es bei ihm finanziell ohnehin schon knapp ist. Ausgenommen sind natürlich stark entwickelte Märkte wie München. Wenn dort jemand 6.000 Euro Nettoeinkommen hat und 3.000 Euro für Miete ausgibt, bleibt meist noch genug übrig.

Sollte der Verkäufer dies nicht beachtet haben, musst du prüfen, inwieweit vielleicht eine Bürgschaft vorliegt oder mittlerweile eine zweite Person, beispielsweise der Partner, mit in der Wohnung wohnt.

Zur Mieterprüfung gehört bei uns auch immer eine Befragung, natürlich nur, wenn der Mieter zustimmt. Wir fragen immer, ob der Mieter mit der Wohnung zufrieden ist oder ob etwas geändert werden sollte. Niemand kennt die Wohnung und das Objekt besser als jemand, der tagtäglich darin lebt. Gibt es Mängel in der Wohnung, ist etwas defekt oder sollte einfach mal erneuert werden? Meistens gibt es etwas zu tun. Wir fragen stets auch nach der Kommunikation mit der Hausverwaltung. Auf der einen Seite ist die Auskunft des Verkäufers sehr wichtig, denn daraus kannst du schließen, wie die Verwaltung gegenüber dem Eigentümer auftritt. Auf der anderen Seite interessiert uns aber auch, wie sie dem Mieter gegenüber auftritt. Es gibt hierbei beachtliche Unterschiede.

Wird in der Wohnung geraucht oder werden Tiere gehalten? Zwar sind dir hier rechtlich die Hände gebunden, aber bei einem Labrador als Haustier wäre es wohl ratsam, mit dem Einbau von einem neuen Parkettboden bis zum Mieterwechsel zu warten.

Bei Eigentumswohnungen fragen wir zudem, wie sich die Gemeinschaft im Objekt verhält. Gibt es Störenfriede oder Probleme wie Verschmutzung oder Lärm? Wichtig ist, dass du weißt, dass der Mieter nicht dein Geldbringer ist, sondern derjenige, der die Herrschaft über dein Objekt hat. Er soll gut damit umgehen und sich dort wohlfühlen. Es ist von Vorteil, wenn der Mieter gut auf dich zu sprechen ist. Mieterhöhungen solltest du beispielsweise nicht einfach per Post ankündigen, sondern mit ihm im Vorfeld persönlich besprechen.

Prüfe den Bauzustand

Das Thema Bauzustand ist so immens wichtig, dass wir das nicht oft genug betonen können. Wenn hier etwas unentdeckt bleibt und sich im Nachhinein als Problem herausstellt, kann deine gesamte Kalkulation kippen und das Objekt zu deutlichen Verlusten führen. Es ist unabdingbar, dass du dir ein Team von Spezialisten aufbaust. Dazu kommen wir später noch. Unbedingt nötig ist ein Experte für den Bauzustand, mit dem du Objekte gemeinsam besichtigst. Welche Schwachstellen sind auf einen Blick erkennbar oder typisch für das jeweilige Baujahr? Wo sind Probleme zu erwarten? Tausche dich hierzu mit anderen Investoren aus, die eventuell schon über mehr Erfahrung verfügen als du. Bei der Prüfung des Bauzustands solltest du immer eine Kurzeinschätzung deines Experten einfordern und um eine preisliche Einschätzung der Mängel oder Probleme bitten. Dies hilft dir zudem bei der Nachverhandlung des Preises mit dem Verkäufer. Dieser kennt die Mängel nämlich in den meisten Fällen nicht und hat keine Ahnung vom Bauzustand. Der Zeitaufwand, hier sämtliche Infos in Erfahrung zu bringen, lohnt sich. Besichtige auch den Keller und prüfe, ob es Feuchtigkeitsprobleme gibt. Aus den Unterlagen der Eigentümerversammlungen wird ersichtlich, inwieweit Probleme bereits bekannt sind. Hier spielen auch die Aussagen des Mieters über potenzielle Probleme hinein. Tiefgehende Mängel bezüglich des Bauzustandes sind meistens nur mit viel Geld zu beheben, welches dann aus Eigenkapital fließen muss. Da solche Schwierigkeiten im Normalfall erst später zutage treten, ist keine Mitfinanzierung mit dem Kaufpreis mehr möglich.

Bei einem Neubau oder einer Sanierung ist der Bauzustand bei der Abnahme ebenfalls zu prüfen. Auch hier ist die Beauftragung eines Gutachters unabdingbar. In diesem Fall geht es weniger um elementare Probleme wie Schimmelbildung, sondern darum, ob alles vertragsgerecht gebaut wurde. Du musst die Abnahme zwar quittieren, aber bei Neubauobjekten wird nach fünf Jahren nochmals geschaut, ob Baumängel bestehen, am besten mit einem Gutachter. Der Bauträger muss über diesen Zeitraum eine Gewährleistung geben. Eine gute Verwaltung wird dich darauf hinweisen, du solltest dich aber nicht blind darauf verlassen, dass dies rechtzeitig geschieht, dir den Termin notieren und für die Versammlung, die davor stattfindet, einen Tagesordnungspunkt aufnehmen lassen.

Erkenne Potenziale

Potenziale zu erkennen, ist von immenser Bedeutung. Du kannst es dir wie eine unterentwickelte Aktie vorstellen, die du kaufst und deren Zeit gekommen ist, nachdem du sie besitzt. Du musst die ungeahnten Möglichkeiten deines Objekts nur entdecken. Im Idealfall unterstützt dich dein Expertenteam bei der Ausschöpfung des Potenzials. Natürlich nimmst du nur gezielte Umbau- und Entwicklungsmaßnahmen vor, die dazu führen, dass du mehr Miete erzielen kannst oder sich der Verkaufspreis erhöht. Dazu sind wirtschaftliche Überlegungen und eine genaue Kalkulation nötig. So kann beispielsweise die Schaffung von Wohnraum, beispielsweise durch einen Dachausbau, sinnvoll sein. Die Kosten hierfür dürfen jedoch nicht aus dem Ruder laufen. Es geht darum, eine funktionierende Strategie zum betreffenden Objekt zu entwickeln und diese dann auch umsetzen zu können. Denn nur weil du denkst, dass beispielsweise ein weiteres Stockwerk auf das Haus passen würde und es statisch funktionieren könnte oder im Garten noch Platz für ein weiteres Objekt wäre, heißt das nicht, dass dein Vorhaben auch vom Bauamt genehmigt wird. Die Kunst besteht darin, die Realisierung der Maßnahmen vor dem Kauf klären zu können, um am Ende keine böse Überraschung zu erleben. Bei einzelnen Wohnungen innerhalb einer Eigentümergemeinschaft ist es natürlich sehr schwierig, umfassende Dinge zu entwickeln und An- und Umbauten durchzusetzen. Hier beschränkt sich das Potenzial meist auf das Innere deiner vier Wände. Du kannst je nach Objekt beispielsweise Grundrisse ändern, um eventuell die Nachfrage durch potenzielle Mieter zu steigern, wobei du nicht in die Statik eingreifen darfst. In den 70er- und 80er-Jahren wurde zum Beispiel viel mit Durchgangszimmern gearbeitet, wohingegen heute lieber alles offen gestaltet wird. Durch das Entfernen einer Wand kannst du sehr viel mehr Wohnqualität erzeugen. Schau dir das Objekt genau an, nimm deinen Bauspezialisten oder Architekten mit und überlege, welches Potenzial darin schlummert und wie du es entwickelt bekommst.

Bewertung

Wie genau bewertest du eigentlich ein Objekt? Ob ein Objekt sehr viel wert ist oder nicht: Entscheidend ist, welchen Preis du dafür am Markt erzielen kannst. Wozu soll die Immobilie dienen? Investoren benötigen andere Bewertungsmaßstäbe als Eigennutzer. Es gibt drei grundlegende Bewertungen eines Objekts:

- Vergleichswertverfahren
- Sachwertverfahren
- Ertragswertverfahren

Der jeweiligen Bewertungsmethode liegen vordefinierte Kriterien und Vorgehensweisen zugrunde. Es wird nicht nur das Objekt selbst, sondern es werden auch der Grund und Boden, die Außenanlagen und die Lage des Objekts ausführlich begutachtet.

Das Vergleichswertverfahren

Die Bewertung orientiert sich hierbei an vergleichbaren Immobilien, die kürzlich verkauft wurden. Natürlich müssen erst mal so viele vergleichbare Grundstücke oder auch Immobilien vorhanden sein, dass überhaupt ein Vergleich gezogen werden kann. Die relevanten Kriterien dürfen sich dabei um nicht mehr als 35 Prozent unterscheiden. Beim Vergleichswertverfahren wird die örtliche Lage, die Bodenbeschaffenheit, die Gebäudeart, Bauweise, Restnutzungsdauer und die Art der direkten Nachbarn betrachtet. Dieses Verfahren wird standardmäßig verwendet und ist sehr präzise.

Im Alltag kommt es allerdings sehr selten vor, dass du ein direktes Vergleichsobjekt zur Hand hast, maximal ein Verkauf im gleichen Haus, aber selbst das ist äußerst unwahrscheinlich. Deshalb wird die Immobilie, deren Wert ermittelt werden soll, indirekt mit mehreren anderen Objekten verglichen. Um korrekte Ergebnisse zu erhalten, solltest du beim indirekten Vergleichswertverfahren mindestens zehn andere Objekte zum Vergleich heranziehen. Der Gutachter greift bei der Berechnung auf die geführte Kaufpreissammlung der Gutachterausschüsse zurück. Dennoch sind vonseiten des Gutachters eine Menge Erfahrung und Marktkenntnisse nötig, um das Verfahren richtig anwenden zu können. Es ist normal, dass sich bei einem Vergleich zwischen der betreffenden Immobilie und den Vergleichsobjekten Abweichungen ergeben. Nach deutscher Rechtsprechung darf die Abweichung bei den einzelnen Faktoren nicht größer sein als 30 oder maximal 35 Prozent. Liegt die Abweichung darüber, sind die Immobilien nicht mehr für das Vergleichswertverfahren geeignet. Obwohl das Vergleichswertverfahren eine äußerst präzise Methode in der Immobilienbewertung ist, eignet es sich nicht für alle Immobilien. Es kann beispielsweise nicht verwendet werden bei sehr komplexen Objekten, die aus dem Rahmen fallen und für die es eventuell nicht genügend Vergleichsobjekte gibt. Ein Beispiel hierfür wäre ein individuelles Luxusobjekt in zentraler Lage. Du kannst das Vergleichswertverfahren also nur anwenden, wenn es genügend vergleichbare Objekte gibt. Das Vergleichswertverfahren ist zusammen mit dem Ertragswertverfahren bei vermieteten Objekten am sinnvollsten.

Das Vergleichswertverfahren wird in der aktuellen Marktphase meistens angewandt, allerdings ist die Basis unter der Berücksichtigung der Preise aus den Portalen schlechter, da es sich um Angebotspreise handelt.

Das Sachwertverfahren

Das Sachwertverfahren ist für dich als Investor nicht weiter relevant, denn hiermit werden lediglich Einfamilienhäuser oder Immobilien bewertet, die mit den anderen beiden Bewertungen nicht eingeschätzt werden können. Grundsätzlich geht es hierbei darum, den Grundstückswert von den Herstellungskosten des Gebäudes zu trennen und den Wert des Objekts abzüglich einer Alterswertminderung zu ermitteln. Hinzu kommt der Marktanpassungsfaktor. Es wird ermittelt, wie hoch die Kosten wären, wenn das Objekt an gleicher Stelle wieder errichtet werden sollte, abzüglich eines kleinen Prozentsatzes für das Alter, unter Berücksichtigung der Marktentwicklung und der Bodenrichtwerte.

Dieses Verfahren ist auch bei einer Besicherung relevant. Man kann einen Gutachter von der Versicherung kommen lassen, der genau diese Bewertung vornimmt. Allerdings muss die Prämie auch dementsprechend hoch sein, damit dieser überhaupt tätig wird. Aber die Versicherung fragt sich natürlich, wie teuer der Aufbau wird, wenn das Objekt abbrennt.

Das Ertragswertverfahren

Beim Ertragswertverfahren geht es darum, was dir die Immobilie in Zukunft noch einbringen wird. Berücksichtigt werden hierbei die Mieteinnahmen, die Bewirtschaftungskosten, der Liegenschaftszins (der marktübliche Zinssatz, mit dem sich der Wert eines Grundstücks über die Zeit verzinst) und der Vervielfältiger. Es wird geschaut, was genau das Objekt aufgrund der Mieteinnahmen wert ist. Dabei wird der Boden wieder getrennt vom Objekt bewertet, da das Objekt eine gewisse Nutzungsdauer hat, der Grund und Boden aber nicht. Die Ertragswertberechnung ist für Käufer wie auch für Verkäufer von Immobilien wichtig. Zunächst wird mithilfe des Vergleichswertverfahrens der Wert von Grund und Boden ermittelt. Danach wird aus sämtlichen Mieteinnahmen der Jahresrohertrag ermittelt. Von diesem werden die Bewirtschaftungskosten abgezogen. Am Ende der Rechnung werden noch eventuelle Mängel am Objekt mit in die Kalkulation einbezogen. Wie sieht die Formel aus?

Jahresmiete – Bewirtschaftungskosten = Reinertrag
Objekt Reinertrag Objekt – Bodenwertverzinsung (Bodenwert x Liegenschaftszins) = Gebäudereinertrag
Gebäudereinertrag x Vervielfältiger = Gebäudeertragswert

Wenn du ein Objekt bewertest und als Investment kaufst, wirst du mit deiner gewünschten Zielrendite oft nichts finden. Dies hängt aber vom Markt ab, in dem du dich bewegst. Beziehe in deine Kalkulation ruhig ausschöpfbare Potenziale mit ein. Beschäftige dich damit, wie du die Einnahmen nach dem Kauf steigern kannst, welche Maßnahmen sinnvoll sind und wie du zusätzliche Einnahmen generierst. Manche Banken bewerten Mehrfamilienhäuser nicht nur auf Basis der aktuellen Zahlen, sondern auch anhand geplanter Mieten (Sollbasis). Wichtig ist dabei, dass diese Mieten später auch tatsächlich erreicht werden, da die finale Bewertung erst dann abgeschlossen wird.

Bau dir ein Expertenteam auf

Um erfolgreich in Immobilien zu investieren, benötigst du ein Expertenteam an deiner Seite. Es ist schwierig, zugleich selbst Steuerspezialist, Mietrechtsexperte und Bausachverständiger zu sein und sich neben dem eigenen Hauptberuf noch allein um alle anfallenden Themen zu kümmern. Suche dir Experten, die dich bei den Themen unterstützen, in denen du nicht hundertprozentig fit bist. Immobilien-Investments sind ein Teamsport, die Frage ist: Wer sollte zu diesem Team gehören?

Sachkundiger Bauingenieur, Architekt oder Gutachter

Zuerst solltest du dir jemanden suchen, der dich bei der Prüfung des Bauzustandes unterstützt. Das kann ein Bauingenieur sein, ein Architekt oder ein Gutachter. Mit diesem Partner solltest du stets alle infrage kommenden Objekte besichtigen, bevor du sie kaufst. Zum einen bekommst du von ihm eine professionelle Einschätzung des Objekts, zum anderen kannst du bei Mängeln noch mal nachverhandeln. Diese fachkundige Einschätzung kann dir viel Geld sparen, denn manchmal sind noch so kleine Risse oder Wasserflecken ein Indiz für einen erheblichen Schaden oder ein Problem, das demnächst eintreten kann.

Wie findest du einen solchen Partner? Wir selbst haben uns an jedem Standort, an dem wir bisher tätig waren, zwei bis drei gute Gutachter gesucht. Manchmal muss es schnell gehen, und nicht jeder Gutachter ist ständig verfügbar. Wir haben diese Experten zum einen durch Empfehlungen von anderen Investoren gefunden und zum anderen aus den Gutachten der örtlichen Zwangsversteigerungen. Dort sind immer die zuständigen Gutachter genannt. Hat uns ein Gutachten aufgrund von seiner Ausführlichkeit überzeugt, haben wir dann Kontakt zu seinem

Verfasser aufgenommen. In der Regel haben auch Hausverwaltungen Gutachter, mit denen sie zusammenarbeiten, und können eine Empfehlung aussprechen. So hat sich unser Netzwerk an Bauexperten stetig vergrößert.

Was solltest du bei Einschaltung eines Gutachters beauftragen? Du benötigst weder ein Wertgutachten, noch ein zwanzigseitiges Gutachten über das gesamte Objekt, sondern lediglich eine Kurzeinschätzung. Ziel hierbei sollte es sein, zusammen mit dem Gutachter durch das Objekt zu gehen und Schwachstellen zu entdecken. Zu deren Behebung lässt du dir die nötigen Maßnahmen vorschlagen und einen Richtpreis nennen. Je nach Objekt beträgt der Umfang nur einige Seiten. Wenn du regelmäßig Objekte mit deinem Gutachter anschaust, kannst du natürlich auch preislich besser verhandeln, wenn du zum Beispiel einmal pro Monat oder noch häufiger auf ihn zukommen willst. Wir zahlen für eine solche Einschätzung zwischen 150 und 250 Euro zuzüglich Mehrwertsteuer pro Wohnung. Falls du einen Experten beauftragst, sollte der Endpreis mit Mehrwertsteuer unter 400 Euro liegen. Eine solche Einschätzung findest du auf unserer Internetseite im Mitgliederbereich.

Steuerberater mit Schwerpunkt Immobilien

Dein zweiter wichtiger Partner sollte ein guter Steuerberater sein, der Ahnung von den steuerlichen Auswirkungen eines Immobilien-Investments hat. Damit soll nicht gemeint sein, dass er weiß, wie du die Einnahmen aus Vermietung und Verpachtung in deine Steuererklärung eintragen sollst, sondern vielmehr sollte er dazu in der Lage sein, dir strategische Tipps zu geben, insbesondere, wenn es um den Kauf oder Verkauf oder um etwaige Maßnahmen im und am Objekt geht. Je genauer sich dein Steuerberater mit den steuerlichen Hintergründen im Bereich Immobilien auskennt, desto besser. Uns selbst ist es passiert, dass ein ehemaliger Steuerberater versäumt hat, die Abschreibung einer Immobilie zu berücksichtigen. Ein anderes Mal hieß es, dass ein gewisses Gesellschaftskonstrukt, mit dem wir Objekte kaufen wollten, rechtlich nicht funktionieren würde, was sich allerdings später als falsch herausstellte. Auch wenn es schwierig ist, einen guten Spezialisten zu suchen, solltest du diese Arbeit auf dich nehmen, denn ein guter Steuerberater ist ein unverzichtbarer strategischer Partner. Gerade im Hinblick auf Modernsierungen (besonders innerhalb von drei Jahren nach Anschaffung, Anschaffungsnaher Aufwand) oder Fix and Flip Deals sollte er bei jeder Transaktion schon vor Ankauf und Finanzierung involviert werden.

Kompetente Hausverwaltung

Der dritte Partner ist ein kompetenter Hausverwalter. Du weißt inzwischen, wie sich aus Sicht eines Immobilien-Investors gute von schlechten Hausverwaltungen unterscheiden. Deshalb genügt an dieser Stelle eine kurze Zusammenfassung. Du benötigst eine Hausverwaltung, die für dich das Management deines Objekts übernimmt und die sich mit Mietangelegenheiten auskennt. Dazu gehört beispielsweise das Vorgehen, wenn die Mietzahlung nicht eingeht, die Koordination einer nahtlosen Neuvermietung und auch die Organisation der einen oder anderen Modernisierung. Der Verwalter ist als Partner genauso wichtig wie der Baugutachter und der Steuerberater. Entstehen hier Versäumnisse, droht am Ende nicht nur der Schaden in Höhe der entgangenen Miete, sondern auch ein niedrigerer Gewinn beim Verkauf.

Makler als Vertriebshilfe

Der Vierte im Bunde sollte ein Makler sein oder zumindest jemand, der ein gutes Netzwerk hat und dir die entsprechenden Deals besorgen kann. Neben attraktiven Objekten ist es wichtig, eine gute persönliche Beziehung zu pflegen. Die Möglichkeit, noch Folgegeschäfte machen zu können, findet jeder Anbieter einer Dienstleistung gut. Beim Thema Einkaufsquellen hast du ja bereits alles zum Thema Makler gelesen, und du weißt, wie du bei einem guten Makler punkten kannst. Er unterstützt dich auch bei Käufen, die nicht durch ihn vermittelt werden, was Preis und Lageeinschätzung betrifft. Hier solltest du ihm ein Honorar für die Einschätzung zahlen. Er wird dann auch deine Immobilien zukünftig am Standort zum Bestpreis vermarkten sowie Aufträge für die Neuvermietung durchführen. Alles in allem eine Win-win-Situation.

Anwalt mit Schwerpunkt Immobilienrecht

Sobald du mehrere Immobilien im Bestand hast, wird irgendwann der Zeitpunkt kommen, an dem du rechtlichen Beistand benötigst. Manchmal ist dies bereits beim Ankauf der Fall. Ob für die Prüfung von Kaufverträgen, bei einer ungerechtfertigten Mietminderung oder zur Durchsetzung einer Mieterhöhung: Zu deinem Team sollte in jedem Fall ein Anwalt gehören, der sich mit Immobilienangelegenheiten auskennt. Auch wenn du dessen Hilfe hoffentlich nicht allzu oft benötigst, solltest du bei drohenden Rechtsstreitigkeiten einen guten Partner haben, wenn es darauf ankommt.

Allround-Handwerker

Darüber hinaus solltest du ein gutes Netzwerk an fähigen und ehrlichen Handwerkern in deinem Netzwerk haben, zumindest ab einer gewissen Größe und Schlagzahl an Einkäufen. Es gibt meistens beim Mieterwechsel etwas zu tun, und wenn du jemanden hast, der handwerkliche Angelegenheiten schnell und gut lösen kann, ist das Gold wert. Sei es ein neuer Fußboden, die Fliesen im Badezimmer oder der Anstrich des Hauses: Ein Allrounder im Team lohnt sich. Es kostet viel Zeit, jedes Mal nach Handwerkern zu recherchieren und Firmen anzuschreiben. Zudem droht die Gefahr, dass du ansonsten teure Handwerker engagieren musst, die eventuell auch noch schlechte Arbeit leisten. Natürlich sind Handwerker momentan extrem ausgelastet. Daher solltest du auch immer einen Ersatzhandwerker zur Verfügung haben. Erfahrungsgemäß sind die Handwerker der Hausverwaltungen nicht unbedingt die günstigsten. Deswegen solltest du dir zwar Empfehlungen holen, aber trotzdem auf eigene Faust suchen.

Alle diese Experten – Finanzierungsprofis, Sachverständige, Energieberater, Hausverwalter, Einkaufsprofis und Steuerberater – sind essenziell, um als Immobilieninvestor langfristig erfolgreich zu sein. Doch sie einzeln zu finden, zu bewerten und effektiv in die eigene Strategie einzubinden, kostet nicht nur Zeit, sondern auch Nerven.

Im unserem Accelerator Dealmaker bekommst du genau dieses Netzwerk aus erfahrenen Experten direkt an die Hand – ohne mühsame Suche, ohne teure Fehlentscheidungen. Stattdessen arbeitest du von Anfang an mit den richtigen Fachleuten zusammen, die täglich selbst in Immobilien investieren und genau wissen, worauf es ankommt.

Hier geht es nicht nur um Theorie, sondern um echte Umsetzung: In acht Monaten machst du vier rentable Deals – mit professioneller Unterstützung in jeder Phase. Das ist der Unterschied zwischen »es irgendwie versuchen« und »es direkt richtig machen«.

Viele unserer Teilnehmer sind schon seit 2021 dabei – nicht, weil sie es müssen, sondern weil sie mit unserem Netzwerk kontinuierlich Top-Deals abschließen und wachsen.

Letztlich kannst du natürlich selbst versuchen, dir all diese Kontakte zu erarbeiten. Oder du entscheidest dich für den direkten Weg: den Accelerator Dealmaker – wo du mit den Experten investierst, statt nur von ihnen zu lernen.

Welche Reise du mit immlab gehen kannst, um ein professioneller Immobilieninvestor zu werden, erfährst du auf Seite 285 in der detaillierten Beschreibung der immlab-Journey.

Tools für die Einschätzung und Analyse

Wenn du Objekte prüfst, solltest du gewisse Tools nutzen, da die Angelegenheit ansonsten sehr komplex und langwierig wird.

Spot Locator

Eine umfassende Standortanalyse kann schnell aufwendig werden, wenn man sich die relevanten Daten aus verschiedenen Quellen zusammensuchen muss. Es gibt viele kostenlose Tools, aber der Spot Locator, den wir gemeinsam mit Empirica entwickelt haben, bietet eine deutlich effizientere Lösung. Mit nur einem Klick erhältst du alle wichtigen Standortdaten – von Leerstand über Bevölkerungsentwicklung bis hin zu detaillierten Reports.

Du sparst dir damit Wochen an Recherchezeit und kannst deine Standortanalyse einfacher und schneller durchführen. Schau dir den Spot Locator auf unserer Webseite an – wenn du viel Zeit sparen willst, ist das genau das richtige Tool für dich.

Statistiken und Durchschnittspreise auf Online-Immobilienportalen

Weiterhin kannst du die einschlägigen Tools nutzen, um einen Überblick zu bekommen, wie vergleichbare Objekte aktuell gehandelt werden. Bei Immowelt zum Beispiel kannst du auch Statistiken und Durchschnittspreise nach Postleitzahlen und Wohnungsgrößen recherchieren. Bei Immobilienscout24 hingegen kannst du die Preisentwicklung der letzten Jahre bezüglich Vermietung und Verkauf sehen, wenn du auf ein Inserat klickst und nach unten scrollst. Das letzte Jahr ist allerdings nur sichtbar, wenn du einen Account hast. Für eine grobe Einschätzung sind die Portale eine gute kostenlose Adresse.

immlab-Dealfinder

Eines der wichtigsten Tools für uns ist der immlab-Dealfinder. Dort werden die Inserate aller gängigen Portale zusammengefasst. Eine kostenlose Version gibt es nicht mehr, doch mit der aktuellen Version können alle Transaktionen als Excel-Tabelle exportiert werden. Es sind sämtliche Eigenschaften der Objekte aufgeführt, wie Balkon, Tageslichtbad, Stellplatz oder Küche.

Für Investoren sind wertvolle Funktionen integriert: Die Historie zeigt vergangene Preisreduzierungen, und doppelt inserierte Objekte können erkannt werden, wenn sie aufgrund niedriger Nachfrage erneut veröffentlicht wurden. Eine besonders wichtige Information ist die Vermarktungsdauer, mit der genau ersichtlich wird, wie lange Objekte online sind – essenziell für die Preisfindung und Leerstandskalkulation.

Zusätzlich bietet der immlab-Dealfinder viele statistische Analysen zu Themen wie Wanderungssaldo, Kriminalität und Kaufpreisverteilung. Verschiedene Karten, etwa zu Sanierungsgebieten, Bauplanungen oder Lärmbelastung, sind ebenfalls enthalten – allerdings sind nicht alle Daten in jeder Stadt verfügbar. Das Tool ist direkt auf immlab.de erhältlich.

Kalkulationstool

Um deine Kalkulation anzufertigen, benötigst du ein Kalkulationstool. Wir empfehlen dir dazu unser eigenes Kalkulationstool, welches du kostenlos auf immlab.de im Downloadbereich herunterladen kannst. Sofern dir alle Daten vorliegen, bekommst du hiermit einen kompletten Überblick über das zu prüfende Objekt. Das Tool ermöglicht es dir, alles genauestens durchzukalkulieren. Auch Exit-Szenarien, möglicher Mietausfall, Steuern, Bewirtschaftung, Prognosen und viele andere relevante Themen sind hier berücksichtigt. Was ist das Ziel dieses Tools? Sobald du ein Objekt als potenziell interessant erachtest, kannst du tiefer einsteigen und genaue Berechnungen durchführen.

Weitere Tools

Es gibt darüber hinaus verschiedene weitere Tools, darunter kostenpflichtige Berechnungstools und Apps zur Immobilienbewertung. Du musst für dich festlegen, welche Informationen für dich relevant sind und welche Werte du benötigst. Wenn du die Kalkulation mit einer selbst erstellten Excel-Tabelle durchführen kannst, ist das auch gut. Es gibt nicht den einen richtigen Weg für die Kalkulation – wichtig ist, dass du zu verlässlichen Ergebnissen kommst.

Am Ende einer Objektprüfung solltest du einen konkreten Überblick über das Objekt haben und eine fundierte Entscheidung treffen können. Wenn die objektiven Gründe und die Kalkulation dafür sprechen, das Objekt zu kaufen, solltest du dennoch auf ein stimmiges Bauchgefühl achten. Wenn die Zahlen stimmen, du nachts aber nicht mehr schlafen kannst, ist die Immobilien-Investition wahrscheinlich der falsche Weg. Umgekehrt gilt das Gleiche: Wenn du dich in das Objekt verliebt hast, die Zahlen aber nicht stimmen, solltest du ebenfalls vom Kauf Abstand nehmen.

Wie dich der Leverage Effect (Hebeleffekt) auf das nächste Plateau bringt

Ob dein Immobilien-Investment finanziert wird, liegt in der Hand der Bank. Deswegen ist sie für Investoren beim Aufbau eines Portfolios ein wichtiger Stützpfeiler. Durch regulatorische Vorgaben und sich verändernde Marktbedingungen kann es für Investoren eine Herausforderung sein, Kredite zu erhalten. Eine Immobilie zu kaufen, ist der erste Schritt. Eine gute und nachhaltige Finanzierung auf die Beine zu stellen, erfordert jedoch viel Planung und Strategie. Wiederkehrende Käufe und der Aufbau eines Portfolios verlangen eine völlig andere Herangehensweise als der Kauf einer Eigentumswohnung oder der Einzug in ein selbstgenutztes Haus.

Die Finanzierung ist ein entscheidender Faktor auf dem Weg zu einem profitablen Investment. Um dich für die richtige Finanzierung entscheiden zu können, musst du dir im Vorfeld Gedanken über deine strategischen Ziele machen und dich über mögliche Darlehensstrukturen und Bedingungen informieren. Es gibt eine Vielzahl an verschiedenen Finanzierungsquellen. Durch eine maßgeschneiderte Finanzierung trägst du erheblich zu deiner Profitabilität und Flexibilität bei.

Als Investor musst du dich im Bereich Finanzierung auskennen. Du kannst zwar die Umsetzung delegieren, nicht aber den Aufbau des notwendigen Know-hows oder die Kontrolle. Für viele Investoren ist die Immobilienkarriere vorbei, wenn sie dies nicht beachten. Im schlimmsten Fall musst du ein Jahrzehnt mit einem überhaupt nicht lukrativen Investment und einem laufenden Darlehen aussitzen. Wenn du über das Thema Finanzierung Bescheid weißt, hast du im Gespräch mit Banken und anderen Finanzierungsquellen ein besseres Standing. Zudem kann dir finanzielles

Know-how dabei helfen, bessere Konditionen herauszuschlagen oder teure Finanzierungslösungen zu durchschauen und zu vermeiden.

Lohnt es sich, wenn du dir Gedanken über eine Fremdfinanzierung machst? Ein zentraler Dreh- und Angelpunkt bei Investments ist die Hebelung durch Fremdkapital, zum Beispiel durch einen Bankkredit. Der große Unterschied zu Aktien und Edelmetallen ist, dass bei Immobilien 100 Prozent des Kaufpreises und manchmal sogar noch mehr fremdfinanziert werden kann, vorausgesetzt, du bringst eine entsprechend gute Bonität mit.

Stellen wir zwei Investoren einander gegenüber (vgl. Abbildung 23: Vergleichsrechnung Eigen- und Fremdfinanzierung). Der eine Investor finanziert eine Immobilie komplett aus Eigenkapital. Der zweite Investor nutzt eine Bankfinanzierung und finanziert 100 Prozent des Kaufpreises.

Objekt	Investor A mit Eigenkapital	Investor B mit Fremdkapital
Kaufpreis	150.000 €	150.000 €
Kaufnebenkosten (5,5 Prozent)	8.250 €	8.250 €
Eigenkapital	158.250 €	8.250 €
Fremdkapital	0 €	150.000 €
Kaltmiete	650 €	650 €
Bewirtschaftung & Instandhaltung	88 €	88 €
Eigenkapital Rendite	2,91 %	16,5 %

Abbildung 23: Vergleichsrechnung Eigen- und Fremdfinanzierung ohne Wertsteigerung

Wie du siehst, hat eine Fremdfinanzierung mehrere Vorteile. Merke: Je höher der Eigenkapitaleinsatz, desto niedriger ist die Eigenkapitalrendite. Diese bezieht sich nämlich nur auf das eingesetzte Eigenkapital. Mit anderen Worten: Indem auch das Fremdkapital eine Rendite für dich abwirft, erhöht sich der Prozentsatz, mit dem sich dein Eigenkapital verzinst.

Weitere Vorteile der Darlehensaufnahme:

- ❒ Du kannst die Darlehnszinsen steuerlich absetzen.
- ❒ Weniger Eigenkapitaleinsatz und somit die Möglichkeit, ein größeres Portfolio aufzubauen

- Der Wert der Immobilie nimmt durch die Inflation nicht ab, der des Darlehens schon. Dadurch entstehen sogenannte Inflationsgewinne.

Die Berechnung haben wir mit unserem Excel-Kalkulationstool durchgeführt. Du findest sie im Download-Bereich auf immlab.de. Nun hast du gesehen, dass eine Fremdfinanzierung absolut sinnvoll sein kann. Allerdings funktioniert der Leverage Effect auch in die andere Richtung. Wenn du ein Objekt mit hohem Fremdkapital hebelst und es aufgrund eines Notverkaufs veräußern musst, der Markt einbricht, das Mietniveau sinkt oder hohe Sonderumlagen fällig werden, kannst du Verluste erleiden, die weit über das eingesetzte Kapital hinausgehen. Deswegen sind eine Prüfung und Kalkulation in Zusammenarbeit mit deinem Team absolut notwendig. Zudem solltest du dir eine hohe Cashreserve zulegen, wenn du mit wenig Eigenkapital die Objekte erwirbst. Diese sollte zu jeder Zeit zur Verfügung stehen. Dass diese Rücklage wenig Erträge erwirtschaftet, ist zweitrangig. Denn das Immobilien-Portfolio baut überproportionale Erträge und Werte auf. Wir selbst haben aktuell eine Cashquote im Verhältnis zu unserem Portfolio von circa 10 Prozent. Wenn du beispielsweise für 500.000 Euro ein Portfolio erwirbst und den Kaufpreis finanzierst, solltest du dir mindestens 50.000 Euro Cashrücklage anlegen. Wenn du dann die Immobilienerträge und den Wert steigerst und parallel die Darlehen tilgst, kannst du diese nach und nach auflösen.

Werfen wir nun zunächst einen Blick auf das allgemeine Marktgeschehen.

Warum Zinsen sich in Zyklen bewegen

Die Deutschen sind sehr risikoscheu, und deswegen haben Banken und Versicherungen ein leichtes Spiel. Spätestens, wenn der Banker dich zu einer langen Zinsbindung drängt, solltest du stutzig werden. Denke an den lateinischen Ausdruck: »Cui bono?«, der so viel bedeutet wie: »Wem gereicht das zum Vorteil?« oder auch: »Wem nützt es?« Wenn du genau hinschaust, profitiert von der langen Zinsbindung vor allem die Bank. Genauso verhält es sich mit anderen Absicherungsprodukten wie Lebensversicherungen, Bausparverträgen oder Berufsunfähigkeits- und Restschuldversicherungen. Im Grunde bezahlst du die Bank dafür, dass sie mit den Absicherungsprodukten ein geringeres Risiko auf sich nimmt. Deswegen ist es wichtig, nicht auf alle Marketingtricks hereinzufallen, sondern hinter die Kulissen zu schauen.

Ein Darlehen mit zehnjähriger Zinsbindung nützt vor allem der Bank, da sie ihre Einnahmen über den gesamten Zeitraum hinweg genau planen kann. Als Kunde kannst du das Darlehen während dieses langen Zeitraums nur außerordentlich kündigen und musst dann eine hohe Entschädigung bezahlen, die sogenannte Vorfälligkeitsentschädigung.

Diese hat es meistens in sich, weil mit ihr der Zinsschaden der Bank ausgeglichen werden soll. Die Veräußerung einer Immobilie innerhalb der Laufzeit eines festen Darlehens mit Sollzinsbindung ist daher in der Regel ausgesprochen wenig lukrativ. Im schlimmsten Fall droht dir der finanzielle Ruin. Besonders schwerwiegend wirken sich Vorfälligkeitsentschädigungen aus, wenn du von einer Hoch- in eine Niedrigzinsphase kommst. Denn die Bank kann dein vorzeitig zurückgezahltes Geld nun nur noch für geringere Zinsen verleihen, und das musst du dann ausgleichen. Dieser Schaden wird dann bis zum Zinsbindungsende (bei längeren Zinsbindungen auf maximal zehn Jahre Zinsbindung) berechnet. Anders herum kann es möglicherweise passieren, dass gar keine oder nur eine niedrige Vorfälligkeitsentschädigung zu zahlen ist. Das kann passieren, wenn wir von einer Niedrig- in eine Hochzinsphase kommen.

Zum Thema Vorfälligkeitsentschädigung kommen wir später noch. Zunächst beschäftigen wir uns mit dem Thema Zinsen und den Faktoren, die ihre Entwicklung beeinflussen. Aussagen dazu sind immer mit Unsicherheiten verbunden, da Zinsen langfristigen Zyklen folgen und von wirtschaftlichen Rahmenbedingungen abhängen. Es bleibt daher entscheidend, den Markt im Blick zu behalten und Entwicklungen richtig einzuordnen.

Solltest du deine Objekte also stets mit variablem Zinssatz finanzieren? Nein. Du benötigst eine Zinsstrategie, da variable Darlehen in der Haushaltsrechnung mit einem hohen Kapitaldienst, also einer hohen

Rate, angesetzt werden. Dazu erfährst du später mehr. Wichtig ist es, einen Plan in der Hinterhand zu haben, um eine etwaige Hochzinsphase abzufedern. Für dich als Immobilien-Investor ist es wichtig, die Zinsentwicklung im Blick zu behalten, da sie Einfluss auf deine Finanzierungsstrategie hat. Zwar lassen sich Zinsbewegungen nicht mit absoluter Sicherheit vorhersagen, aber es gibt Anhaltspunkte, die auf Veränderungen hinweisen können. Zentralbanken passen ihre Geldpolitik regelmäßig an wirtschaftliche Entwicklungen an, was sich auf den Leitzins auswirkt. Wenn du eine variable Finanzierungsstrategie hast, solltest du solche Anpassungen nicht verpassen und deine Finanzierung entsprechend überprüfen. Da sich die Marktmechanismen stetig weiterentwickeln, ist es ratsam, sich nicht nur auf alte Muster zu verlassen, sondern die aktuellen wirtschaftlichen Rahmenbedingungen zu berücksichtigen.

Den perfekten Zeitpunkt abzupassen und dann einen Strategiewechsel zu vollziehen, ist die Königsdisziplin und für Einsteiger meistens ungeeignet. Deswegen ist es am Anfang in der Regel besser, längere Zinsbindungen einzugehen.

Es gibt für variable Darlehen Absicherungsinstrumente, die ich in diesem Kapitel beschreibe, wie etwa ein Cap-Darlehen.

Der makroökonomische Zusammenhang im Hinblick auf die Zinshöhe

Die Entwicklung der Zinsen wird maßgeblich durch geldpolitische Entscheidungen der Europäischen Zentralbank (EZB) und wirtschaftliche Rahmenbedingungen beeinflusst. In der Vergangenheit wurden durch expansive Maßnahmen Märkte mit Liquidität versorgt, um wirtschaftliche Abschwünge abzufedern. Dies hatte Auswirkungen auf Sparer, Kreditnehmer und Staatsfinanzierungen.

Zentralbanken steuern Zinsen durch Anleihekäufe, Liquiditätszufuhr und geldpolitische Maßnahmen, um Inflation und Wachstum zu beeinflussen. Eine Reduzierung der Geldmenge könnte Zinsen steigen lassen, würde aber auch die Kosten für Staatsfinanzierungen erhöhen. Deshalb bleibt die Balance zwischen Marktstabilität, Inflation und Finanzierungskosten eine zentrale Herausforderung.

Für Anleger bedeutet dies, dass klassische Sparformen durch wirtschaftliche Entwicklungen entwertet werden können. Wer langfristig finanzielle Sicherheit anstrebt, sollte sich mit Sachwerten wie Immobilien beschäftigen, da diese durch Fremdfinanzierung und Inflationsschutz attraktive Möglichkeiten bieten.

Zusammenfassung

Die Entwicklung der Zinsen hängt von wirtschaftlichen Rahmenbedingungen und geldpolitischen Entscheidungen der EZB ab. Zinserhöhungen stehen oft im Zusammenhang mit steigender Inflation oder veränderten Marktbedingungen. Da Zentralbanken ein Gleichgewicht zwischen Inflation, Wachstum und Finanzierbarkeit anstreben, erfolgt eine Anpassung der Geldpolitik in der Regel schrittweise.

Grundwissen: Kreditverträge

Im Zusammenhang mit Kreditverträgen gibt es eine Vielzahl von Fachbegriffen. Damit wir die gleiche Ausgangssituation haben, erfährst du nachfolgend mehr dazu.

Zwei Zinsarten, die du kennen solltest: Nominalzins und Effektivzins

Es lohnt sich, wenn du dich ausgiebig mit dem Darlehenszinssatz beschäftigst, da dieser eine entscheidende Stellschraube in deiner Finanzierung darstellt. Im Normalfall werden bei einem Immobilienkredit zwei verschiedene Zinssätze angegeben:

❐ der Nominalzinssatz
❐ der Effektivzinssatz

Unter dem Nominalzinssatz ist der Zinssatz zu verstehen, der auf den Darlehensbetrag für die jeweilige Zinsperiode berechnet wird. Wenn du Kreditangebote erhältst, ist das der Zinssatz, mit dem geworben wird. Grundsätzlich gilt: Je niedriger der Nominalzinssatz ist, desto günstiger ist deine Finanzierung.

Wovon hängt die Höhe des Nominalzinssatzes ab?

❐ aktuelle Lage der Finanzmärkte

❐ persönliche Bonität

❐ Wert der Immobilie, die du finanzieren möchtest

❐ Beleihungswert der Immobilie (zum Beleihungswert kommen wir später)

Der Effektivzinssatz ist der anfängliche effektive Jahreszinssatz. Hier werden alle Kosten eingerechnet. Zudem wird die Tilgungsstruktur berücksichtigt. Der Effektivzinssatz ist demzufolge gleich oder höher als der Nominalzinssatz. Beide werden in Prozent pro Jahr ausgedrückt. Die rechtliche Grundlage hierfür bildet § 6 der Preisangabenverordnung.

Welche Kosten können im Effektivzins enthalten sein?

❐ Disagio

❐ Zinszuschläge für Teilauszahlungen

- ❐ Bearbeitungsgebühren
- ❐ Kosten für die Immobilienbewertung
- ❐ Kontoführungsgebühren
- ❐ Kreditvermittlungskosten
- ❐ Tilgungsverrechnung
- ❐ Provision für die Darlehensvermittlung

Als Immobilien-Investor kannst du mit dem Effektivzinssatz relativ wenig anfangen, da er weder die Gesamtzinslast in Euro noch die Laufzeit deines Kredites bis zur vollständigen Tilgung beziffert. Du kannst dich erst dann für oder gegen ein Investment entscheiden, wenn du die tatsächliche Gesamtzinslast bis zur vollständigen Rückzahlung des Kredites berechnet hast. Es ist unabdingbar, die gesamten Kosten einer Darlehensfinanzierung im Blick zu behalten. Eine besonders hohe Differenz zwischen Nominal- und Effektivzins lässt Rückschlüsse auf hohe Gebühren zu, wie sie beispielsweise bei einem Sofortdarlehen mit Bausparvertrag üblich sind.

Was du über die Vorfälligkeitsentschädigung wissen musst

Die sogenannte Vorfälligkeitsentschädigung ist in § 490 Abs. 2 BGB geregelt. Sie impliziert, dass du eine Entschädigung bezahlen musst, wenn du dein aufgenommenes Darlehen vorzeitig, also vor Ende des vereinbarten Zinsbindungsendes (innerhalb von zehnjähriger Zinsbindung), zurückzahlst. Voraussetzung hierfür ist, dass du dich im Vorfeld für eine Festzinsvereinbarung entschieden hast. Übrigens darfst du als Kreditnehmer ein Darlehen nur dann vorzeitig zurückzahlen, wenn ein berechtigtes Interesse vorliegt. Dazu gehört beispielsweise ein Verkauf des beliehenen Objekts oder eine Nachbeleihung, bei der die darlehensgebende Bank kein Angebot machen kann. Der Zinsschaden darf maximal bis zum Zinsbindungsende berechnet werden, jedoch nicht für einen längeren Zeitraum als zehn Jahre nach Darlehensabschluss. Dies ist im BGB geregelt und ergibt einen klaren Vorteil für Darlehen, deren Zins auf mehr als 10 Jahre festgeschrieben ist. Du kannst nach zehn Jahren jederzeit ordentlich kündigen, die Bank kann das jedoch nicht. Es gibt allerdings auch hier wieder eine Ausnahme. Die BBBank e.G. bietet in der Regel zehn Jahre Zinsbindung mit einer Option auf weitere fünf Jahre Zinsbindung an (10 + 5 und nicht 15 Jahre). Hier schließt man dann einen neuen Darlehensvertrag zu alten Konditionen für fünf Jahre ab und kann den Vorteil der normalen 15-jährigen Zinsbindung nicht nutzen. Eine andere Bank mit diesem Modell ist uns stand heute nicht bekannt.

Welcher Schaden entsteht der Bank durch eine vorzeitige Rückzahlung des Darlehens?

Refinanzierungsschaden

Als du den Kredit damals abgeschlossen hast, hat ihn deine Bank am Kapitalmarkt refinanziert. Zahlst du deinen Kredit nun vorzeitig zurück, bleibt der Bank nichts anderes übrig, als die Refinanzierung aufzulösen. Es ist durchaus möglich, dass sich die Marktzinsen inzwischen verändert haben. Das heißt, deine Bank kann das Geld nicht mehr zum gleichen Marktzins wie damals anlegen, sondern muss eventuell einen niedrigeren Zinssatz in Kauf nehmen. Der daraus resultierende Refinanzierungsschaden ist immer dann besonders hoch, wenn die Zinsen, die du in deinem Kredit vertraglich vereinbart hast, höher sind als der aktuelle Marktzins zu dem Zeitpunkt, an dem du deinen Kredit vorzeitig zurückzahlen möchtest.

Der Margenschaden

Indem du deinen Kredit vorzeitig zurückzahlst, vermindert sich der Gewinn deiner Bank. Wie erzielt die Bank Gewinn? Indem sie von dir einen höheren Kreditzins fordert, als sie selbst für die Refinanzierung am Kapitalmarkt bezahlt. Diese Zinsdifferenz wird Marge genannt. Wenn du nun deinen Kredit vorzeitig zurückzahlst, kann deine Bank genau diese Marge für den ursprünglich geplanten Zeitraum nicht mehr erzielen. Wie wird der Margenschaden berechnet? Die ständige Rechtsprechung hat entschieden, dass die Bank eine Netto-Zinsmarge ansetzen muss, die um die eingepreisten Risikokosten und den ersparten Verwaltungsaufwand vermindert wird.

Der Gesamtschaden für die Bank ergibt sich aus dem Refinanzierungsschaden und dem Margenschaden. Daraus leitet sich die Höhe der Vorfälligkeitsentschädigung ab, die auf den Zeitpunkt der Zahlung abzuzinsen ist. Zusätzlich sind Sondertilgungsoptionen zu berücksichtigen (in der Regel sind bei Kreditverträgen 5 bis 10 Prozent Sondertilgung pro Jahr vereinbart). Dabei wird man so gestellt, als hätte man das Sondertilgungsrecht bis zum Zinsbindungsende immer ausgeübt. Auf den dadurch geringeren Kreditbetrag wird auch keine Zinszahlung fällig, die die Bank berechnen darf. Die Berechnung kostet in der Regel zwischen 100 und einmalig 150 Euro, wobei diese Kosten aktuell rechtlich diskutiert werden. Du solltest die Berechnung der Vorfälligkeitsentschädigung in jedem Fall zusätzlich von einem unabhängigen Experten kontrollieren lassen.

Ein Tipp aus der Praxis: Manchmal sind die Zinskonditionen bei Kreditabschluss nicht verhandelbar, aber eine jährliche Sondertilgungsoption in Höhe von 10 Prozent ist ohne Zinszuschlag möglich. Das mindert im Falle des Falles die Vorfälligkeitsentschädigung extrem – und ist daher durchweg empfehlenswert.

Was passiert eigentlich, wenn du einen Kreditvertrag geschlossen hast, ihn aber durch unerwartete Probleme niemals antrittst und aus der Widerrufsfrist raus bist? Mögliche Gründe hierfür könnten beispielsweise sein, dass du ein besseres Angebot entdeckt hast oder dir das Wunschobjekt in letzter Minute vor der Nase weggeschnappt wurde. Leider hast du in diesem Fall Pech gehabt.

Die Bank benennt die Vorfälligkeitsentschädigung in solchen Fällen einfach in eine Nichtabnahmeentschädigung um, was aber an der Berechnung nichts ändert. Das Schlimme hierbei ist, dass der Zinsschaden auf die volle Zinsbindung anfällt und allein deswegen sehr hoch sein wird. Aus diesem Grund solltest du den Notartermin immer während der Widerrufsfrist von beiden Seiten vollzogen haben. Am besten holst du dir erst eine schriftliche Finanzierungsbestätigung mit Höhe der Darlehenssumme ein und unterschreibst den Darlehensvertrag nach dem Notartermin und nachdem alle Genehmigungen eingeholt, Lastenfreistellung erteilt und Vorkaufsrechte ausgeübt wurden.

Ein weiteres Problem sind Darlehensverträge, die nicht getilgt werden und eine Zinsfestschreibung beinhalten. Denn ohne Tilgung und Sondertilgungsoption verringert sich die Restschuld nicht; die laufenden Raten decken ausschließlich die Zinslast ab. Bei solchen Darlehen ist der Zinsschaden enorm hoch. Diese Darlehen nennen sich endfällige Darlehen mit Tilgungsaussetzung mit zusätzlichem Sparvertrag (kapitalbildende Lebensversicherung oder Bausparvertrag). Wir kommen später noch dazu. Abbildung 24 zeigt eine beispielhafte Berechnung der Vorfälligkeitsentschädigung für ein Annuitäten- und ein endfälliges Darlehen:

	Darlehen mit Tilgung	Darlehen ohne Tilgung
Darlehensstand	150.000 €	150.000 €
Zinsatz	2,5 %	2,5 %
Rate	600 €	312,50 €
Zinsbindung	10 Jahre	10 Jahre
Kündigung	4 Jahre vor Ablauf Zinsbindung	4 Jahre vor Ablauf Zinsbindung
optimale Sondertilgung	7.500 €	keine
Vorfälligkeitsentschädigung	13.709,66 €	18.370,80 €

Abbildung 24: Vergleich Vorfälligkeitsentschädigung bei einem Annuitätendarlehen und einem endfälligen Darlehen

Wie du siehst, ist die Vorfälligkeitsentschädigung bei einem Darlehensstand von 150.000 Euro extrem hoch. Da die Zinszahlungen bei Darlehen ohne Tilgung höher sind, da sich eben die Kreditsumme nicht durch laufende Tilgung verringert, entsteht der Bank ein höherer Verlust und Margenschaden. Bei diesem Beispiel macht der Unterschied zu einem Annuitätendarlehen fast 5.000 Euro aus. Wenn du deine Immobilie kurzfristig verkaufen musst, werden nicht nur Steuern fällig (bei einem Verkauf innerhalb der Spekulationsfrist oder bei gewerblichem Grundstückshandel), sondern auch die Vorfälligkeitsentschädigung. Das sind Punkte, die dir im Bankgespräch in der Regel niemand verrät und die oft unterschätzt werden.

Pfandtausch statt Vorfälligkeitsentschädigung

Hast du schon einmal davon gehört, dass du die Vorfälligkeitsentschädigung mit einem Pfandtausch umgehen kannst? Darunter ist ein Objekttausch zu verstehen, der im Rahmen einer Immobilienfinanzierung stattfindet. Allerdings liegt es im reinen Ermessen der Bank, ob sie sich darauf einlässt oder nicht. Ein Pfandtausch könnte beispielsweise dann für dich sinnvoll sein, wenn du gerade ein Objekt verkauft hast und dir nun parallel eine neue Immobilie kaufst oder auch baust. Beim Pfandtausch behältst du die Inhalte und auch die Konditionen deines bisherigen Darlehensvertrags bei. Nur die Bezeichnung des Sicherungsobjekts wird entsprechend geändert. Für die Bank ist einzig entscheidend, dass dein neues Objekt genauso viel wert ist wie das vorhergehende. Sollte dies nicht der Fall sein, muss sich die aktuelle Restschuld in dem Preisrahmen bewegen, zu dem die bisherigen Konditionen passen. Deine Bank wird das neue Objekt einschätzen und dann entscheiden, ob sie dem Pfandtausch zustimmt.

Was du tun kannst, wenn der Wert des neuen Objekts niedriger ist

Wenn du Pech hast, lehnt deine Bank den Pfandtausch ab. Wenn du jedoch ein gutes Verhältnis zu deinem Kreditinstitut hast, wird dir eventuell unter Beibehaltung der ursprünglichen Zinsfestschreibungsdauer ein höherer oder gleicher Zinssatz angeboten.

Wie läuft ein Pfandtausch ab?

Wenn du das Objekt verkaufst, wird der Kaufpreis auf einem Bankkonto (Sperrkonto) für dich gesperrt, bis das neue Objekt zur Verfügung steht. Bis dahin musst du die Raten weiter zahlen und kannst keine Zinsen steuerlich absetzen, da aus Sicht des Finanzamtes die Gewinnerzielungsabsicht fehlt, es sei denn, du kannst plausibel machen, dass es ausschließlich der Anschaffung eines neuen Objekts und der Generierung neuer Einnahmen dient. Im Anschluss wird dein neues Objekt genau wie bei der Erstentscheidung bewertet. Wenn der Pfandtausch aus Sicht der Bank sinnvoll erscheint, wird sie höchstwahrscheinlich zustimmen.

Welche Kosten kommen bei einem Pfandtausch auf dich zu?

Immer wieder kommt die Frage nach den Kosten beziehungsweise Gebühren für einen solchen Pfandtausch auf – eine berechtigte Frage, vor allem vor dem Hintergrund, dass bestimmte Gebühren wie Kreditbearbeitungsgebühren für die Antragstellung oder für die Wertermittlung der beliehenen Immobilie inzwischen gerichtlich für unzulässig erklärt wurden. Diese Regelungen gelten bei einem Pfandtausch nicht. Ein Pfandtausch ist keine Dienstleistung, die die Bank ohnehin im eigenen Interesse vornehmen würde, wie die Kreditbearbeitung und Wertermittlung. Ein Pfandtausch liegt ausschließlich im Kundeninteresse, und genau das lässt sich die Bank bezahlen. In der Preisgestaltung ist sie dabei frei, solange die Kosten nicht gegen die guten Sitten verstoßen. In der Praxis sind deshalb Pauschalpreise von 250 bis 1.000 Euro zu finden, oder auch Preise in Abhängigkeit der Restschuld, zum Beispiel 1 Prozent der Restschuld, möglich ist auch eine Mischform wie 1 Prozent der Restschuld, mindestens jedoch 500 Euro. Größenordnungen von 1 Prozent werden zwar von Verbraucherschützern kritisiert, sind aber unserer Erfahrung nach rechtlich nicht zu beanstanden.

Lohnt sich ein Pfandtausch?

Deine Bank kann, muss einem Objektwechsel aber nicht zustimmen. Informiere dich im Vorfeld auf jeden Fall sehr genau über die Kosten eines Wechsels. Ob sich der Pfandtausch lohnt, hängt ganz von deiner individuellen Situation ab und kann nicht pauschal beantwortet werden. Maßgeblich ist der Auslauf der Zinsbindungsfrist. Wenn du den Kredit erst kürzlich abgeschlossen hast und das Zinsbindungsende noch in weiter Ferne ist, kann ein Pfandtausch ausgesprochen sinnvoll sein, da die Vorfälligkeitsentschädigung enorm hoch wäre.

Wertermittlungsgebühr: inzwischen gerichtlich untersagt

Du solltest in jedem Fall das Kleingedruckte und die allgemeinen Geschäftsbedingungen deines Kreditvertrages lesen. Oftmals sind darin Klauseln enthalten, die dich dazu verpflichten, eine Wertermittlungs- oder Schätzgebühr zu bezahlen. Die Banken argumentieren, dass sie den Wert deiner Immobilie ermitteln müssen, um bestimmen zu können, in welcher Höhe dir ein Darlehen gewährt wird. Zum Glück brauchst du diese Gebühren mittlerweile nicht mehr zu akzeptieren, denn es liegt im Eigeninteresse der Bank, ihr Risiko und den Wert der angebotenen Sicherheit zu bewerten. Der Bundesgerichtshof hat es den Banken daher untersagt, eine solche Gebühr zu erheben (20.03.2007, Az. XI ZR 414/04). Aus diesem Grund sollten sie auch die dafür anfallenden Kosten übernehmen. Wenn du gewerblich tätig bist oder über eine GmbH kaufst, werden dir die Wertermittlungsgebühren in den meisten Fällen in Rechnung gestellt, da das gerichtliche Verbot nur für Verbraucher gilt.

Abschluss- oder Bearbeitungsgebühren: ebenfalls rechtswidrig

Hier gibt es gute Nachrichten für dich. Nachdem die Rechtsprechung lange uneinheitlich war, sind solche Gebühren nicht länger rechtmäßig.

Dies wurde vom Bundesgerichtshof mit Urteil vom 13.05.2014 (Az. XI ZR 170/13) entschieden. Die Begründung war, dass dich die Abschluss- und Bearbeitungsgebühren für einen Darlehensvertrag unangemessen benachteiligen würden – denn auch den Kreditantrag bearbeitet die Bank im eigenen Interesse.

Was es mit Bereitstellungszinsen auf sich hat

Vielleicht hast auch du den Begriff »Bereitstellungszinsen« in deinem Darlehensvertrag entdeckt und dich gefragt, was es damit auf sich hat. Die Bank nimmt dafür, dass sie dir den Kredit bereitstellt, einen gewissen Betrag von dir, solange du diesen Kredit noch nicht abrufst. Meistens sind die Bereitstellungszinsen mit einem Prozentsatz beziffert, der sich auf den Monat bezieht. So bedeutet beispielsweise ein Bereitstellungszinssatz von 0,25 Prozent, dass du pro Jahr 3 Prozent Bereitstellungszinsen bezahlen musst. Es gibt einige Banken, bei denen die Bereitstellungszinsen sich auf nur noch 1,8 Prozent pro Jahr belaufen. Dass zwischen Auszahlungsreife und tatsächlichem Abruf des Kredits einige Zeit verstreicht, kann durchaus vorkommen. Wegen langer Bauzeiten oder Verzögerungen, etwa durch lange Bearbeitungszeiten beim Grundbuchamt, musst du unter Umständen bereits Bereitstellungszinsen bezahlen. Eine Verlängerung der bereitstellungsfreien Zeit kostet in den meisten Fällen nur geringe Zinsaufschläge. Standardmäßig sind sechs Monate bereitstellungszinsfrei. Bei vielen Banken kannst du 12 Monate ohne Aufschlag erwirken. Allerdings braucht man solche langen Bereitstellungsfreizeiten in der Regel nur im Kernsanierungs- oder Neubaubereich. Bei einigen Fällen kam es bei uns zu längeren Verzögerungen im Bestand (mehr als sechs Monate) bis zur Fälligkeit durch Mietvorkaufsrecht, Bestätigung der Sanierungsbehörde oder Nachgenehmigung der Hausverwaltung. Am besten lässt du dir im Vorfeld die Bearbeitungszeiten des Grundbuchamtes geben, stehst im Kontakt mit Mietern, die das Vorkaufsrecht ausüben und weißt, wann die Hausverwaltung sich Zeit nimmt für die Nachgenehmigung.

Informatives zu Hypothek und Grundschuld

Die Banken sichern sich ihr Darlehen durch eine Grundschuld oder Hypothek ab. Dann müssen sie bei einem Kreditausfall nicht erst vor Gericht einen Vollstreckungstitel erwirken, sprich die gerichtliche Erlaubnis zur Pfändung. Wird ein Kredit nicht ordnungsgemäß abgezahlt, können sofort Vollstreckungen vorgenommen werden, nicht nur von Immobilien, sondern vom gesamten Vermögen. Banken werden vor allen anderen Gläubigern bedient. Deswegen sind die Zinsen für Immobilienkredite niedrig: Die gesamte Immobilie dient als Sicherheit für das Darlehen. Bei Ratenkrediten hat die Bank meistens nur eine Gehaltsabtretung oder im besten Fall einen Fahrzeugbrief als Sicherheit.

Worin besteht der Unterschied zwischen Hypothek und Grundschuld?

Die Hypothek ist ein streng akzessorisches Grundpfandrecht. Dieser Fachbegriff besagt, dass der Bestand der Hypothek an eine Forderung gebunden ist. Das heißt im Umkehrschluss, dass die Hypothek als Sicherheit nur Bestand hat, wenn auch eine Forderung besteht. Die akzessorische Sicherheit erlischt automatisch, wenn der gewährte Kredit zurückgezahlt ist. Wenn eine Hypothek übertragen werden soll, muss auch die damit verbundene Forderung übertragen werden. Gerade im angelsächsischen Raum werden Häuser inklusive deren Hypotheken weiterverkauft. Wer schon mal das Brettspiel »Cashflow« gespielt hat oder das Buch *Rich Dad, Poor Dad* von Robert T. Kiyosaki gelesen hat, wird wahrscheinlich bemerkt haben, dass die Immobilie immer mit der Hypothek übertragen wird.

Was ist der Unterschied zwischen Grundschuld und Hypothek?

Eine Grundschuld kann eingetragen werden, ohne dass eine Forderung besteht. Sie ist somit abstrakt und nicht akzessorisch. Sie bleibt bestehen, auch wenn eine Forderung bereits erloschen ist. Wird ein neuer

Kredit aufgenommen, kann die Grundschuld sofort wieder genutzt werden. Da eine Grundschuld mehrfach verwendet werden kann, ist sie in der Praxis weiter verbreitet als eine Hypothek. Als Grundlage der Eintragung dient die Grundschuldbestellungsurkunde.

Was das Disagio aussagt

Unter dem Begriff Disagio ist die Vorabzahlung von Zinsen zu verstehen. Du finanzierst die Zinsen quasi mit. Wie wird das Disagio dargestellt? Es gibt zwei Möglichkeiten:

- Als Prozentangabe in der üblichen Größenordnung von 5 bis 10 Prozent des Kreditbetrages.
- Als Auszahlungsbetrag von beispielsweise 95 Prozent, was einem Disagio von 5 Prozent entsprechen würde. Du reduzierst also einfach den Auszahlungsbetrag um den Prozentsatz des Disagios.

Die Bank zieht das Disagio direkt vom Auszahlungsbetrag des Darlehens ab und behält diesen Betrag ein. Du musst jedoch trotzdem 100 Prozent des Darlehensbetrages verzinsen und tilgen, obwohl du nur den um das Disagio verringerten Betrag ausgezahlt bekommst. Das bedeutet im Endeffekt, dass du einen höheren Kreditbetrag aufnimmst als ohne Disagio. Hier muss noch ein ausreichender Puffer in der Objektbewertung oder zusätzliche Sicherheitsmasse vorhanden sein, damit die Zinsen mitfinanziert werden können. Dies ist nur selten der Fall. Hierbei nützt dir auch der Einsatz von Eigenkapital nichts, da es gerade hier um Liquiditätseffekte geht.

Wann ist ein Disagio sinnvoll?

Ein Disagio kann durchaus sinnvoll sein. Am ehesten ist das der Fall, wenn du den Betrag des Disagios im Jahr der Kreditauszahlung als Werbungskosten steuerlich geltend machen kannst. Hierfür ist es zwingend erforderlich, dass du in ein Renditeobjekt investierst, das du anschließend vermieten wirst, und nicht etwa die erworbene Immobilie zur Eigennutzung verwendest. Ein Disagio ist nur absetzbar, wenn marktüblich. Marktüblich ist laut Bundesgerichtshof ein Disagio von maximal 1 Prozent pro Jahr der Zinsbindung (BGH, 08.03.2016, Az. IX R 38/14).

Welcher Steuervorteil wird durch das Disagio bei Renditeimmobilien erzielt?

Durch das Absetzen des Disagios entsteht ein sogenannter Steuerstundungseffekt. Dieser besagt, dass die Steuerlast in die Zukunft verschoben wird. Verschoben heißt jedoch nicht, dass du damit Steuern komplett vermeidest. Das hat zur Folge, dass du in den nächsten Jahren weniger Zinsen zahlen musst, somit aber auch weniger Werbungskosten steuerlich absetzen kannst. Wenn du kritisch auf das Disagio blickst, ist der Begriff »Steuerspareffekt« wenig passend, da es sich eher um einen Liquiditätseffekt oder Steuerstundungseffekt handelt. In den meisten Fällen ist bei einer Kaufpreisfinanzierung ein Disagio nicht umsetzbar.

Beleihungswert und Verkehrswert

Der Marktwert (Verkehrswert) kann mitunter sehr stark schwanken. Deswegen ist er nicht geeignet, um die Kreditsicherheit einer Immobilie festzulegen. Da die Bank jedoch wissen muss, welcher Wert als Sicherheit für das Darlehen herangezogen wird, ermittelt sie den sogenannten Beleihungswert. Dieser stellt den langfristigen, mindestens erzielbaren Wert der Immobilie dar, der um Preisschwankungen bereinigt ist. Jede Bank hat ihre eigenen Tools und Bewertungssysteme, sodass bei der einen Bank ein anderer Beleihungswert herauskommt als bei einer anderen. Von diesem Beleihungswert dürfen die Banken im Anschluss einen bestimmten Prozentsatz finanzieren, beispielsweise 140 Prozent vom Beleihungswert. Ein Beispiel:

Marktwert der Immobilie:	150.000 €
Beleihungswert:	85.000 €
maximale Finanzierbarkeit:	119.000 € (85.000 € x 1,4 (140 %))
Minimum Eigenkapital:	31.000 €

Ein Tipp: Es gibt Banken, die bis zu 160 Prozent und mehr vom Beleihungswert finanzieren dürfen, aber es gibt auch Kreditinstitute, die bis maximal zur Grenze des Beleihungswertes gehen. Natürlich wird bei Finanzierungen weit über den Beleihungswert hinaus eine sehr gute Bonität vorausgesetzt. Welche Banken welche Vorgaben haben, lässt sich nicht pauschal sagen. Am besten sprichst du mehrere Banken gezielt auf das Thema Einwertung an.

Was du über das Eigenkapital wissen musst

Wie kannst du die optimale Höhe des eingesetzten Eigenkapitals bestimmen? Es gibt mehrere Faktoren zu berücksichtigen. Zunächst ist natürlich die Frage, wie viel Geld du überhaupt gespart hast und investieren möchtest. Anders als es sich in den Köpfen vieler Menschen festgesetzt hat, ist es bei Renditeobjekten nämlich nicht sinnvoll, einen möglichst großen Anteil Eigenkapital in eine Immobilie zu investieren. Warum? Weil es sich negativ auf deine Steuerbelastung auswirkt, wenn du einen niedrigen Fremdkapitalanteil hast. Du kannst die Zinsen auf dein aufgenommenes Fremdkapital nämlich steuerlich absetzen. Dadurch verringert sich dein zu versteuerndes Einkommen.

Der Eigenkapitaleinsatz spielt eine wesentliche Rolle in der Finanzierungsstrategie. Je höher die Kreditzinsen sind, desto stärker wirkt sich zusätzliches Eigenkapital auf die Zinssätze aus. Beispielsweise kann ein Zinssatz von 5 Prozent bei vollständiger Fremdfinanzierung durch den Einsatz von 20 Prozent Eigenkapital auf 4 Prozent sinken.

Bei niedrigeren Zinsen ist dieser Effekt zwar vorhanden, aber weniger stark. Ein Zinssatz von 1,5 Prozent würde unter gleichen Bedingungen auf 1,2 Prozent sinken. Der Vorteil durch Eigenkapital fällt bei höheren

Zinsen stärker ins Gewicht als bei niedrigen – ein Punkt, den man in Finanzierungsentscheidungen stets im Blick behalten sollte, da er langfristige Auswirkungen haben kann und sich direkt auf die Gesamtkosten der Finanzierung auswirkt.

In Abbildung 25 siehst du, wie sich die Konditionen bei einer deutschen Bank durch mehr Eigenkapital verändern würden.

	Darlehen mit Tilgung
Einstand effektiv	2,33 %
Margendetails effektiv	
Grundmarge	0,43 %
Fremdnutzung (Kapitalanlage)	0,1 %
Finanzierungsart Kauf / Umschuldung	-0,15 %
Auslauf größer 75 %	0,3 %
Auslauf größer 80 %	0,1 %
Auslauf größer 85 %	0,1 %
Auslauf größer 90 %	0,35 %
Auslauf größer 95 %	0,25 %
Regionaler Abschlag (Heatmap)	-0,05 %
Sollzins p.a.	3,76 %
Effektivzins p.a.	3,81 %

Abbildung 25: Auswirkung von mehr oder weniger eingebrachtem Eigenkapital auf die Zinshöhe

Die meisten Banken gehen in 5- oder 10-Prozent-Schritten vor. Das bedeutet, dass sich die Sollzinsen schrittweise verbessern, wenn der Eigenkapitaleinsatz steigt. Bessere Konditionen gibt es erst, wenn der Beleihungsauslauf eine bestimmte Schwelle unterschreitet. Um günstigere Zinsen zu erhalten, ist mehr Eigenkapital nötig, da Banken Zinssätze erst bei geringerer Finanzierungsquote senken.

Trotzdem solltest du immer eine Reserve aufbauen, um bei hohen Darlehensbeträgen Sondertilgungen durchführen zu können. Dies ermöglicht dir, mit deinen Reserven das Risiko zu senken. Dann stehst du nicht vor dem finanziellen Aus, wenn eine Umschuldung oder ein Verkauf erforderlich ist, aber die Restschuld beispielsweise noch bei

90 Prozent des ursprünglichen Kaufpreises liegt und die Immobilienpreise um 20 Prozent eingebrochen sind.

Du solltest bei einer hohen Fremdfinanzierung immer entsprechende Risikopuffer einkalkulieren oder zumindest durch Zinsbindungen abfedern. Die meisten Banken fordern, dass zumindest die Nebenkosten aus dem Eigenkapital bestritten werden, sprich Maklercourtage, Grunderwerbsteuer, Notar und Gerichtskosten.

Wie du smart finanzierst

Ein Sprichwort sagt, dass die erste Million die schwerste ist. Denn egal ob du ein Unternehmen gründen oder eine Immobilie kaufen willst, in der Regel wollen die Geldgeber von dir ein Eigenkapital sehen. Umso mehr Eigenkapital du hast, desto mehr Chancen kannst du nutzen. Hier drückt oftmals der Schuh, nicht nur bei jungen Menschen, sondern auch bei Menschen, die erst gerade beginnen, Geld zu investieren, anstatt es für Konsum auszugeben. Für die Bank stellt eine eigengenutzte Wohnung im Normalfall ein geringeres Risiko dar als eine Kapitalanlage, da kein Mietausfall droht. Du kannst dir folgende Strategie zunutze machen: Der erste Schritt besteht darin, dir eine stark unterbewertete Wohnung zu suchen und zu kaufen. Im Idealfall verfügt sie über eine geringe Miete und befindet sich in einem renovierungsbedürftigen Zustand, was auch ein Grund ist, weshalb sie so günstig ist. Du kündigst dem jeweiligen Mieter wegen Eigenbedarfs und wohnst zwei Kalenderjahre in der Wohnung. Du kannst dir alternativ eine leere Wohnung suchen und gehst der Eigenbedarfskündigung aus dem Weg. In der Zeit, in der du in der Wohnung wohnst, wertest du sie auf und kannst im Anschluss den Gewinn unter Umständen steuerfrei vereinnahmen. Du solltest hierbei mit einer kurzen Zinsbindung finanzieren oder ein variables Darlehen aufnehmen.

Bevor du eine Immobilie zur Eigennutzung erwirbst und steuerfrei verkaufst, solltest du unbedingt einen Steuerberater und Rechtsanwalt hinzuziehen. Das Finanzamt könnte argumentieren, dass von Anfang an geplant war, die Wohnung nur zu kaufen, aufzuwerten und steuerfrei zu veräußern. Falls dies nachgewiesen wird, kann es steuerliche Folgen haben. Eine Prüfung ist essenziell, um Risiken zu vermeiden. Finanzämter prüfen genau, ob eine echte Eigennutzung vorliegt oder eine Steuerersparnis das Ziel war. Jeder Schritt sollte dokumentiert und von Experten begleitet werden, um Probleme zu vermeiden.

Zur Steuerbefreiung

Wenn du von Beginn an, also ab der Anschaffung, selbst in der Immobilie wohnst, ist die Veräußerung in jedem Fall steuerfrei, unabhängig davon, wie lange du insgesamt darin gewohnt hast.

Falls du jedoch nicht von Anfang an in der Immobilie gewohnt hast, musst du im Jahr des Verkaufs sowie in den beiden vorangegangenen Jahren dort gelebt haben, um eine steuerfreie Veräußerung zu erreichen.

Das bedeutet: Wenn du die Immobilie heute verkaufst, musst du mindestens seit Ende des zweiten vorangegangenen Jahres dort gewohnt haben. Siehe dazu auch § 23 Absatz 1 Nummer 1 Satz 3 EStG (Einkommensteuergesetz).

Abtretung von Kontoguthaben und Rückgewinnung

Eine weitere intelligente Möglichkeit, eigenkapitalschonend zu agieren, ist die Abtretung eines Kontos oder Depots. Nehmen wir an, du kaufst eine Immobilie für 100.000 Euro inklusive Nebenkosten. Du könntest beispielsweise 10.500 Euro deines Kontoguthabens für die Kaufnebenkosten abtreten und 5 Prozent Eigenkapital investieren. In der Regel werden in diesem Modell zwei Darlehen abgeschlossen. Eines über 89.500 Euro mit normaler Tilgung und ein weiteres über 10.500 Euro, das mit dem Depot oder dem Kontoguthaben besichert ist. Das 10.500-Euro-Darlehen ist dann beispielsweise ein Volltilgungsdarlehen mit einer Laufzeit von fünf oder zehn Jahren. Wenn das Darlehn getilgt ist, erhältst du die Sicherheit zurück. Wenn du es nicht über zwei separate Darlehen strukturierst, kann es unter Umständen Probleme geben, die Sicherheit zurückzubekommen. Denn die Bank muss zum Zeitpunkt der Rückgabe der Sicherheit das Objekt neu bewerten. Ist der Sicherheitenwert gesunken, kann es passieren, dass die Sicherheit nicht freigegeben wird. Der Nachteil des Depots gegenüber dem Kontoguthaben ist, dass es nicht mit 100 Prozent, sondern nur mit 60 Prozent (zumindest bei reinen Aktienfonds) angesetzt wird. Um das Gleiche zu erreichen wie mit dem Kontoguthaben, müsstest du ein Depot von 17.500 Euro (17.500 Euro x 60 Prozent = 10.500 Euro) abtreten. Ein weiterer wichtiger Grund gegen das Depot ist der eingeschränkte Zugriff nach der Abtretung. Allerdings ist das vorgestellte Verfahren einfacher, als die Immobilie nachzubeleihen. Das hören wir oft in den Workshops, es kommt aber in der Praxis aus meiner Sicht selten vor. Dazu kommen wir jetzt.

Nutze die stille Reserve und Tilgung für neue Deals

Wenn du bei deinem Objekt wertsteigernde Maßnahmen durchgeführt hast, macht es dann Sinn, das bestehende Objekt nachzubeleihen? Das ist meistens nicht ganz einfach und stellt eine Königsdisziplin dar.

Beispiel 1

Du hast eine Immobilie für 400.000 Euro gekauft. 360.000 Euro hast du mit einem Bankdarlehen finanziert. Durch ein Wertgutachten kannst du der Bank nachweisen, dass der Objektwert inzwischen bei 520.000 Euro liegt. Wenn wir von der üblichen Beleihungshöhe von 90 Prozent ausgehen, würde die Bank das Objekt mit 468.000 Euro beleihen. Bislang sind nur 360.000 Euro geflossen, obwohl die Nachbeleihung mittlerweile ein Potenzial von weiteren 108.000 Euro hat. Am einfachsten ist es, die Nachbeleihung bei der bereits finanzierenden Bank anzustoßen, gerade, wenn eine Zinsbindung besteht. Bei einer variablen Finanzierung kannst du einfach umschulden, was ein riesiger Vorteil ist, aber keine Nachbeleihung, sondern eine Umschuldung ist. Eine zweite Möglichkeit besteht darin, bei einer neuen Finanzierung eine zweit- oder drittrangige Grundschuld einzutragen und gar kein Eigenkapital einzusetzen. Allerdings wollen Banken meistens eine erstrangige Grundschuld haben, denn wenn der Kreditschuldner pleitegeht, muss als Erstes der erstrangige Gläubiger voll bedient werden, und Grundschulden wachsen über einen Zins an. Im Grundbuch in Abteilung 3 bei der Bankgrundschuld steht deswegen in der Regel 15 Prozent Zinsen pro Jahr und 5 Prozent einmalige Nebenleistung. Das dient dazu, Ansprüche über die Grundschuld hinaus zu sichern, wie Kosten für Zwangsvollstreckung, Refinanzierungsschaden und Kosten der Rechtsverfolgung. Deswegen ist der vollstreckbare Betrag der erstrangigen Gläubigerin auch nicht 360.000 Euro, sondern 360.000 Euro plus Zinsen und Nebenleistungen.

Erst danach bekommt der nächste Gläubiger etwas. Aber auch aufgrund dieser Tatsache will der erstrangige Gläubiger nicht nachbeleihen. Denn er hat bei Ausfall des Kreditschuldners nicht nur 360.000 Euro zu verlieren, sondern wie oben erwähnt noch weitere Kosten. In der Regel bekommen die Nachbeleihung nur diejenigen Investoren gestemmt, die Zusatzsicherheiten einbringen oder eine hervorragende Bonität haben.

Beispiel 2

Du kaufst eine Immobilie für 100.000 Euro. Du beleihst die Grundschuld eines bestehenden Objekts mit 10.000 Euro und gibst diese der Bank als zusätzliche Sicherheit. Die Bank gibt dir daraufhin ein Darlehen in Höhe von 110.000 Euro für den Kaufpreis und die Kaufnebenkosten. Der Vorteil: Du musst keine Liquidität aufwenden und kannst die höhere Zinsbelastung durch den höheren Kredit steuerlich geltend machen. Hier ist es wichtig, das Darlehen wieder in zwei separate Darlehen aufzuteilen wie beim Thema Abtretung, Kontoguthaben oder Fondsportfolio. Sind die 10.000 Euro über die Volltilger rasch getilgt, wird die Grundschuld freigegeben.

Um das Instrument Nachbeleihung zu nutzen, ist es unbedingt ratsam, deine bestehenden Objekte ständig aufzuwerten. Nur dadurch ist es dir möglich, neue Objekte ohne Eigenkapital zu kaufen. Wenn sich die unterschiedlichen Objekte miteinander verketten, ist jedoch ein gewisses

Risiko gegeben. Bei einem Verkauf müssen alle Banken die Grundschulden wieder freigeben (Freigabeversprechen). Lege im Vorfeld genaue Bedingungen fest, wie dies erfolgen soll, und lass die Formulierung von einem unabhängigen Experten prüfen. Da Aufwertungen viel Zeit in Anspruch nehmen, sind sie nicht dazu geeignet, um schnell an zusätzliches Geld zu kommen. Übrigens entstehen allein durch die laufende Kredittilgung zusätzliche Vermögenswerte, aber auch hier braucht es eine gewisse Anlaufzeit.

Unterschied zwischen Modernisierungskosten und Renovierungskosten

Es gibt einen gravierenden Unterschied zwischen Modernisierungs- und Renovierungskosten. Modernisierungen, die den Objektwert erhöhen, können grundsätzlich mitfinanziert werden, Renovierungen jedoch nicht, beispielsweise das Streichen der Wohnung oder andere Maßnahmen, die lediglich erhaltenden Charakter haben.

Fazit

Aus unserer Sicht ist es schwer, Objekte nachzubeleihen. Das Objekt muss ausreichend Reserven aufweisen. In der Regel sollten mehr als 20 Prozent des Darlehens getilgt sein. Besser ist es, eine kürzere Zinsbindung zu vereinbaren und dann umzuschulden. Wenn Zusatzsicherheiten in Form von Fondsdepot, Kontoguthaben oder Grundschulden eingesetzt werden, sollte das Darlehen gesplittet werden, um unproblematisch Sicherheit zurückzubekommen.

Ohne Eigenkapital, aber mit Köpfchen agieren

Joint Ventures bieten eine gute Möglichkeit, sich an Projekten zu beteiligen, auch wenn wenig Zeit vorhanden ist. Eine Partei stellt Kapital, die andere bringt Know-how und Zeit ein, sucht gezielt nach lukrativen Investitionen und übernimmt die Umsetzung. Viele Anleger suchen Investitionsmöglichkeiten, wenn sie selbst nicht die Zeit haben, geeignete Immobilien zu finden und die Abwicklung zu übernehmen. Wenn du beispielsweise noch kein ausreichendes laufendes Einkommen hast, kann ein Investor, mit dem du dich zusammentust, so viel Eigenkapital einbringen, dass die Finanzierung zum Non-Recourse-Verfahren stattfindet. Dies bedeutet, dass in puncto Sicherheiten nur auf die Immobilie abgestellt wird und die Bank nicht auf die persönliche Haftung zurückgreift. Wenn du einen Co-Investor ins Boot holst, lautet unser Tipp, klare Verträge zu erstellen und über eine UG Unternehmergesellschaft (haftungsbeschränkt) oder GmbH zu arbeiten. Natürlich muss der Deal groß genug sein, damit die Bewirtschaftungskosten der Gesellschaft ausreichend kompensiert werden. Es geht auch mit dem Einsatz von weniger Eigenkapital und persönlicher Haftung, aber das solltest du dir gut überlegen.

Es ist von ganz entscheidender Bedeutung, wie das Geld in die GmbH eingebracht wird: als Eigen- oder Fremdkapital. Es gibt auch Variationen, bei denen der Investor Fremdkaptal in Eigenkapital umwandeln kann (Mezzanine-Kapital). Bei der rechtlichen Ausgestaltung sollten dir ein Anwalt und ein Steuerberater zur Seite stehen.

Beispiel

Nehmen wir an, es handelt sich um ein Fünf-Parteien-Haus für 500.000 Euro, bei dem der Bausachverständige einen Sanierungs- und Modernisierungsbedarf von 200.000 Euro festgestellt hat. Du bietest einem Investor ein Nachrangdarlehen in Höhe von 227.500 Euro mit 6,5 Prozent Kreditzinsen an, das durch das Grundbuch nachrangig der finanzierenden Bank gesichert ist. Du kaufst dieses

Objekt ohne Makler (3,5 Prozent Grunderwerbsteuer und 2 Prozent Notar- und Gerichtskosten). Kreditnehmer ist die GmbH, und du zahlst 3,5 Prozent Zins für den Bankkredit und 2 Prozent Tilgung.

Daraus ergibt sich folgende Rechnung:

Einkaufspreis:	500.000 €
Sanierung:	200.000 €
Kaufnebenkosten (3,5 % + 2 %):	27.500 €
Investmentsumme:	727.500 €

Finanzierung:

Nachrangdarlehen	227.500 €
Aufwand und Zins jährlich:	14.787,50 € (227.500 € × 6,5 %)

Annuitätendarlehen Bank:	500.000 €
(Zins 3,5 % und 2 % anfängliche Tilgung)	
Aufwand sowie Zins und Tilgung jährlich:	27.500 €
Kapitaldienst gesamt:	42.287,50 €

Damit das Objekt Cashflow positiv ist, müsste die Nettokaltmiete abzüglich eines Mietausfallwagnisses, Bewirtschaftung (GmbH und Immobilie) und Steuern über 42.287,50 EUR sein. Damit das Non-Recourse-Verfahren Anwendung finden kann, wird die Kapitaldienstfähigkeit der GmbH betrachtet. Es reicht nicht, dass sich das Objekt trägt, zusätzlich müssen die Kosten für die Bewirtschaftung der GmbH eingespielt werden. Des Weiteren ist der Beleihungswert entscheidend.

Bei einem Verkauf mit Gewinn erhält der Investor sein Geld zurück. Du kannst deinen Gewinn in die nächste Immobilie investieren, entweder wieder gemeinsam mit einem Investor oder auch allein. Du hast variabel finanziert? Dann kannst du die Finanzierung durch die Objektwerterhöhung und Mietsteigerungen umschulden und dem Investor einen Teil seines Geldes zurückgeben. Es ist auch möglich, dass der Investor der Gesellschaft ein Darlehen gibt, das keine laufende Verzinsung vorsieht, sondern nur einen Anteil am Gewinn. Dadurch kann der Kapitaldienst noch niedriger gestaltet werden und risikobereite Investoren können angesprochen werden. Auch wir haben Partner, die in Projekte einsteigen, wenn wir gerade nicht genügend eigenes Kapital zur Verfügung haben, das Projekt zu groß ist oder wir das Risiko streuen wollen. Erstaunlich viele Menschen haben darauf Lust und sind offen dafür. Wichtig ist, dass du dich wirklich gut auskennst, am besten schon ein Objekt zur Verfügung hast und eine klare Strategie dazu im Kopf hast, wie du Aufwertungen und Rückzahlungen vornehmen wirst. Vielleicht haben auch wir Lust, in dein Projekt mit einzusteigen. Schick uns gerne die entsprechenden Unterlagen.

Was sind adäquate Sicherheiten im Sinne der Bank?

Immobilienkredite sind günstig, da sie besichert sind mit einer Grundschuld oder Hypothek: Die Grundschuld ist zwingende Voraussetzung für die Auszahlung des Kredites. Das Kreditinstitut verschickt mit dem Darlehensvertrag die Grundschuldbestellungsformulare, die der Notar dann anpasst und ans Grundbuchamt übermittelt. Darin ist festgelegt, dass du dich der sofortigen Zwangsvollstreckung unterwirfst. Die Bank muss also nicht erst klagen, sondern kann bei Nichtbedienung des Kredits die sofortige Zwangsversteigerung veranlassen. Bei Fragen zur Grundschuldbestellung kann dir dein Notar weiterhelfen. Er berät dich umfassend und hat die Aufgabe, dich zu informieren.

Wertpapiere wie Aktien, Fonds und Anleihen können ebenfalls als Kreditsicherheit dienen. Sie werden jedoch nie zum vollen Betrag angesetzt, sondern nur mit Abschlägen, wie du schon im Kapitel »Zusatzsicherheiten« erfahren hast.

Renten- und Lebensversicherungen sind ebenfalls beleihbar. Vor 2005 wurden sie häufig als Sicherheit für Immobilienkredite genutzt. Sie mussten nur fünf Jahre bespart und zwölf Jahre gehalten werden, bevor eine steuerfreie Auszahlung möglich war. Die Guthabenzinsen der Policen waren weitaus höher als heute, und oft wurde die Police als Tilgungsersatz akzeptiert, was ein schönes Steuersparmodell war. Heute kündigen

Investoren ihre bestehenden Policen eher und setzen die Rückkaufswerte zur Darlehenstilgung ein. Aufgrund der aktuellen Lage an den Finanzmärkten und der fehlenden Transparenz solltest du dir gut überlegen, ob der Abschluss einer neuen Police sinnvoll ist. Die Wohn-Riester-Verträge sind für vermietete Immobilien übrigens nicht einsetzbar. Weitere Kreditsicherheiten sind:

- Bürgschaften und Avale
- Gesellschaftsanteile
- Edelmetalle (hier ist ein Nachweis erforderlich, ein Foto vom Safe reicht nicht aus. ☺)

Wie du die richtigen Ansprechpartner findest

Damit du die beste Entscheidung treffen kannst, wirst du für gewöhnlich mehrere Banken anfragen und dir verschiedene Angebote einholen. Du musst auf jeden Fall betonen, dass es sich um eine Konditions-Anfrage handelt, eine sogenannte Zinsindikation. Ansonsten gehen die Banken nämlich davon aus, dass du eine Finanzierung anfragst, und holen sich entsprechende Auskünfte ein, beispielsweise bei der Schufa. Hier spricht man von einer harten Schufa-Anfrage, die sich scoremindernd auswirken kann, wenn sie häufig in kurzer Zeit auftritt, ohne dass es zu einem Darlehensvertrag kommt. Der genaue Schufa-Algorithmus ist nicht bekannt, doch viele Faktoren wie Adresse und weitere Daten beeinflussen den Score. Die Schufa bemüht sich um Transparenz, doch die Berechnung bleibt unklar. Banken haben den längeren Hebel: Erst mit vollständigen Unterlagen prüfen sie den Antrag und entscheiden über Finanzierung und Konditionen.

Für dich ist entscheidend, wie die Bank dein Objekt einwertet, also welchen Beleihungswert sie festlegt und bis zu welchem Wert sie bei deiner Bonität finanzieren kann. Deine Hausbank hat auf jeden Fall deinen Konto-Score, den keine andere Bank hat. Dein Bankkonto sollte keine Rücklastschriften aufweisen und auch keine Überziehungen über den vereinbarten Dispositionsrahmen hinaus.

Bei regionalen Banken ist immer darauf zu achten, wo und wen sie finanzieren. Bei Sparkassen muss entweder der Kunde oder das Objekt in der jeweiligen Geschäftsregion liegen. Viele Sparkassen finanzieren nur in ihrer Region, wo sie sich auskennen. Willst du deutschlandweit Immobilien kaufen, eigenen sich vor allem Großbanken wie Deutsche Bank, Ing Diba oder Commerzbank. Die Ing DibaDie Ing Diba ist eine moderne Bank, finanziert jedoch in der Regel keine Gewerbetreibenden und schränkt bestimmte Objektfinanzierungen ein. Da sich die Kriterien ändern, sollte man sich vorab direkt bei der Bank informieren. Deswegen ist es aus unserer Sicht sinnvoll, einen Partner zu suchen, der sich auf Kapitalanlagefinanzierungen spezialisiert hat und die Sichtweise und das strategische Vorgehen eines Investors versteht. Ein solcher Partner weiß, welche Bank für welchen Investor interessant ist. Gerade bei Selbstständigen ist das immer wieder ein Thema. Es gibt Banken, die schon nach 24 Monaten Selbstständigkeit finanzieren, andere erst ab 36 Monaten. Manche setzen den durchschnittlichen Gewinn der letzten drei Jahre an, andere wiederum nehmen das schlechteste Jahresergebnis als Grundlage.

Viele Baufinanzierungsberater sind eher auf Einfamilienhäuser von Eigennutzern spezialisiert. Das ist jedoch eine ganz andere Thematik. Als Investor brauchst du nach Möglichkeit eine Kaufpreisfinanzierung mit einer schnellen Zusage und wenig Liquiditätseinsatz über die gesamte Laufzeit. Zudem darfst du dir zukünftige Finanzierungen nicht verbauen. Wir haben mittlerweile einen direkten Draht zu den wichtigsten Filialdirektoren und Entscheidern und bekommen meist nach 24 Stunden eine verbindliche Auskunft, ob wir das Objekt fremdfinanzieren können, und wie die Konditionen sind. Wenn deine Objekte erklärungsbedürftig sind oder umfangreiche Unterlagen erfordern, solltest du dir langfristig eine Bank suchen, die das Gesamtmanagement begleitet. Der Vorteil: Du musst nicht immer alles neu vorbereiten. Die Prüfung ist bei kleinen Kreditprojekten nämlich genauso hoch wie bei großen, und nicht selten werden aus diesen Gründen kleine Kreditvorhaben abgelehnt. In diesem Fall war der ganze Aufwand umsonst.

Nur weil die Bank ja sagt, muss es kein rentables Objekt sein. Denn bei kleineren Projekten kann die Finanzierung auch auf die Bonität des

Kreditnehmers abgestellt werden. Hier lohnt sich immer die Frage, wie die Bank den Beleihungswert und den Verkehrswert einschätzt und wie viel Blanko-Darlehen ausgegeben wird. Blanko bedeutet der nicht durch Kreditsicherheit gedeckte Kreditbetrag (Differenz zwischen Beleihungswert und Kaufpreis). Hierbei unterscheiden sich die bankeninternen Richtlinien. Manche Berater haben eine Entscheidungsbefugnis über bis 100.000 Euro pro Kunde Blanko-Anteil, andere deutlich weniger. Am besten hast du einen Kompetenzträger, der bis zu einer gewissen Summe ohne das Vier-Augen-Prinzip allein entscheiden darf. Viele Banken wenden das Vier-Augen-Prinzip aus Markt und Marktfolge an. Der Markt ist der Kundenberater, der die Unterlagen aufbereitet und sein Votum abgibt. Die streng davon getrennte Marktfolge trifft die Entscheidung hingegen nur auf Basis der Informationen und ohne persönliche Bekanntschaft mit dem Kreditnehmer. Kleiner Tipp an dieser Stelle: Überrasche den Banker auch gern mal mit einer guten Nachricht, wie: »Habe gerade die Mieterhöhung im Objekt XY vorgenommen«, und bedanke dich noch mal für die guten Konditionen. Wenn die Zusage zu einem Kredit auf der Kippe steht, zählen selbst solche Kleinigkeiten.

Vor- und Aufbereitung der Unterlagen für die Bank

Damit du überhaupt einen Kredit bekommst, sind zahlreiche Unterlagen nötig. Je besser du diese für die Darlehens-Akquise aufbereitest, desto größer die Erfolgswahrscheinlichkeit. Du kannst damit nicht nur die Konditionen, sondern auch die Geschwindigkeit einer Finanzierungsentscheidung positiv beeinflussen. Ein zusätzlicher Pluspunkt: Wenn du deine Unterlagen klar, aussagekräftig und ansprechend aufbereitest, hebst du dich von anderen Kreditinteressenten ab. Denn ein Banker ist geradezu allergisch gegenüber schlecht aufbereiteten Unterlagen. Er will sich am liebsten einen Fall vornehmen, diesen durchprüfen und den Vertrag dann fertig machen. Am besten vereinbarst du mit einem geeigneten Ansprechpartner einen Termin und schickst ihm deine Unterlagen schon davor als PDF-Datei zu. Im Mitgliederbereich der Website immlab.de findest du eine Vorlage und eine Checkliste, mit der du dich gut vorbereiten kannst.

Die drei wichtigsten Unterlagen

- ❐ Erstelle eine Selbstauskunft, die eine Haushaltsrechnung und eine Vermögensbilanz enthält. Mehr dazu im Mitgliederbereich von immlab.de.
- ❐ Solltest du bereits andere Immobilien besitzen, solltest du diese in Form eines übersichtlichen Immobilien-Portfolios aufzeigen. Mehr dazu im Mitgliederbereich von immlab.de.
- ❐ Stelle eine aussagekräftige Investment-Kalkulation auf. Vergiss dabei nicht, mögliche Optimierungen mit Belegdokumenten einzubauen, damit sich die Bank einen schnellen und guten Überblick verschaffen kann.

Bitte überstrapaziere den Banker nicht. Zeit ist ein kostbares Gut, und wahrscheinlich ist die Darlehenshöhe deines ersten Projekts unter 500.000 Euro, was für eine Bank im Kleinkreditbereich liegt. Es sollte also nicht zwei Stunden dauern, all deine Unterlagen durchzuarbeiten. Reiche nur so viel ein wie gefordert.

Wie sollte die Haushaltsrechnung und Vermögensbilanz aussehen?

In der Selbstauskunft solltest du dich an unser Formular im Download-Bereich der Website immlab.de halten, da es an die Formulare der Bank angelehnt ist. Wichtig: Wenn du noch in der Probezeit bist, werden meistens keine Finanzierungen bewilligt. Als Selbstständiger solltest du mindestens 24 Monate, besser aber 36 Monate im gleichen Gewerbe oder im gleichen freien Beruf tätig sein. In der Selbstauskunft taucht der Posten Lebenshaltungskosten auf. Hier arbeiten die Banken mit eigenen Pauschalen. Wenn du allerdings einen höheren Wert angibst, muss die Bank diesen nehmen. Je nach Bank liegt der Pauschalbetrag zwischen 900 und 1.800 Euro pro Monat, somit muss die Bank nicht deine spezifischen Lebenshaltungskosten berechnen. Du bist in der Regel auf der sicheren Seite, wenn du ungefähr 900 Euro im Monat angibst. Zusätzlich trägst du die eigene Miete ein, Verpflichtungen in Form von Kreditverträgen und Einnahmen, beispielsweise einen Minijob. Deine Haushaltsrechnung muss immer positiv sein, da die Bank dich ansonsten nicht für kreditwürdig erachtet.

In der Vermögensbilanz schlüsselst du dein Vermögen, die vorhandenen Assetklassen, eventuelle Schulden und auch die generelle Struktur deines Vermögens auf. Den gesamten Bereich Immobilienvermögen und Schulden lässt du erst mal außen vor.

Übersicht über dein etwaiges Immobilien-Portfolio

In unserem Finanzierungstool im Mitgliederbereich kannst du eine Immobilienübersicht erstellen, die du nutzen oder als Vorlage nehmen kannst. Sie wird von den gängigen Banken akzeptiert. Natürlich gibt es Banken, bei denen die Übersicht auf deren eigenen Vordrucken erstellt werden muss. Wichtig ist, dass du das Darlehen mit der ursprünglichen Darlehenshöhe, Zinssatz, Restschuld bei Zinsbindungsende, Tilgungssatz, Rate und aktueller Restschuld versiehst. Bei den Angaben zum Objekt sollte natürlich die Adresse nicht fehlen, ebenso wenig wie die Art (Eigentumswohnung oder Mehrfamilienhaus), Gewerbe oder Wohnraum, das Baujahr, der aktuelle Verkehrswert, die Wohneinheiten und die Jahresnettokaltmiete. Wenn du Mehrfamilienhäuser hast, solltest du zusätzlich eine Mieterliste oder Mietaufstellung einreichen, mit Kaltmiete, Nebenkosten, Datum des Einzugs und Beruf des Mieters.

Für bestehende Immobiliendarlehen werden zudem höhere Anschlussverzinsungen unterstellt, wenn die Zinsbindung ausläuft. Deswegen ist es bei knappen Haushaltsrechnungen unter Umständen ratsam, lange Zinsbindungen zu vereinbaren und keine variablen Darlehen abzuschließen, da sie fiktiv mit einem höheren Zinssatz eingebucht werden. Manche Banken rechnen mit einer 8-Prozent-Annuität (6 Prozent Zins und 2 Prozent Tilgung, andere mit 5,5 Prozent Zins und Tilgung). Als Investor musst du dir das erst mal leisten können. Bei einigen Banken reicht ein Zweizeiler, dass du das Objekt nach Zinsbindung verkaufen willst, und ein höherer Kapitaldienst wird gar nicht erst mit eingerechnet.

Bei den Mieteinnahmen gibt es Banken, die Abschläge vornehmen. Hier überprüft die Bank, ob sich dein Objekt auch dann noch trägt, wenn ein Kaltmietausfall von 25 Prozent im Vergleich zu den Ist-Miet-Ausgaben eintritt. Diese Zahl mag dir hoch vorkommen, aber du solltest dich nicht täuschen lassen. Die letzten Jahrzehnte haben im Umgang mit Mietobjekten gezeigt, dass dieser Wert durchaus realistisch ist, jedoch nicht in jeder Lage. Während ein höherer Leerstand in der Münchener Innenstadt eher unrealistisch ist, kann er in Kleinkleckersdorf schon mal auftreten. Die meisten Banken rechnen mit Pauschalen und passen den Mietausfall nicht an die individuelle Lage des einzelnen Objekts an.

Seit Inkrafttreten der Wohnimmobilienkreditrichtlinie sind Banken zusätzlich dazu verpflichtet, eine Lebensphasenbetrachtung vorzunehmen. Diese sieht beispielsweise vor, dass sich das Objekt auch in der Rente trägt, wenn die Restlaufzeit des Darlehens in die Rentenphase hineinreicht. Einbezogen wird beispielsweise auch der Fall, wenn ein Kind den Haushalt verlässt und eine Kapitalisierung der Restschulden mit höheren Zinsen erfolgt. Um das Darlehen nicht mit in die Rente zu nehmen, kann eine höhere Tilgung empfehlenswert sein (zumindest hypothetisch, da das Objekt zu diesem Zeitpunkt in der Regel bereits verkauft sein wird). Hier sind Objekte klar im Vorteil, die sich auch bei einer 8-Prozent-Annuität tragen. Dieses Ziel ist heute in einer guten Lage jedoch sehr ambitioniert.

In der folgenden Übersicht (Abbildung 26) siehst du eine Finanzierung für einen unserer Investoren, der schon bestehende Objekte hat und eine neue Finanzierung anfragt. Nicht bei allen Banken kommt er durch die Haushaltsrechnung, obwohl allen die identischen Parameter vorliegen. Das liegt am Kaltmietabschlag, an der Bewirtschaftung und der fiktiven höheren Darlehensrate.

Bank 1

Einnahmen	
Unselbstständiges Einkommen	3.404,00 €
Kindergeld	192,00 €
Mieteinnahme Bestandsobjekt	875,54 €
Mieteinnahme Finanzierungsobjekt	532,95 €
Summe Einnahmen	**5.004,49 €**

Ausgaben	
Lebenshaltungskosten	1.341,46 €
Mietausgaben	900,00 €
Raten weiterer Immobiliendarlehen	2.310,67 €
Rate aktueller Darlehen	876,22 €
Summe Ausgaben	**5.428,35 €**

Überschuss / Fehlbetrag	
Fehlbetrag	**-423,86 €**

Bank 2

Einnahmen	
Unselbstständiges Einkommen	3.404,00 €
Kindergeld	192,00 €
Mieteinnahme Bestandsobjekt	1.030,05 €
Mieteinnahme Finanzierungsobjekt	627,00 €
Summe Einnahmen	**5.253,05 €**

Ausgaben	
Lebenshaltungskosten	1.280,00 €
Mietausgaben	900,00 €
Raten weiterer Immobiliendarlehen	1.552,38 €
Rate aktueller Darlehen	712,61 €
Bewirtschaftungskosten	331,41 €
Summe Ausgaben	**4.776,40 €**

Überschuss / Fehlbetrag	
Fehlbetrag	**476,65 €**

Bank 3

Einnahmen	
Unselbstständiges Einkommen	3.404,00 €
Kindergeld	192,00 €
Mieteinnahme Bestandsobjekt	1.030,05 €
Mieteinnahme Finanzierungsobjekt	627,00 €
Summe Einnahmen	**5.253,05 €**

Ausgaben	
Lebenshaltungskosten	1.635,00 €
Mietausgaben	900,00 €
Raten weiterer Immobiliendarlehen	1.552,38 €
Rate aktueller Darlehen	730,37 €
Bewirtschaftungskosten	248,56 €
Summe Ausgaben	**5.066,31 €**

Überschuss / Fehlbetrag	
Fehlbetrag	**186,74 €**

Abbildung 26: Haushaltsrechnung drei verschiedener Banken desselben Investors mit derselben Darlehensanfrage

In Abbildung 27 siehst du eine Lebensphasenbetrachtung. Eine Ablehnung kann bereits entstehen, wenn es in einer Lebensphase zur Unterdeckung kommt.

Lebensphasenplanung

Ereignis	Einnahmen	Ausgaben	Überschuss
Darlehensgewährung	5253,05 €	5066,71 €	186,34 €
Ende Zinsbindung eines Bestandsdarlehens	5253,05 €	5441,16 €	-188,11 €
Ende Zinsbindung eines beantragten Darlehens	5253,05 €	5552,48 €	-299,43 €
Ende Zinsbindung eines Bestandsdarlehens	5253,05 €	5884,97 €	-631,92 €
Ende Zinsbindung eines Bestandsdarlehens	5253,05 €	6077,57 €	-824,52 €
Ende Zinsbindung eines beantragten Darlehens	5253,05 €	6270,12 €	-1017,07 €
Kind verlässt Haus (Alter 23)	5061,05 €	6026,12 €	-965,07 €
Ende Laufzeit eines beantragten Darlehens	5061,05 €	5771,98 €	-710,93 €
Ende Laufzeit eines beantragten Darlehens	5061,05 €	4993,88 €	67,17 €

Abbildung 27 Lebensphasenplanung einer Bank: Welches Lebensereignis verändert die Haushaltsrechnung?

Je mehr Objekte du im Bestand hast, desto weniger steht deine persönliche Bonität im Vordergrund. Was zählt, ist die wirtschaftliche Situation deines Portfolios. Es erreicht bereits nach wenigen Jahren meist Dimensionen, in denen Verluste nicht durch ein laufendes Einkommen aus einer Angestellten-Tätigkeit kompensiert werden können.

Was muss die Investment-Kalkulation und Projektvorschau beinhalten?

Die Investment-Kalkulation ist deine Gelegenheit, der Bank deine Strategie offenzulegen und genau darzustellen, weshalb du das betreffende Objekt kaufen möchtest. Allerdings dürfen Banken nur den Ist-Zustand bewerten. Dennoch kann eine solche Kalkulation als positives Signal gewertet werden. Überfordere hier aber bitte die Bank nicht. Der Sacharbeiter will eine schnelle Entscheidung treffen und keinen Roman lesen. Anders sieht es aus., wenn du ein Sanierungsobjekt kaufst, sprich, eine Ruine und ein unbebautes Grundstück. Hierfür ist sehr wohl eine vollumfängliche Planung und Beschreibung des Projekts erforderlich. Es ist ratsam, konservativ zu kalkulieren. Dadurch zeigst du der Bank, dass du als Investor das Risiko einkalkulierst und nicht einfach die geplanten Mietsteigerungen der nächsten fünf Jahre als Planungsgrundlage nimmst. Gerade in der Lebensphasenbetrachtung können Banken in der Regel geplante Mietsteigerungen berücksichtigen.

Im nächsten Kapitel wirst du mehr über das Thema Kalkulation erfahren.

Was ist die gebräuchlichste Darlehensform, und welche Förderungen gibt es?

Zu den gängigsten Darlehen zählt das sogenannte Annuitätendarlehen. Am Anfang wird die Zins- und die Tilgungshöhe festgelegt, die im Anschluss eine gleichbleibende monatliche Rate ergibt. Wenn du die gesamte Laufzeit betrachtest, wird der Darlehensbetrag, sprich die Restschuld, immer kleiner. Dies führt zu einer Senkung des monatlichen Zinsanteils und zu einer Steigung des Tilgungsanteils. Um den Zinsanteil weiter zu senken, können Sondertilgungen vorgenommen werden. Dies ist insbesondere beim Eigenheim beliebt.

Es gibt auch noch das Forward-Darlehen. Bei diesem sicherst du dir im Vorfeld die günstigsten Konditionen, die aktuell erhältlich sind, für später und bleibst somit von eventuellen Zinssteigerungen verschont. Im Gegenzug bezahlst du einen Zinsaufschlag. Forward-Darlehen können in der Regel bis 60 Monate im Voraus abgeschlossen werden.

Ebenfalls häufig kommen Darlehen zum Einsatz, die öffentlich gefördert werden. Hier gibt es verschiedene Programme, die meistens bei Neubau und Denkmalsanierungen infrage kommen. Aber auch energetische Modernisierungen oder ein barrierefreier Umbau können günstig refinanziert werden. Zudem gibt es bei einigen Programmen einen Tilgungszuschuss, den man nicht zurückzahlen muss.

Einen Überblick über die Fördermaßnahmen bekommst du auf der Seite der staatlichen Förderbank KfW (Kreditanstalt für Wiederaufbau).

Du kannst das angebotene Darlehen nicht direkt bei der KfW beantragen, sondern nur über die finanzierende Bank.

Beispiel

Du schließt eine Finanzierung über 100.000 Euro ab, wobei 30.000 Euro über die KfW finanziert werden. Die Bank, die das Hauptdarlehen genehmigt, beantragt für dich dann die 30.000 Euro von der KfW. Es gibt zudem regionale Förderungen, nach denen du dich erkundigen kannst, etwa von den Förderbanken der einzelnen Bundesländer. Wichtig ist, dass du die Fristen einhältst. Bei einigen KfW-Programmen muss der Energieberater nach einer bestimmten Zeit die Bestätigung der Durchführung bei der Bank vorlegen. Wenn sich die Bauzeit verzögert und das KfW-Darlehen als Erstes abgerufen wurde, kann es zu Problemen kommen. Bei Nutzung der Förderprogramme solltest du vorher immer eine kompetente Beratung in Anspruch nehmen.

Welche Finanzierungsinstrumente nutzen smarte Investoren?

Variable versus flexible Finanzierung

Vielleicht bevorzugst du festverzinsliche Verträge mit langen Laufzeiten. Doch ist Skepsis angebracht, wenn Banken aktiv zu längeren Zinsbindungen raten? Erfahrene Investoren können mit kürzeren Bindungen flexibler agieren, wenn sie den Markt genau beobachten, Zinsentwicklungen einschätzen und ihre Strategie entsprechend anpassen. Für Anfänger hingegen sind Zinsbindungen von zehn Jahren oder mehr oft sinnvoll, da sie Planungssicherheit bieten und das Risiko steigender Zinsen minimieren.

Die Nachteile von Festverträgen

1. Eine Festzinsfinanzierung bietet über einen festgelegten Zeitraum einen konstanten Zinssatz. In vielen Phasen waren variable Finanzierungen über die gesamte Laufzeit betrachtet günstiger. Doch Zinsentwicklungen unterliegen Schwankungen, und frühere Trends sind keine Garantie für zukünftige Vorteile. Daher sollte man die Wahl der Finanzierung individuell abwägen.

2. Durch Tilgung sinkt das Risiko: Wenn du eine anfängliche Tilgung von 3 Prozent vereinbarst, hast du nach etwa drei Jahren schon 10 Prozent getilgt und nach sieben Jahren mehr als 20 Prozent. Die Konditionen, die du heute bekommst, basieren auf einer Kaufpreisfinanzierung (100 Prozent des Kaufpreises). Wenn du beispielsweise nach drei oder sieben Jahren umschuldest, bekommst du zu dem Zeitpunkt allein schon durch die geleistete Tilgung bessere Konditionen. Wenn du dann noch das Objekt aufwertest und die Miete steigerst, sieht es sogar noch besser aus. Aber wenn der Objektzustand sich verschlechtert oder die Miete sinkt, kann das natürlich auch in die verkehrte Richtung gehen. Gerade bei Neubau-Immobilien oder Kernsanierungen ist der Wertverfall immens. Hier sollte man sich sehr detailliert über das Finanzierungskonzept Gedanken machen.

3. Zinsfestschreibungen können in der Hochzinsphase auslaufen: Wenn deine Zinsbindung in einer Hochzinsphase ausläuft, hast du ein wirkliches Problem. Du kannst erst zu dem Zeitpunkt reagieren, zu dem die Zinsbindung ausläuft. Deswegen solltest du eine Zinsfestschreibung wählen, die länger als zehn Jahre andauert. Denn nach zehn Jahren kannst du das Darlehen unabhängig von der Zinsbindung immer ordentlich kündigen, die Bank jedoch nicht. Manche Banken umgehen das, indem sie zehn Jahre fest anbieten und optional weitere fünf Jahre zu einem zuvor definierten Zins.

4. Du bist nicht flexibel: Der größte Nachteil bei einer Zinsfestschreibung ist die fehlende Flexibilität. Wenn du vorzeitig aussteigen möchtest, droht dir eine hohe Vorfälligkeitsentschädigung. Wie wir vorhin gesehen haben, kann diese schnell fünfstellig sein. Manche Dinge sind im Leben jedoch nicht planbar, beispielsweise ein Notverkauf nach einer Krankheit oder einer Scheidung. Auch wenn du außerplanmäßige Sondertilgungen vornimmst oder Nachbeleihungen benötigst, bist du bei einem Darlehen mit Zinsfestschreibung im Nachteil. Manchmal ist es erforderlich, dass die Konditionen verändert werden, beispielsweise, wenn du deinen Job wechselst und die Tilgungshöhe deinem veränderten Verdienst anpassen möchtest.

Als Immobilien-Investor profitierst du immer von größtmöglicher Flexibilität. Manchmal möchtest du vielleicht ein hervorragendes Verkaufsangebot wahrnehmen, oder es stehen Sondertilgungen oder Umfinanzierungen an. Wer jetzt immer noch Angst vor variablen Verträgen hat, kann zumindest einen Teil fest finanzieren und einen anderen Teil variabel. Dadurch ist der Mischzins aus den beiden Darlehen meist günstiger, und eine etwaige Vorfälligkeitsentschädigung fällt niedriger aus. Der einzig wirklich wichtige Grund für Zinsfestschreibungen sind hohe Einkaufspreise, wie sie oftmals bei Neubau und Denkmalsanierungen anzutreffen sind. Hier wird die Haushaltsrechnung bereits mit der 8-Prozent-Annuität auf die Restschuld und beispielsweise 3 Prozent Mietrendite belastet.

Allerdings sollte man nicht mit variablen Darlehen starten, wenn man beginnender Investor ist. Zum einen sind in der Regel die Kreditvolumen zu gering, und der Prüfungsaufwand für die Bank ist der gleiche wie bei größeren Volumen. Denn rein theoretisch kannst du das variable Darlehen bei der Bank einen Tag nach Abschluss des Kredits umschulden. Zum anderen ist es am Anfang schwierig, den Zinsmarkt wirklich einschätzen zu können und somit das Zinsänderungsrisiko zu hoch. Da die 8er-Annuität auf die Restschuld am Ende der Zinsbindung berechnet wird, greift sie sofort bei variablen Darlehen. Das kann zur Belastung der Haushaltsrechnung führen.

Ein Tipp aus der Praxis: Eine Alternative zum variablen Darlehen kann ein Darlehen mit sehr kurzer Zinsbindung zwischen zwei und fünf Jahren sein, das anschließend variabel weitergeführt wird. Der Zinssatz in der Zinsbindung ist meistens geringer als ein reines variables Darlehen.

Wie errechnet sich der Zins bei einem variablen Darlehen?

Euribor steht für Euro InterBank Offered Rate und bezeichnet einen gewissen Zinssatz, zu dem sich Banken untereinander Geld leihen. Wenn du dich für die variable Finanzierungsstrategie entscheidest, wirst du in der Regel Darlehen nutzen, die sich am Drei-Monats-Euribor orientieren. Selbstverständlich will die Bank daran etwas verdienen und wird bei Wohnimmobilien Margen oder Risikoaufschläge von circa 0,9 bis 3,5 Prozent verlangen. Dabei ist der Aufschlag bis zum Ende des Kredits fixiert, aber der Drei-Monats-Euribor kann nach oben steigen oder nach unten fallen. Die Bank passt dann in einem festen Rhythmus den veränderlichen Sollzins an.

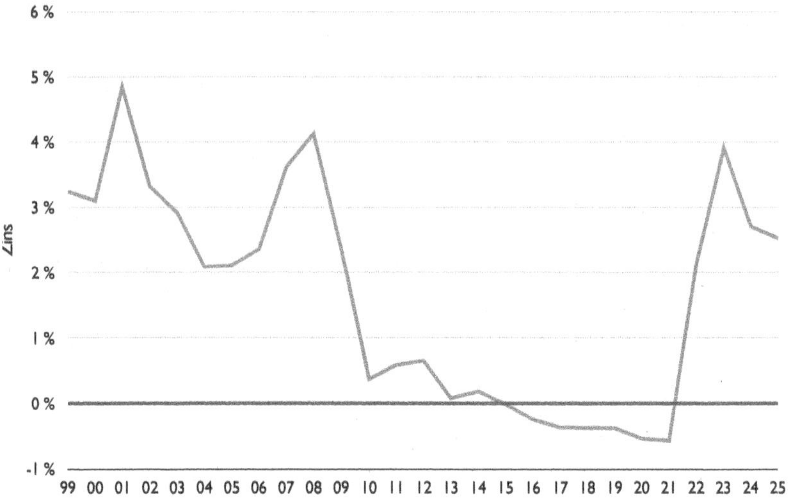

Abbildung 28: Zinschart des Drei-Monats-Euribor (Stand Februar 2025)

Absicherung von variablen Darlehen durch Derivate – ist das ratsam?

Du kannst zum Beispiel einen Zins-Cap kaufen und mithilfe dieser Prämie deinen Zinssatz innerhalb eines gewünschten Zeitraums auf einen Maximalwert begrenzen. Solange der Zinssatz darunter liegt, bleibt deine Finanzierung variabel. Steigt der Zinssatz über den vereinbarten Wert, musst du allerdings keine höheren Zinsen bezahlen. Du musst das Derivat am Anfang der Laufzeit einmalig bezahlen. Einige Banken bieten im Kleinkreditbereich ausschließlich diese Kombination an, da sie an variablen Darlehen weniger verdienen und über den Cap noch eine Provision bekommen. Das Derivat ist zum Zeitpunkt der Zahlung voll steuerlich abzugsfähig. Meist wird ein Cap bei 2,5 bis 3,5 Maximalzinssatz über fünf Jahre abgeschlossen. Je länger der Absicherungszeitraum, desto kostspieliger wird das Derivat. Wie das Cap funktioniert, ist in Abbildung 29 (siehe nächste Seite) zu sehen. Bei der Obergrenze von 5 Prozent bleibt der Zinssatz bei einem Cap von 5 Prozent linear. Darunter ist der Zinssatz variabel.

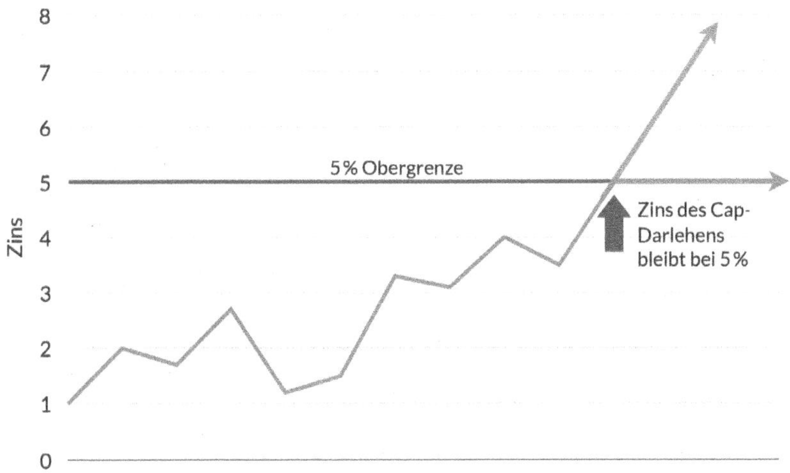

Abbildung 29: Funktionsweise eines Cap-Darlehens

Ein weiteres Instrument ist das Collar-Darlehen. Es ist jedoch nicht so häufig anzutreffen. Bei diesem Darlehen ist der Zinssatz innerhalb zuvor definierter Grenzen variabel. Diese Grenzen werden als Zinskorridor bezeichnet. Collar wurde aus den Wörtern Cap, womit die Zinsobergrenze bezeichnet wird, und Floor, Zinsuntergrenze, entwickelt. Was passiert beim Collar-Darlehen, wenn sich der Kapitalmarktzins über diese Grenzen hinaus nach oben oder unten ausdehnt? Er wird einfach gekappt. Du musst also niemals mehr zahlen als den maximal vereinbarten Zinssatz, kannst aber auch nie weniger zahlen als den minimal vereinbarten Zinssatz. Abbildung 30 (siehe nächste Seite) veranschaulicht dies.

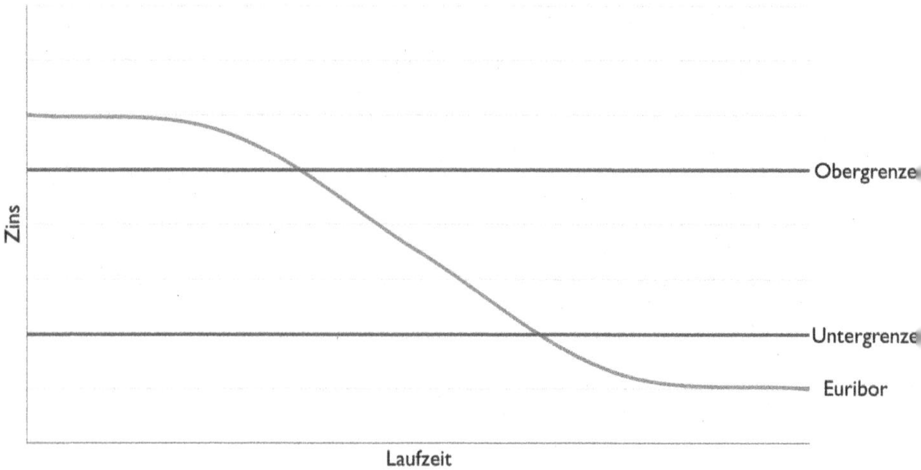

Abbildung 30: Funktionsweise eines Collar-Darlehens

Ratendarlehen

Beim Ratendarlehen vereinbarst du einen festen Tilgungssatz. Deshalb sind deine Raten jeden Monat unterschiedlich. Je mehr du von deinem Kredit getilgt hast, desto weniger musst du bezahlen. Beim Ratendarlehen ändert sich mit Fortschreiten der Tilgung deine monatliche Zinslast: Sie wird immer kleiner, während der Tilgungsbetrag stets gleich hoch bleibt. Diese Darlehnsform trifft man vor allem im gewerblichen Bereich an. Die gleichbleibende Tilgung ist gleichlaufend mit der linearen Abschreibung des Wirtschaftsgutes. Dies wirkt sich positiv auf die betriebliche Liquidität aus.

Endfällige Darlehen

Die Besonderheit bei einem endfälligen Darlehen besteht darin, dass du während der Laufzeit nur Zinsen zahlst und keine Tilgungsleistungen erfolgen. Deine monatliche Rate verändert sich nicht. Sie enthält aber nur die Zinsen und keine Tilgung. Hier wird oft parallel ein Bausparvertrag abgeschlossen, der nach Zinsbindungsende zuteilungsreif ist und das Festdarlehen ablöst. Wie das Ganze funktioniert, zeigt Abbildung 31. Der Vorteil: Durch die gleichbleibende Zinslast können die Werbungskosten für Zinsen in voller Höhe über den gesamten Zeitraum geltend gemacht werden. Der große Nachteil sind die hohen Abschlusskosten und bei Verkauf innerhalb der Zinsbindung die hohe Vorfälligkeitsentschädigung, da nichts getilgt wurde und keine Sondertilgungsoption besteht. Wertpapier-Depots werden zur Absicherung und späteren Tilgung eines solchen endfälligen Darlehens nur noch selten akzeptiert, und wenn, dann nur mit eingeschränkter Fondsauswahl und aufgrund der Schwankungen mit überproportionaler Sparrate. Kapital-Lebensversicherungen sind nach Wegfall der Steuerbefreiung 2005 und durch die niedrigen Zinsen als Möglichkeit zur Tilgung bei Fälligkeit bedeutungslos geworden.

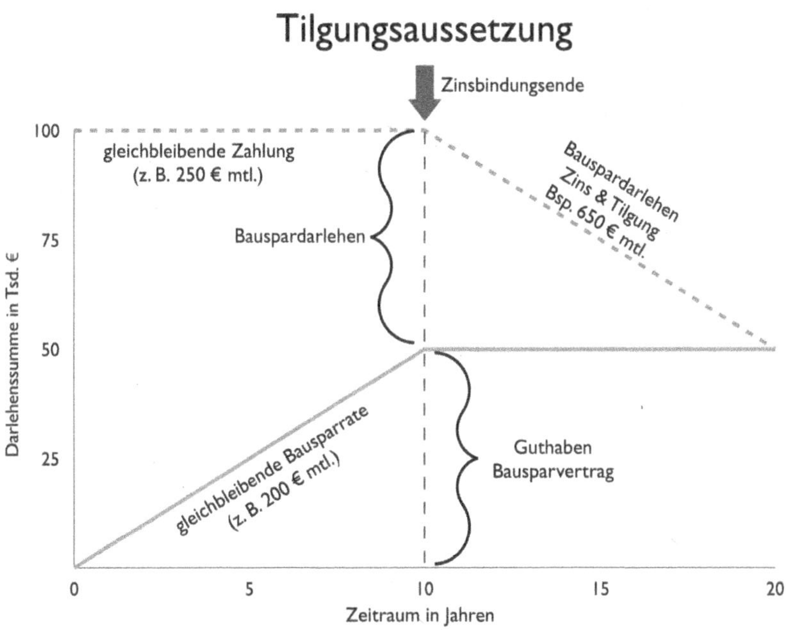

Abbildung 31: Tilgungsaussetzung bei einem endfälligen Darlehen, das mit einem Bausparvertrag gekoppelt ist

Verkäuferfinanzierung

Die Verkäuferfinanzierung kommt in Deutschland praktisch nicht vor. Im Prinzip wäre sie eine gute Alternative zur Bank. Denn der Verkäufer gewährt dir ein Darlehen und bekommt dafür eine Eintragung in Abteilung 3 im Grundbuch. Gerade für Verkäufer mit großem Liquiditätsüberhang ist dies eine gute Möglichkeit, Geld anzulegen. Meistens findet die Verkäuferfinanzierung nicht über den vollen Kaufpreis statt. Der Verkäufer will in der Regel 20 bis 30 Prozent sofort und gewährt den Rest als Darlehen, meistens mit weitaus kürzeren Laufzeiten als bei der Bank. Den Anteil, den der Verkäufer sofort bekommt, kannst du zu sehr guten Konditionen mithilfe der Bank finanzieren. Warum? Weil du der Bank eine erstrangige Grundschuld für 20 bis 30 Prozent des Kaufpreises gibst, denn der Verkäufer bekommt die zweitrangige Grundschuld. Behalte diese Option einfach im Hinterkopf.

Tilgung ist unwiderruflich verlorene Liquidität bis zum Verkauf

Vielleicht ist dein erster Impuls beim Thema Tilgung, schnellstmöglich so viel wie möglich abzuzahlen, damit du in Kürze schuldenfrei bist. Dieser Denkansatz birgt jedoch gewisse Risiken. Deine wichtigste Sicherheit besteht in der Liquidität. Wenn du eine hohe Tilgung vereinbarst, gibst du bis zum Verkauf oder einer Nachbeleihung unwiederbringlich die Liquidität weg. Diese könntest du jedoch einsetzen, um neue Objekte und Modernisierungsmaßnahmen zu finanzieren oder Leerstand zu kompensieren. Natürlich musst du dir dann auch das Geld für diese Zwecke beiseitelegen. Im Idealfall setzt du den Tilgungssatz eher gering an, vereinbarst jedoch das Recht zu Sondertilgungsoptionen. Bei Kaufpreisfinanzierungen wollen die Banken standardmäßig 2 Prozent Tilgung, es gibt nur noch wenige Banken, die 1 Prozent Tilgung akzeptieren. Wie oben schon beschrieben, ist die Tilgung ein wichtiges Element für die Wohnimmobilien-Kreditrichtlinie, denn je mehr du standardmäßig tilgst, umso geringer fällt die 8-Prozent-Annuität aus, die auf die Restschuld am Ende der Zinsbindung berechnet wird. Darüber hinaus solltest du steuerliche Aspekte bedenken. Wenn du auf dem Papier operative Gewinne erzielst, musst du Steuern an das Finanzamt zahlen. Der Sollzins fällt aber immer nur auf den verbleibenden Kreditbetrag, sprich die Restschuld, an. Der Betrag wird umso geringer, je mehr du tilgst. Somit hast du weniger Kosten, die steuerlich absetzbar sind. Wie sich bei einem Annuitäten-Darlehen die jährlichen Kreditraten auf den Tilgungs- und den Zinsanteil aufteilen, verdeutlicht Abbildung 32.

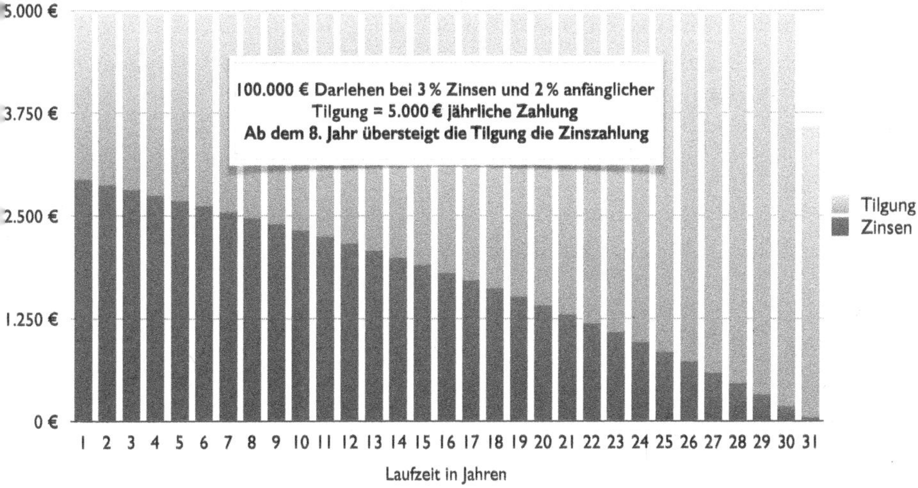

Abbildung 32 Tilgungs- und Zinsanteil bei einem Annuitäten-Darlehen

Ist es sinnvoll, den Kredit ganz zurückzuzahlen? Es ist verständlich, dass du den Kredit am liebsten komplett abzahlen möchtest, um frei von allen Darlehensverbindlichkeiten zu sein. Dies ist jedoch höchstens beim selbstgenutzten Eigenheim ratsam, denn hier sind Zinsen echte Kosten, die nicht steuerlich absetzbar sind. Wenn du hingegen Immobilien-Investor bist, in Renditeobjekte investierst und diese anschließend vermietest, solltest du dich von dieser Strategie lösen. Wenn dein Kreditbetrag bei 60 bis 70 Prozent des Marktwertes liegt, ist es aus unserer Sicht optimal, denn das Objekt bietet genug Sicherheiten für die Bank und auch für dich, auch im Hinblick auf eine Nachbeleihung oder Veräußerung.

Zudem sind bei voller Tilgung keine Kreditzinsen abzusetzen. Vorsicht ist bei einer Nachbeleihung und freien Verwendung der Darlehnsmittel für Konsum geboten. Die Darlehenszinsen sind dann nicht mehr im Rahmen von Werbungskosten absetzbar. Hier solltest du auf jeden Fall vorher mit deinem Steuerberater sprechen.

GmbH-Finanzierung

Es gibt viele Gründe, über eine GmbH zu kaufen. Die Finanzierung ist allerdings bei dieser Variante ein wenig komplexer. Es gibt grundsätzlich zwei Vorgehensweisen.

- Mit Bürgschaft
- Ohne Bürgschaft, nur auf das Objekt abgestellt, ohne Haftung einer natürlichen Person (Non-Recourse)

Mit einer Bürgschaft bekommst du die gleichen Vorteile bei der Finanzierung wie als natürliche Person. Eine Kaufpreisfinanzierung ist hier bei guter Bonität möglich. Aus unserer Sicht ist es sinnvoll, mit einer Teilbürgschaft zu arbeiten, die nach Tilgung eines Betrages wieder freigegeben wird, sobald ein bestimmter Darlehensstand erreicht wird. Viele Kreditinstitute sehen das allerdings nicht vor.

Wenn du ohne Bürgschaft finanzieren willst, muss sich das Objekt grundsätzlich selbst tragen. In der Regel sind hierfür 20 bis 40 Prozent Eigenkapital notwendig. Das ist auch verständlich, da der Bank hier nur die Haftungsmasse der GmbH zur Verfügung steht. Wenn die GmbH bereits Immobilien gekauft hat, diese fortschreitend getilgt wurden und die Objekte im Wert gestiegen sind (stille Reserven), wirkt sich das positiv auf das Scoring aus. Manche Banken haben Besonderheiten, wie beispielsweise 20 Jahre Kreditlaufzeit, wenn die Finanzierung nur auf die GmbH abgestellt ist, oder Minimum-Kreditsummen, wie 500.000 Euro beim Non-Recourse-Verfahren. Allerdings gibt es Banken, die hier bereits GmbH-Finanzierungen ab 50.000 Euro anbieten.

Kreditwürdigkeit: Das sind die absoluten Killer bei einer Kreditanfrage

Grundsätzlich finanzieren Banken nicht in der Probezeit. Es gibt Ausnahmen, wenn beispielsweise jemand in der IT arbeitet oder von Beruf Arzt ist und immer einen Job bekommen würde. Bei den meisten Banken ist die Probezeit ein hartes Kredit-Kriterium. Es ist gängig, dass die Bank Kontoauszüge anfordert, um zu schauen, wie das Zahlungsverhalten des Kreditnehmers in der Vergangenheit war. Auf den Kontoauszügen sollten keine Rücklastschriften oder ungeduldete Überziehungen zu sehen sein. Meistens wird der letzte Monat ungeschwärzt angefragt. Aber auch ein Zeitraum von zwölf Monaten ist schon angefragt worden. Falls eine Rücklastschrift vorhanden ist, warte lieber noch einen Monat ab. Einnahmen, die du hast, sollten grundsätzlich aufs Konto gezahlt werden. Die meisten Banken akzeptieren keine Barzahlungen, auch nicht bei Minijobs. Die Kontonummer auf der Gehaltsabrechnung sollte mit der deines Girokontos übereinstimmen. Während der Elternzeit gibt es verschiedene Herangehensweisen. Die meisten Banken akzeptieren den Elterngeldbescheid, wenn das Elterngeld noch mindestens sechs Monate gezahlt wird und eine Bestätigung des Arbeitgebers vorliegt, dass du wieder eingestellt wirst. Ist der Elterngeldbescheid noch nicht eingegangen, gibt es keine gesicherten Einkünfte, und das Elterngeld kann nicht angesetzt werden. Hier muss in der Haushaltsrechnung noch genügend Luft sein, damit der Wegfall kompensiert werden kann. Negative Schufa-Einträge führen in der Regel zur Ablehnung. Eine 100-Prozent-Finanzierung ist unwahrscheinlich.

Was passiert, wenn du die Kreditrate nicht zahlen kannst?

Eine Rate nicht pünktlich zu zahlen, das sollte dir niemals passieren. Wenn doch, nimm den Hörer in die Hand und sprich mit dem Banker, um einen fixen Termin auszumachen, wann du die Rate nachholst. Halte dieses Versprechen in jedem Fall ein, da du ansonsten bei der Bank ein schlechtes Rating (Bewertung) erhältst. Wann kann die Bank das Darlehen kündigen?

- Der Kunde macht wissentlich Falschangaben, beispielsweise über seine Vermögenssituation. Hier muss dem Kreditnehmer eine entsprechende Zeit eingeräumt werden, um eine Anschlussfinanzierung zu organisieren.

- Der Darlehensnehmer ist mit mindestens zwei aufeinanderfolgenden Teilzahlungen ganz oder teilweise in Verzug und ist insgesamt mit 2,5 Prozent des Nennbetrags des Darlehens in Verzug. Dies ist unter § 498 BGB nachzulesen.

Wenn es hier zu keiner Einigung kommt, kann die Bank über die Grundschuld die Zwangsversteigerung oder Zwangsverwaltung anordnen. Vom Erlös muss in der Regel nicht nur die aktuelle Restschuld beglichen werden, sondern auch der Zinsschaden und die Kosten für die Rechtsverfolgung. Das kann schnell den Veräußerungserlös übersteigen. Reicht dieser nicht aus, um die Schulden zu decken, holt sich die Bank über den Gerichtsvollzieher weiteres Vermögen direkt beim Kreditnehmer. Bei variablen Darlehen ist der Zinsschaden zu vernachlässigen. Auch in dieser Situation hat das variable Darlehen Vorteile. Wir hoffen, du kommst mit deiner Immobilien-Investition niemals in eine solch schwierige Situation. Wenn doch: Übernimm auf jeden Fall die Verantwortung und sprich unbedingt mit der Bank.

In Abbildung 33 ist noch einmal der gesamte Prozess der Kreditbeantragung und -aufnahme dargestellt. Im Folgenden siehst du in aller Kürze, welche Phasen es beim Finanzierungsablauf gibt und worauf es jeweils ankommt.

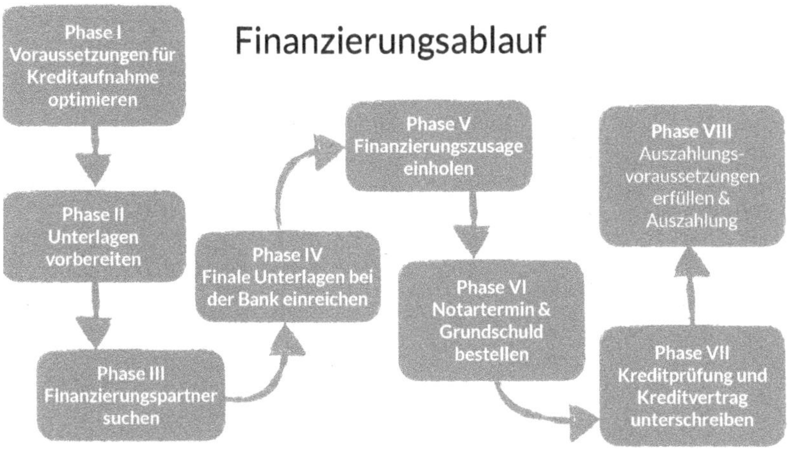

Abbildung 33: Von der Vorbereitungsphase bis zum fertigen Darlehensvertrag

Phase 1: Voraussetzungen für die Kreditaufnahme optimieren

- ❒ Kreditscore verbessern
- ❒ Eigenkapital erhöhen
- ❒ laufende Einnahmen erhöhen (z. B. Minijob)
- ❒ Konsumschulden abbauen
- ❒ Ausgaben verringern (z. B. Eigenmiete)
- ❒ bei Unternehmern: Bilanz sowie Einnahmen-Überschuss-Rechnung optimieren

Phase 2: Unterlagen vorbereiten

- ❒ Haushaltsrechnung erstellen

- ❐ Vermögensbilanz erstellen
- ❐ Objektübersicht/Mieterübersicht erstellen

Phase 3: Finanzierungspartner suchen

- ❐ ggf. Person bei der Bank vorstellen (Beispielobjekt einreichen)
- ❐ Zinsindikationen erfragen (aber keine harte Schufa-Anfrage stellen!)
- ❐ Erste Objekteinschätzung oder Kurzbewertung vom Finanzierungsobjekt

Phase 4: finale Unterlagen bei der Bank einreichen

Phase 5: Finanzierungszusage einholen

- ❐ Kredithöhe und Zins schriftlich bestätigen lassen
- ❐ Grundschuld-Bestellungsunterlagen anfordern

Phase 6: Notar-Termin und Grundschuld bestellen

Phase 7: Kreditprüfung und Kreditvertrag unterschreiben

Phase 8: Auszahlung und Auszahlungsvoraussetzungen erfüllen

- ❐ Eintragung der Grundschuld durch den Notar

- ❒ Vorrangiger Einsatz des Eigenkapitals
- ❒ Fälligkeitsmitteilung des Notars
- ❒ Einreichung des Auszahlungsauftrags

Zusammenfassung

Wie du siehst, ist das Thema Finanzierung sehr komplex. Du solltest ihm genauso viel Beachtung schenken wie der Strategie und der Einkaufsprüfung. Je mehr Know-how du im Bereich Finanzierung hast, desto besser. Es lohnt sich, verschiedene Finanzierungsinstrumente und Strategien anzuwenden, damit du dein Immobilien-Portfolio mit dem größtmöglichen Nutzen für dich aufbauen kannst. Du kannst dieses Thema nicht delegieren und habe immer im Hinterkopf, dass du Verträge für Jahrzehnte schließt!

Erfolgreich kalkulieren

In diesem Kapitel geht es darum, alle Zahlungsströme zu erfassen und in einer Gesamtrechnung zusammenzuführen. Weiterhin wirst du erfahren, welche Stellschrauben es gibt und wie sich deine Gesamtrechnung verändert, wenn du an den einzelnen Schrauben drehst. Die Betrachtungen, die wir durchführen, unterteilen sich in eine Liquiditätsberechnung, die steuerliche Berechnung und die Gesamtrechnung. Vereinfacht gesagt: Was passiert bei dir im Portemonnaie, und was erklärst du gegenüber dem Finanzamt? Die Gesamtrechnung beinhaltet die beiden anderen Berechnungen inklusive der kalkulatorischen Kosten. Dazu werden wir uns die wichtigen Kennzahlen anschauen, die für die Einkaufsentscheidung relevant sind. Oft denkt der Investor, dass er Geld verdient, in der Realität jedoch schreibt er rote Zahlen. Mit einer vernünftigen Kalkulation kannst du das zum großen Teil vermeiden. Natürlich kannst du immer nur mit den Zahlen kalkulieren, die du kennst. Deswegen sind die Informationsbeschaffung und die Vorbereitung so wichtig.

Ein gewisses Restrisiko besteht aber immer, wenn zum Beispiel ein Mieter direkt nach dem Kauf auszieht oder wenn noch keine Modernisierungsrücklage für das Sondereigentum gebildet wurde und sich hinterher herausstellt, dass die Elektrik komplett erneuert werden muss. Hierfür müssen oftmals große Summen aufgewendet werden, die in der Kalkulation nicht eingeplant wurden. Auf unserer Website immlab.de findest du ein Kalkulationstool, das dir gute Dienste erweisen sollte. Mit diesem Tool kannst du eigene Berechnungen durchführen und verschiedene Szenarien analysieren. (vgl. Abbildung 34, siehe nächste Seite).

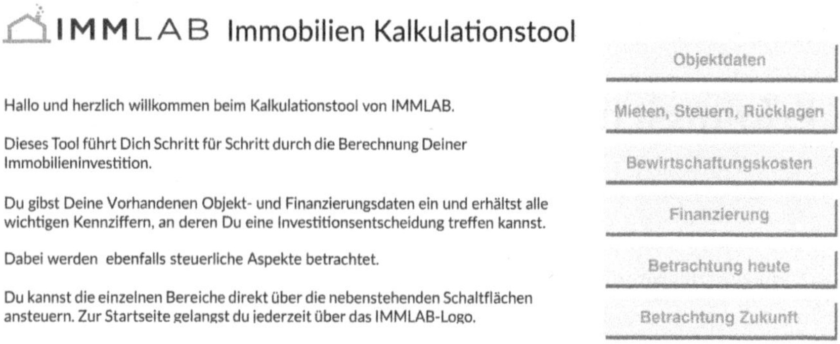

Abbildung 34: Das Kalkulationstool auf immlab.de

Um die Kalkulation besser darstellen zu können, haben wir dir eine fiktive Immobilie in der Max-Muster-Straße 32 in Leipzig mitgebracht, die als Beispiel für die Benutzung des Kalkulationstools dienen soll. Für die Berechnung nehmen wir unser Kalkulationstool, das wir in Excel erstellt haben. Mit Numbers für Mac funktioniert es leider nicht. Du erhältst es kostenlos im Download-Bereich unserer Internetseite immlab.de. Unser Tool bildet alle relevanten Szenarien ab – wir haben uns genau überlegt, wie man eine Immobilie optimal kalkuliert, welche Zahlen entscheidend sind und welche Faktoren berücksichtigt werden müssen. Neben den klassischen Berechnungen kannst du jederzeit verschiedene Exit-Szenarien und Cashflows durchspielen, um alle Eventualitäten in deine Investmententscheidung einzubeziehen.

Objektdaten eingeben

Zuerst solltest du alle wichtigen Daten zum Objekt zusammentragen, damit du einen Überblick bekommst, siehe Abbildung 35. Auf einen Blick siehst du die Kaufnebenkosten wie Grunderwerbsteuer, Makler und Notar. Wichtig ist hier, dass die anfänglichen Investitionen unter der 15-Prozent-Grenze für den anschaffungsnahen Aufwand bleiben. In unserem Beispiel hättest du circa 22.318 Euro inklusive Mehrwertsteuer zur Verfügung.

In der Tabelle in unserem Kalkulationstool kannst du diese Unterscheidung exakt treffen. Der Eigenkapitaleinsatz würde bei einer Kaufpreisfinanzierung 12,64 Prozent vom Kaufpreis betragen, wenn der Investor nur die Kaufnebenkosten in Höhe von 18.707 Euro trägt.

Objektdaten

Objekt und Kaufdatum			
Adresse	Max Muster Straße 32 Leipzig		
Kaufdatum	28.04.18	Art	ETW
Wohnfläche	88,0 m²	Stellplätze	1

Kaufpreis und Kaufnebenkosten		
Kaufpreis	148.000 €	
pro m² Wohnfläche	1.682 €	
Makler	7,14%	10.567 €
Notar	1,50%	2.220 €
Grundbuch Amt	0,50%	740 €
Grunderwerbssteuer	3,50%	5.180 €
Sonstige	0,00%	0 €
Summe	12,64%	18.707 €

Anfängliche Investitionen			
Was	Kosten	Steuerlich	Wertsteig.
Sonstiges	8.000 €	Aktivieren	6.000 €
Sonstiges	0 €	Aktivieren	0 €
Sonstiges	0 €	Aktivieren	0 €
Summe	8.000 €	Summe	6.000 €
15% Grenze	22.318 €	Neuer Wert	154.000 €

Gesamtinvestitionskosten	
Summe	174.707 €

Abbildung 35: Eingabe der Objektdaten im immlab.de-Kalkulationstool

Die Summe der gesamten Investition inklusive Kaufnebenkosten beträgt 166.707 Euro. Diese Zahl ist wichtig, denn sie dient als Grundlage für die Kalkulation bestimmter Kennzahlen. Die 15-Prozent-Grenze für den anschaffungsnahen Aufwand habe ich wie folgt berechnet: 75 Prozent auf die Anschaffungskosten ist der abschreibungsfähige Gebäudewert. Auf diesen Wert von 125.030,25 (166.707 x 0,75= 125.030,25) Euro habe ich 15 Prozent berechnet und erhalte 18.754,54 Euro Nettokosten, die investiert werden können. Hinzuzurechnen ist noch die Umsatzsteuer, um die bruttoanschaffungsnahen Kosten zu berechnen. Diese betragen 22.317,90 Euro (18.754,54 x 1,19=22.317,90). Ohne Rundungen erhält man 22.317,93 Euro.

Bewirtschaftung des Objekts

Bei der Bewirtschaftung des Objekts geht es um den Betrieb einer Immobilie, Abbildung 36 (siehe nächste Seite) zeigt, wie sie im Kalkulationstool erfasst werden. Hinsichtlich der Bewirtschaftungskosten pro Monat wird hier in kalkulatorischen, umlagefähigen und nicht umlagefähigen Kosten unterschieden. Kalkulatorische Kosten sind Kosten, die mit hoher Wahrscheinlichkeit irgendwann entstehen. Hier sind der kalkulatorische Mietausfall und die kalkulatorische Instandhaltung für das Sondereigentum zu nennen. Denn nur für das Gemeinschaftseigentum gibt es die Pflicht, es kaufmännisch korrekt zu verwalten. Dazu gehört in den meisten Fälle auch die Bildung einer Instandhaltungsrücklage. Allerdings muss eine Wohnung, die 20 Jahre bewohnt wurde, höchst wahrscheinlich renoviert werden. Dafür solltest du, je nach Alter und Art des Objekts, zwischen 20 Cent bis 1 Euro pro Quadratmeter kalkulieren. Bei Objekten mit hochwertiger Ausstattung kann dieser Wert auch höher ausfallen oder bei erschöpfter Rücklage kann dieser Wert überschritten werden. Wir haben hier einen Betrag von 50 Cent pro Quadratmeter genommen, also 44 Euro pro Monat. So kommen für die Beispielwohnung in zehn Jahren 5.280 Euro für die mögliche Modernisierung des Sondereigentumszusammen. Je nach Alter der Wohnung, Ausstattung und Zustand solltest du hierfür einen realistischen Wert finden. Die

Bewirtschaftungskosten

Bewirtschaftungskosten pro Monat	
Umlagefähig	172 €
Nicht umlagefähig	223 €
entspricht % der Nettokaltmiete	30%
Insgesamt	395 €

Hausgeld	
Hausgeld insgesamt	270 €

Umlagefähige Kosten	
Hausgeld (umlagefähiger Teil)	160 €
Grundsteuer	12 €
Sonstiges	0 €
Summe	172 €

Nicht umlagefähige Kosten	
Hausgeld (nicht umlagefähiger Teil)	110 €
davon WEG Rücklage	50 €
+ Eigene Instandhaltungsrücklage	88 €
+ Kalkulatorischer Mietausfall	23 €
+ Sonstiges	2 €
= Summe	223 €

Sonstige umlagefähige Kosten (Details)	
Kostenposition I	0 €
Kostenposition II	0 €
Kostenposition III	0 €
Weitere Kosten	0 €
Summe	0 €

Sonstige nicht umlagefähige Kosten (Details)	
Kostenposition I (Kontoführung WEG)	2 €
Kostenposition II	0 €
Kostenposition III	0 €
Weitere Kosten	0 €
Summe	2 €

Abbildung 36: Bewirtschaftungskosten im immlab.de-Kalkulationstool

kalkulatorischen Kosten wirken sich zunächst steuerlich nicht aus, absetzbar sind sie erst, wenn wirklich modernisiert wird. Die gesamten Kosten liegen bei 395 Euro im Monat. Das Hausgeld enthält natürlich keine kalkulatorischen Kosten und besteht seinerseits aus umlagefähigen und nicht umlagefähigen Kosten. Bei den sonstigen, nicht umlagefähigen Kosten haben wir 2 Euro im Monat Kontoführungsgebühren der WEG eingerechnet.

Finanzierung

In dem Abschnitt »Finanzierung« tragen wir die Daten der Finanzierung ein (vgl. Abbildung 37). Das ist wichtig, um das steuerliche Ergebnis und das Cashflow-Ergebnis zu berechnen.

Finanzierung

Gesamt-Finanzierung	
Darlehenssumme	156.000 €
Eigenkapital	18.707 €
Zinssatz gewichtet	2,05%
Anfängliche Tilgung gewichtet	2,78%
Kapitaldienst pro Monat	628 €

Darlehen I	
Darlehenssumme % Kaufpreis	80%
Darlehenssumme	148.000 €
Zinssatz	2,00%
Anfängliche Tilgung	2,50%
Kapitaldienst pro Monat	555 €
Jahr der Volltilgung	2047

Darlehen II	
Darlehenssumme	8.000 €
Zinssatz	3,00%
Anfängliche Tilgung	8,00%
Kapitaldienst pro Monat	73 €
Jahr der Volltilgung	2028

Abbildung 37: Finanzierungskosten im immlab.de-Kalkulationstool

In dem Tool gibt es die Möglichkeit, dein Darlehen einzutragen. In der Kalkulation werden die Tilgung und der Zinssatz gewichtet angegeben, das heißt, das Tool berechnet das gemittelte Verhältnis des Zinses und der Tilgung mehrerer Darlehen (falls ein zweites Darlehen aufgenommen wird, wie ein KfW-Darlehen). Der monatliche Kapitaldienst besteht aus Zins und Tilgung. Wenn es sich um ein endfälliges Darlehen handelt, kann die Tilgung auf null Euro gesetzt werden. Oft sind Darlehen geteilt, wenn beispielsweise ein Hauptdarlehen und dazu ein Förder-Darlehen von der KfW abgeschlossen werden.

Steuerdaten

Kommen wir nun zur steuerlichen Betrachtung. Wie schon beim Thema Finanzierung angesprochen, kannst du auf dem Papier zwar Gewinne erwirtschaften, aber mit einer zu hohen Tilgung, die nicht steuerlich relevant ist, entsteht ein Gewinn, der dann noch versteuert werden muss. Deswegen ist es wichtig, zu schauen, was du dem Finanzamt gegenüber erklären musst und ob eine Steuererstattung oder eine Steuernachzahlung zu erwarten ist. Um das Ergebnis berechnen zu können, ist die Abschreibung wichtig.

Miete, Steuern, Rücklagen

Soll-Miete pro Monat	
Kaltmiete Wohnfläche pro qm	8,0 €
Kaltmiete Wohnfläche gesamt	704 €
+ Stellplätze	45 €
+ Sonstiges	0 €
= Nettokaltmiete	749 €
+ Umlagefähige Kosten	172 €
= Warmmiete	921 €

Steuern	
AfA Satz	2,5%
Anteil Gebäude an Kaufpreis	75%
Basis für langfristige Abschreibung	133.030 €

Rücklagen	
Kalkulatorischer Mietausfall	2,50%
Eigene Instandhalt.-Rückl. (pro qm p.a.)	12 €
Empfohlene eigene Instandhalt.-Rückl.	16,83 €

Prognose	
Kostensteigerung p.a.	2,0%
Mietsteigerung p.a.	2,0%
Wertsteigerung p.a.	2,0%

Abbildung 38: Steuerdaten im immlab.de-Kalkulationstool

In diesem Abschnitt, siehe Abbildung 38, gibst du also die Daten wie AfA und Gebäudeanteil, Kostensteigerung, Mietausfall, Rücklagen usw. ein. Nach dem erfolgreichen Ausfüllen der Tabelle bekommst du das Ergebnis und kannst im Anschluss gegebenenfalls die Stellschrauben verändern.

Heutige Betrachtung

Bei der heutigen Betrachtung siehst du alle Zahlen, die relevant sind, auf einen Blick (vgl. Abbildung 39). So kannst du schnell entscheiden, ob sich ein Objekt unter den eingetragenen Parametern lohnt. In unserem Beispiel kannst du Folgendes erkennen: Obwohl die Miete über der Darlehensrate liegt, ist der Cashflow des Objekts in der Gesamtbetrachtung negativ. Natürlich sind hier auch die kalkulatorischen Kosten enthalten, die du eventuell reduzieren kannst, aber das muss auf jede Immobilie genau abgestimmt werden. Wenn die Wohnung gerade umfassend saniert

Betrachtung heute

Vermögenszuwachs	
Vermögenszuwachs p.a.	5.722 €
ohne Wertsteigerung	2.642 €

Miete und Mietrendite	
Nettokaltmiete pro Jahr	8.988 €
Bruttomietrendite	6,1%
Faktor	16,5
Nettomietrendite	3,6%

Cashflow pro Monat (Überschuss)	
Warmmiete	921 €
- Bewirtschaftungskosten	-395 €
- Zinsen	-267 €
- Tilgung	-362 €
= Cashflow operativ	-102 €
- Steuern	-39 €
= Cashflow nach Steuern	-141 €

Nebenrechnung Steuer (Monatsbasis)	
Warmmiete	921 €
- Bewirt.-Kosten ohne eigene Rückl.	-284 €
- Zinsen	-267 €
- Abschreibung (AfA)	-277 €
= zu versteuernder Cashflow	93 €
* persönlicher Grenzsteuersatz	42%
= Steuern	39 €

Eigenkapitalrendite	
Eigenkapitalrendite p.a.	30,6%
ohne Wertsteigerung	14,1%

Abbildung 39: Heutige Betrachtung im immlab.de-Kalkulationstool

wurde, kann es sein, dass du in den nächsten zehn Jahren gar nichts machen musst. In der Nebenrechnung für die Steuer siehst du, was steuerlich passiert. Hier haben wir einen Steuersatz von 42 Prozent angenommen.

Zusätzlich sind noch mal 5,5 Prozent der Steuerlast als Solidaritätszuschlag und 8 oder 9 Prozent der Steuerlast, je nach Bundesland, als Kirchensteuer an den Fiskus zu zahlen. Wenn du bei Google »BMF Steuerrechner« eingibst, kommst du auf den Steuerrechner vom Bundesministerium für Finanzen. Hier kannst du deinen persönlichen Steuersatz berechnen. Wenn du über eine GmbH kaufst, kannst du im betreffenden Feld 15 Prozent Körperschaftsteuer eintragen. Wenn du mit der GmbH gewerbesteuerpflichtig bist, solltest du noch die Gewerbesteuer hinzuaddieren. Wenn du dir über die GmbH Gewinne ausschütten lässt, musst du die zusätzliche Steuerlast erfassen. Die Gesamtberechnung für das Beispielobjekt befindet sich im Download-Bereich unserer Website immlab.de.

Entwicklung des Investments

In dem Tool, das wir dir zur Verfügung stellen, kannst du für jedes Jahr die Entwicklung der Zahlen nachverfolgen und behältst somit den Überblick. Leider passt diese Übersicht nicht auf eine Buchseite. Bei der Betrachtung der Zukunft solltest du das Zinsänderungsrisiko mit einplanen. Hier kannst du auch mit den Werten von Banken arbeiten, um zu sehen, ob du mit der 8-Prozent-Annuität auf die Restschuld durch die Haushaltsrechnung kommen würdest.

Exit-Szenario und Risikobetrachtung

In der Exit-Szenario-Tabelle (vgl. Abbildung 40, siehe nächste Seite) kannst du auf einen Blick sehen, was passiert, wenn sich der übliche Faktor an dem Standort ändert, wenn die Miete gesteigert werden kann oder wenn sie sich reduziert. Eine interessante Frage in diesem Zusammenhang lautet beispielsweise, wie stark die Miete bei gleichem Faktor sinken müsste, damit du das Objekt noch verkaufen und deine Restschuld nach Zinsbindung bedienen könntest. Aber auch für die Fix-and-Flip-Strategie siehst du, was passiert, wenn du die Miete steigerst und dann das Objekt gleich weiterverkaufst. In der Mitte des Dokuments (Spalte Nettokaltmiete), kannst du einfach die Jahreskaltmiete eintragen.

Exit-Szenarien

Faktor			Netto Kaltmiete		
	+20 Prozent	+10 Prozent	+/- 0 Prozent	-10 Prozent	-20 Prozent
16	172.570 €	158.189 €	143.808 €	129.427 €	115.046 €
17	183.355 €	168.076 €	152.796 €	137.516 €	122.237 €
18	194.141 €	177.962 €	161.784 €	145.606 €	129.427 €
19	204.926 €	187.849 €	170.772 €	153.695 €	136.618 €
20	215.712 €	197.736 €	179.760 €	161.784 €	143.808 €
21	226.498 €	207.623 €	188.748 €	169.873 €	150.998 €
22	237.283 €	217.510 €	197.736 €	177.962 €	158.189 €
23	248.069 €	227.396 €	206.724 €	186.052 €	165.379 €
24	258.854 €	237.283 €	215.712 €	194.141 €	172.570 €
25	269.640 €	247.170 €	224.700 €	202.230 €	179.760 €
26	280.426 €	257.057 €	233.688 €	210.319 €	186.950 €
27	291.211 €	266.944 €	242.676 €	218.408 €	194.141 €
28	301.997 €	276.830 €	251.664 €	226.498 €	201.331 €

Abbildung 40: Verschiedene Exit-Szenarien im immlab.de-Kalkulationstool

Zusammenfassung

Die Kalkulation ist eine der wichtigsten Tätigkeiten, um eine Entscheidung zu treffen. Wichtig sind die Vorarbeiten und Informationsbeschaffung. Auf keinen Fall solltest du dir ein Investment schönrechnen. Insbesondere zukünftige Preissteigerungen sollten vorsichtig angesetzt werden. Du solltest zudem zwingend eine kalkulatorische Instandhaltung für das Sondereigentum bilden. Viel Spaß beim Kalkulieren deiner eigenen Projekte. Suche dir dazu am besten zehn Objekte auf einer Immobilienplattform heraus und rechne sie durch, um ein Gefühl für die Kalkulation zu bekommen.

Werde Meister deiner Gedanken

»Der Mensch ist Produkt seiner Gedanken. Er wird, was er denkt.«
Mahatma Gandhi

Es ist unabdingbar, dass du die richtige Einstellung im Kopf und Herzen trägst, wenn es um das Thema nachhaltige Immobilien-Investitionen geht. Menschen, die erfolgreich in Immobilien investieren, zeichnen sich durch bestimmte Charaktereigenschaften aus. Allerdings sei an dieser Stelle gesagt, dass du dieses Mindset zum heutigen Zeitpunkt noch nicht haben musst, denn es wird automatisch mit der Zeit durch das richtige Handeln entstehen. An erster Stelle steht hier und heute die Entscheidung, deinen Plan einer Immobilien-Investition umzusetzen. Denke an die 72-Stunden-Regel. Sie besagt, dass alles, was mit Veränderung und Transformation zu tun hat, nicht passieren wird, wenn du nicht innerhalb von 72 Stunden damit beginnst. Also beginne jetzt.

Wichtig ist, dass du deine Wahrnehmung auf die angesprochenen Themen lenkst. Wir nennen das die selektive Wahrnehmung. Denn was uns bewusst ist, ist nur ein kleiner Ausschnitt der gesamten Realität. Nehmen wir an, du hörst deinen Namen aus der hinteren Ecke des Raumes oder irgendein anderes Stichwort, das dir täglich begegnet. Du wirst spüren, wie deine Aufmerksamkeit dorthin wandert. So ist es auch mit einem etwaigen roten Auto, das du dir kaufen willst. Auf einmal wirst du nur noch rote Autos sehen. Dieser Abschnitt hat das Ziel, deine Achtsamkeit und Aufmerksamkeit auf wichtige Charaktereigenschaften zu lenken, damit du diese ausbilden kannst. In Fachkreisen wird hier vom retikulären Nervensystem gesprochen, das alles verstärkt, worauf du deine Aufmerksamkeit richtest.

Des Weiteren werden wir uns Gesetzmäßigkeiten anschauen. Eine Gesetzmäßigkeit hilft uns dabei, bestimmte Dinge vorauszusagen. So sagt beispielsweise die Schwerkraft voraus, wie schnell ein Apfel aus einer bestimmten Höhe heraus zu Boden fällt. Es gibt aber auch Gesetze im Bereich des Geistes, deren Auswirkung nicht im ersten Moment abschätzbar ist. Diese Gesetze helfen dir als Investor weiter. Wir könnten mit diesem Thema mehr als ein Buch füllen, aber da es hier in erster Linie um die konkrete Umsetzung eines erfolgreichen Immobilien-Deals geht, werden wir uns auf das Nötigste beschränken. Wir werden immer wieder auf Bücher verweisen, mit deren Hilfe du dein Mindset gestalten kannst. Für uns sind Immobilien ebenso wie der Aufbau eines Unternehmens eine der besten Persönlichkeits-Entwicklungsmaschinen, die es gibt.

Warum handelt es sich dabei um eine Persönlichkeits-Entwicklungsmaschine? Du trägst die gesamten Konsequenzen für dein Handeln und bist für dein Eigentum verantwortlich. Auch hier wird wieder das Gesetz von Ursache und Wirkung deutlich. Der Kauf einer Immobilie kann viele Wirkungen haben. Wenn du beispielsweise eine Immobilie kaufst, die sich im Nachhinein als problematisch erweist, bleibt dir letztendlich nichts anderes übrig, als das Problem zu lösen – zumindest, wenn du nicht langfristig in eine Schieflage geraten willst. Mit der Lösung des Problems erreichst du das nächste Plateau, und so geht es immer weiter. Ein Problem oder ein Hindernis taucht auf, welches du nicht erwartet hast oder welches nicht in diesem Buch besprochen wird. Und in genau dieser Schwierigkeit steckt für dich das große Entwicklungs-Potenzial. Stecke daher niemals den Kopf in den Sand, sondern denk daran, wer du sein wirst, wenn du das Problem gelöst hast. Wenn du die Sache beherzt angehst, wirst du danach ein unglaublich befriedigendes Gefühl haben und neue Fähigkeiten erworben haben, die dir beim nächsten Problem oder weiteren Deals helfen werden.

Wie gehst du als Investor mit Geld um?

> *»Papiergeld kehrt früher oder später zu seinem inneren Wert zurück – Null.«*
>
> *Voltaire*

Wir würden Voltaire recht geben. Was hat Geld überhaupt für einen Wert? Es hat den Wert, den wir ihm geben. Würde keiner mehr an Geld glauben und keiner es mehr annehmen, wäre es nicht mehr als einige Fetzen Papier oder einige Metall-Rundlinge. Wenn du beispielsweise beim Bäcker um die Ecke deine Brötchen nicht mehr damit bezahlen könntest, wäre das Geld wertlos für dich. Wir Menschen geben dem Geld seinen Wert. Was du jedoch momentan mit 50 Euro kaufen kannst, ist lediglich eine Momentaufnahme. Es ist nicht vorherzusagen, wie viel die gleiche Summe in 20 oder 30 Jahren wert sein wird. Durch die Inflation und durch Währungsreformen wurde das Geld immer wieder entwertet. Genauso wird es weitergehen.

Das Geld ist heute schon lange nicht mehr durch Gold gedeckt. Stattdessen garantieren (supra)staatliche Institutionen wie die EZB für den Wert des Geldes. Allerdings erleben wir derzeit eine der dynamischsten Phasen der Geldpolitik. Nach Jahren historisch niedriger Zinsen folgte der schnellste Zinsanstieg seit Jahrzehnten. Diese Entwicklung verändert Finanzierungen, Kapitalmärkte und Investitionsstrategien grundlegend.

Was genau ist Geld überhaupt? Geld ist ein Wertspeicher, der abhängig davon ist, wie die staatlichen Institutionen damit umgehen und wie hoch das Vertrauen der Menschen in die Währung ist. Kann es das Ziel sein, möglichst viel Geld zu verdienen?

Einige Studien sagen aus, dass eine Steigerung des monatlichen Einkommens auf mehr als 5.000 Euro nicht automatisch bewirkt, dass Menschen glücklicher sind.

Geld ist nur ein Instrument, um etwas zu erreichen. Es ist ein Mittel zum Zweck. Du solltest immer eine Vision oder eine Bestimmung haben, und nicht einfach nur Geld um des Geldes willen verdienen. Wer nur dem Geld hinterherjagt, wird viel zerbrochenes Porzellan hinterlassen.

Und eines ist gewiss: Das Geld wird immer schneller sein als du, also laufe ihm nicht hinterher.

Geld ist also ein Mittel zum Zweck und ein Instrument, um die eigene Bestimmung zu erreichen.

> *»Geld ist nur ein Instrument. Es bringt einen überallhin, wo man hinmöchte, aber es wird nie den Steuermann ersetzen.«*
>
> *Ayn Rand*

Wozu also brauchen wir Geld?

- ❒ Um finanziell unabhängig zu sein. Ein wichtiger Meilenstein könnte sein, nach allen Abzügen ein Einkommen in Höhe von 5.000 Euro aufzubauen, das bei überschaubarem Zeiteinsatz jeden Monat wiederkehrt.
- ❒ Um durch den Aufbau eines hohen Eigenkapitals Projekte realisieren zu können.
- ❒ Zum Tausch gegen echte Sachwerte, die langfristig ihren Wert behalten, den wir zudem zum Großteil selbst beeinflussen können.
- ❒ Um unserer eigenen Bestimmung und unserer inneren Stimme folgen zu können. Das setzt voraus, dass wir für den Broterwerb nicht unsere ganze Zeit investieren müssen.

> *»Ist es wirklich das Geld, das Sie suchen, oder sind es die Gefühle, die Geld Ihrer Meinung nach erzeugen kann?«*
>
> *Aus dem Buch* Unangreifbar
> *von Tony Robbins zum Thema Finanzwelt*

Wir erheben hier keinen Anspruch auf Vollständigkeit. Sicher fallen dir noch weitere sinnvolle Möglichkeiten für die Verwendung von Geld ein.

Wie kannst du intelligent mit Geld umgehen?

Wir empfehlen dir an dieser Stelle, das Buch *Der reichste Mann von Babylon* zu lesen. Hier geht es darum, dass du dir jeden Monat 10 Prozent deines Einkommens zurücklegen sollst. Nach zwölf Monaten hast du schon mehr als ein Monatsgehalt, das für dich arbeitet. Du darfst diesen sich stetig vermehrenden Geldberg unter keinen Umständen anfassen. Denn er ist dafür da, dich reich zu fühlen und dadurch immer weiteren Reichtum anzuziehen. Schaue dir dazu am besten den Film »The Secret« an, bei dem es um das Gesetz der Anziehung geht.

Des Weiteren solltest du verschiedene Geldtöpfe bilden. Einen für die Instandhaltung deiner Objekte, einen anderen für den Aufbau von neuem Eigenkapital, Steuern, Lifestyle usw. Überlege dir, welche Töpfe du brauchst, und halte dann um jeden Preis die Sparmaßnahmen ein, die nötig sind, um zumindest die Töpfe nicht aufzubrauchen, die für Investitionen und die Generierung eines Passiveinkommens da sind. So fängst du an, reich zu werden. Wenn du merkst, dass du das ganze Geld für Lifestyle ausgibst, solltest du dich davon befreien. Du wirst sehen, dass dir weniger Lifestyle mehr Freiheit gibt und dass ein Neuwagen oder eine schicke Wohnung auf Dauer auch eine Last darstellen können, insbesondere, wenn du über deinen Verhältnissen lebst. Unter keinen Umständen darfst du Geld ausgeben, das du nicht hast, also einen Kredit aufnehmen, es sei denn, es handelt sich um eine Investition, die einen Cashflow generiert. Unterscheide stets zwischen Konsum und Investment.

Welche Schulden sind sinnvoll?

Um ein Immobilien-Investment finanziell stemmen zu können, kommst du nicht darum herum, Schulden zu machen. Vielleicht bist du mit dem Glaubenssatz aufgewachsen, dass Schulden etwas Schlechtes seien. Als erfolgreicher Immobilien-Investor solltest du besser den Leitspruch von Robert T. Kiyosaki aus dem Buch *Rich Dad, Poor Dad: Was die Reichen ihren Kindern über Geld beibringen* verinnerlichen: »Lassen Sie (fremdes) Geld für sich arbeiten, anstatt immer nur hart für Ihr Geld zu arbeiten.« Es gibt allerdings durchaus einen Unterschied zwischen guten und schlechten Schulden. Konsumschulden solltest du, wie oben schon erwähnt, unbedingt vermeiden, da die angeschafften Gegenstände in der Regel keinen Vermögenswert darstellen, sondern nach kurzer Zeit nahezu wertlos sind.

Gute Schulden zeichnen sich dadurch aus, dass ein Asset gegenübersteht, das für laufende Einnahmen sorgt und zumindest seine Substanz behält, beispielsweise durch die Mieteinnahmen einer Immobilie. Im Idealfall ist dieser Betrag steigend. Zinsen stellen Ausgaben dar und wirken sich steuermindernd aus. Zudem frisst die Inflation einen Teil der Schulden auf. Wenn du eine Immobilie kaufst, zahlen die Mieter deine Schulden ab. Durch das fremde Geld wird ein stetiger Geldfluss auf deinem Konto generiert, der höher sein sollte als deine Kosten im Zusammenhang mit dem Objekt. Du kannst davon ausgehen, dass alle reichen Menschen Schulden haben.

Kurzer Ausflug zu Aktien und Fonds

Die gleiche Regel wie für Aktien gilt auch für Immobilien. Um wie viel Prozent muss eine Aktie steigen, wenn ihr Kurs zuvor um 50 Prozent gefallen ist? Nicht um 50 Prozent, sondern um 100 Prozent. Viele denken, das Schlimmste, das passieren kann, ist, zu teuer einzukaufen. Noch fatalere Auswirkungen hat es jedoch, wenn zum einen der Einkaufspreis zu hoch war und du zum anderen in einer Marktkorrektur verkaufen musst. In solchen Phasen ist es vielmehr sinnvoll, Immobilien nachzukaufen. Deswegen solltest du Immobilien über einen langen Zeitraum kaufen. Hier wirst du zwar nicht immer den besten Einkaufspreis erzielen, aber im Mittelfeld immer gut einkaufen. Halte dir genügend finanzielle Mittel zurück, um auch bei Marktkorrekturen wie zuletzt im Jahr 2008 und 2023 Schnäppchen machen zu können. Was kannst du dir noch von erfolgreichen Investoren abschauen? Sie gehen immer asymmetrische Risiken ein. Was heißt das? Ein symmetrisches Chancen-Risiko-Verhältnis zeichnet sich dadurch aus, dass bei einem Anstieg des Risikos im gleichen Verhältnis die Chancen, also eine mögliche Rendite, ansteigt. Smarte Investoren versuchen immer, asymmetrische Chancen-Risiko-Verhältnisse zu finden, also wenig Risiko mit vergleichsweise hoher Rendite. Dafür braucht es Zeit, Fokus und jede Menge Know-how.

Tausche nie langfristig Geld gegen Zeit ein

Erfolg hat fast nie etwas mit Äußerlichkeiten zu tun. Auch wenn es Spaß macht, ein schickes Auto zu fahren, so verliert ein solcher Wagen dennoch direkt nach dem Kauf einen erheblichen Teil seines Wertes. Dein Ziel ist es, Karriere zu machen? Was passiert, wenn der Inhaber des Unternehmens wechselt oder deine Abteilung geschlossen wird? Du benötigst weder Personal noch Strukturen oder Hierarchien, um erfolgreich zu sein. Wenn du dir das Wort genauer anschaust, entdeckst du darin das Wort »reich«. Erfolg hat sehr viel mit Freiheit und Unabhängigkeit zu tun. Robert T. Kiyosaki teilt in dem Buch *Rich Dad, Poor Dad* die Bevölkerung wie folgt ein:

- Arbeitnehmer: Du verkaufst deine Zeit und erhältst dafür begrenztes Geld.
- Selbstständige: Du bist im Prinzip wie ein Arbeitnehmer, schaffst jedoch deinen eigenen Arbeitsplatz. Du führst größtenteils Auftragsarbeiten durch und bist abhängig von Kunden und deinem Zeiteinsatz.
- Unternehmer: Du kaufst die Zeit von Arbeitnehmern und schaffst ein System, das Gewinne produziert.
- Investoren: arbeiten mit fremdem Geld und kaufen Unternehmen, Immobilien und andere Assets. Sie lassen das fremde Geld für sich arbeiten.

Laut Kiyosaki schafft finanzielle Unabhängigkeit die Möglichkeit, das eigene Leben selbstbestimmt zu gestalten. Oft erleben wir Menschen, die lange arbeiten und sich fortbilden, um einen besseren Job zu bekommen. Sie wollen die Abhängigkeit optimieren. Angestellt zu sein heißt auch, abhängig beschäftigt zu sein. Sie laufen einfach immer schneller in der »Tretmühle«, anstatt einmal auszusteigen und sich das Spiel von außen anzuschauen.

> *»Weil Sie kein Spiel gewinnen können, dessen Regeln Sie nicht kennen.«*
>
> *Aus dem Buch* Unangreifbar
> *von Tony Robbins zum Thema Finanzwelt*

Lohnarbeit sollte nie das langfristige Ziel sein, sondern nur Mittel zum Zweck. Der Zweck entsteht durch die gute Bonität des Angestellten, sich mit geliehenem Geld Vermögenswerte aufzubauen. Du solltest den Job aber unter keinen Umständen als etwas Schlechtes ansehen. Du kannst ihn sogar lieben, da es dein Sprungbrett aus der Box ist. Mit Box meinen wir das Standard-Leben, das die Mittelschicht als ihren Weg auserkoren hat. Arbeiten gehen, Karriere machen, Kinder bekommen, ein Haus bauen und in Rente gehen. Willkommen in der Masse! Die Generationen Y und Z haben zu Recht ein Problem damit, sich in dieses Schema pressen zu lassen. Du hältst mit diesem Buch den Schlüssel zu einem anderen Leben in den Händen. Immobilien-Investments sind hierfür ein gutes Instrument. Wenn die Lebenshaltungskosten aus Mieten oder Unternehmensbeteiligungen fließen, wirst du ein starkes Gefühl der Befreiung verspüren. Genau das wünschen wir dir.

Erweitere deine Komfortzone

In der Komfortzone befinden sich Dinge, die du schon kannst und in denen du dich sicher fühlst. Viele Menschen kommen aus dieser Komfortzone nicht heraus und verpassen das Leben. Was ist die wichtigste Voraussetzung für ein erfülltes Leben und für das Verlassen der Komfortzone? Mut. Genau das erwartet dich auf deinem neuen Weg. Wie viele Menschen haben noch nie eine fremde Person angesprochen oder beispielsweise spontan an einer Tür geklingelt, um unangekündigt eine Wohnung zu besichtigen, die eigentlich in der Zwangsversteigerung ist. Wenn du dies oft genug getan hast, wirst du wahrscheinlich feststellen, dass die netten Gespräche die abweisenden Haltungen übersteigen. Dadurch weißt du, dass du beim nächsten Klingeln keine Angst mehr haben musst. Du kannst Angst nur mit Mut besiegen. Eine Entscheidung, die auf Angst basiert, hat ein großes Potenzial, eine Fehlentscheidung zu sein. Denke an deinen ersten Sprung vom Zehn-Meter-Turm. Wenn du ängstlich bist oder zu zögerlich springst, wird es wahrscheinlich ein Bauchklatscher. Unterscheide zwischen sozialer Angst und natürlicher Angst.

Suche dir das richtige Netzwerk

Je mehr Unterstützung du in deinen finanziellen Angelegenheiten hast, desto besser. Welchen Einflüssen bist du täglich ausgesetzt, und welche Muster haben sich dadurch verfestigt? Schon als Kind haben wir alle die Menschen in unserem sozialen Umfeld nachgeahmt. Umgib dich bevorzugt mit Menschen, die bereits dort angekommen sind, wo du hin möchtest. Du erschaffst dadurch deine eigene Realität. Je mehr du dir dessen bewusst bist, desto eher wirst du anstelle von emotionalen Entscheidungen rationale Entscheidungen treffen. Nutze Zahlen, Daten und Fakten als Basis für die Entscheidung über eine Immobilien-Investition. Je klarer du dir bereits vor dem Kauf darüber bist, welches Potenzial in dem Objekt steckt, desto erfolgreicher wird dein Investment verlaufen. Viele lassen sich von Hochglanzprospekten und beeindruckenden Objekten in bester Lage emotional beeinflussen. Behalte immer im Hinterkopf, dass solche Immobilien meistens die schlechteste Rendite bringen. Für dich als Immobilien-Investor bergen durchschnittliche Objekte in mittleren Lagen die wirtschaftlich höchsten Potenziale.

Dein Job als Immobilien-Investor

Als erfolgreicher Immobilien-Investor sollten die wichtigsten Themen Finanzierung, Kalkulation, Strategie und Steuern in deinen Händen liegen. Wähle deine Partner richtig aus und vergiss nicht, über die komplette Laufzeit hinweg den Gesamtüberblick zu bewahren. Wichtig ist, dass deine Partner genau wie du Spaß an dem haben, was sie tun. Wenn sich Menschen zu ihrer Aufgabe berufen fühlen, geben sie mehr als 100 Prozent. Stell dir bitte jetzt vor deinem inneren Auge dein Team vor. Es besteht ausschließlich aus Menschen, die ihrer Berufung nachgehen und alles geben. Wir waren lange auf der Suche nach diesen Menschen. Du kannst uns glauben: Wenn du sie gefunden hast, zündet die Rakete.

Bei einer Sache wurden wir hingegen nie fündig, zumindest in Leipzig und Dresden. Eine Hausverwaltung, die Immobilien nicht nur verwaltet, sondern auch entwickelt und mit uns in einem Boot sitzt. Was heißt das? Das Verwalterhonorar beispielsweise ist performanceorientiert, das heißt, es ist an die Kaltmiete gekoppelt und fällt bei Leerstand aus. Aber wie es das Mindset so an sich hat, trägt diese Schwierigkeit gleichzeitig den Keim eines immensen Erfolges in sich. Somit haben wir kurzerhand mit immcube selbst eine Hausverwaltung gegründet, die dieses bisher auf dem Markt fehlende Konzept umsetzt.

Wenn du alles selbst erledigen willst, besitzt du keine Immobilie, sondern wirst von der Immobilie besessen. Damit einher gehen Sorgen, ein hoher Zeitaufwand und im schlimmsten Fall sogar eine finanzielle Abhängigkeit. Stell dir vor, du hast 18 Objekte im Bestand, die du von der Vermietung bis hin zum tropfenden Wasserhahn selbst verwaltest. Hüte dich davor, Betriebskostenabrechnungen zu erstellen, den Keller aufzuräumen, Pflanzen zurückzuschneiden, Streitigkeiten im Haus zu schlichten und so weiter, auch wenn genügend zu tun wäre. Nur wenn du dich auf die Kernaufgaben konzentrierst, wird dein Investment erfolgreich sein. Ansonsten ist die Gefahr viel zu groß, dass du dich in Details verlierst und dir dann die Zeit für das Wichtige fehlt.

- ❒ Werde dir über deine Ziele, Strategie und Ausrichtung klar!
- ❒ Frage dich immer, was du nicht weißt. Stelle ein Team aus kompetenten Dienstleistern zusammen, die dir die Antwort darauf liefern und dir kompetent Arbeit abnehmen!
- ❒ Kläre die Finanzierung und kümmere dich um die Finanzen!
- ❒ Führe eine Kalkulation durch!
- ❒ Führe ein Controlling durch!

Warum solltest du diese fünf Aufgaben nicht delegieren? Weil die Verantwortung sowieso bei dir liegt und du im Fall der Fälle die Konsequenzen tragen müsstest, wenn deinem Partner Fehler unterlaufen. Dein Job als Immobilien-Investor besteht darin, die Immobilie zu besitzen, nicht mehr und nicht weniger.

Klare Ziele und klarer Fokus

Ein Ziel ist wichtig, da es deine Energie auf einen Punkt fokussiert und dich dazu zwingt, zu Unwichtigem nein zu sagen. Bei einem Essen im Silicon Valley wurden Warren Buffett und Bill Gates nach ihrem Erfolgsrezept gefragt. Beide haben Fokussierung genannt. Auch Steve Jobs war ein Meister darin, sich zu fokussieren und Unwichtiges auszublenden. Als er Ende der Neunziger bei Apple wieder das Ruder übernahm, reduzierte er die Produkte gnadenlos. Somit konnten sich die Entwickler, Designer und Ingenieure darauf konzentrieren, einige wenige, dafür aber richtig gute Produkte zu erstellen.

Was bedeutet das für dich in Bezug auf deine Immobilien-Investments?

- ❒ Setze dir ein Oberziel, das enorm groß ist. Es hilft dir bei kleineren Widerständen, das große Ganze nicht aus den Augen zu verlieren. Hier lautet die Devise: »Sei realistisch und plane ein Wunder.« Warum solltest du das tun? Für viele große Sportler, beispielsweise Boris Becker, war es das Schlimmste, ihr Lebensziel zu erreichen. Oft fehlt den Menschen dann ein Sinn im Leben, und sie stürzen ab, da sie denken, alles, was jetzt kommt, kann nur noch schlechter werden.

- ❐ Setze dir Teilziele und Unterziele und plane die grobe Richtung, wann du es erreichen willst. Unser Tipp: Aktivitäten eignen sich als Teilziel besser als Ergebnisse. Du könntest zum Beispiel 50 Exposés analysieren, um ein Gefühl für Zahlen zu bekommen. Dabei ist es nicht relevant, ob ein Immobiliendeal für dich herausspringt, da du den Deal nicht um des Deals willen machst, sondern weil er dir aussichtsreich erscheint.

- ❐ Warum willst du das Ziel erreichen? Wer wirst du sein, wenn du das Ziel erreichst hast? Lade dich mit mentaler Power auf und versuche, dich wirklich in die Situation hineinzudenken.

Da dieses Buch nicht in der Rubrik Lebenshilfe zu finden ist, wollen wir die Sache ein wenig abkürzen und auf das Buch *The Big Five For Life* von John Strelecky verweisen.

Nach der Zielsetzung beginnt die eigentliche Arbeit, denn nun ist strategische Planung und deren Umsetzung gefragt. Starte zunächst einen Testballon und lerne die wichtigsten Kennzahlen kennen. Nehmen wir an, du willst ein Mehrfamilienhaus zwischen vier und acht Wohneinheiten pro Quartal ankaufen, mit einer Fläche von 400 bis 1.000 Quadratmetern und einem Kaufpreis unter 1 Mio. Euro. Zunächst ist es ratsam herauszufinden, wie viel Zeit und Energie du aufwenden musst, um ein Mehrfamilienhaus ausfindig zu machen und anzukaufen. Danach kannst du den Aufwand nochmals ins Verhältnis zu deinem Ziel setzen und es gegebenenfalls korrigieren. Allerdings kannst du eine Lernkurve mit einplanen, sodass zukünftige Deals mit weniger Zeit und Energieeinsatz zustande kommen. Es ist wichtig, deine aktuellen Zahlen in einer Statistik zusammenzufassen und immer wieder mit deinen Zielen abzugleichen.

Von innen nach außen und umgekehrt

Es gibt im Bereich der Kampfkunst eine gute Parallele zu Immobilien-Investments. Der Unterschied befindet sich zwischen dem Wissen und dem Körperbewusstsein. Was meinen wir damit? Nur weil du weißt, wie du rein theoretisch den schnellsten und stärksten Schlag durchführst, beherrschst du ihn noch lange nicht. Erst muss dein Körper alle Abläufe Tausende Male durchführen, bis der Schlag wirklich perfekt ist. Eventuell musst du dir bestimmte Bewegungen komplett abtrainieren, die du dir über Jahrzehnte falsch angeeignet hast. Wir wollen damit sagen, dass es dauert, bis alles in Fleisch und Blut übergeht, und dass es wichtig ist, nicht aufzugeben. Transformation braucht Zeit!

Mach dich zum »Finisher«. Nehmen wir an, du willst ein Loch in eine Betonwand schlagen. Nach 30 Tagen ist das Loch immer noch ganz klein. Du gibst auf und suchst dir eine andere Stelle. Du wusstest nicht, dass der Beton an der ursprünglich bearbeiteten Stelle schon sehr porös ist und du nur noch zwei Tage gebraucht hättest, um dein Ziel zu erreichen. Wenn du Immobilien-Investor werden willst, ziehe deine Deals bis zum Ende durch und gib nicht beim ersten Widerstand auf. Denn Erfolg ist eine Überwindungsprämie, die meistens erst nach einem großen Widerstand auf dich wartet. Hierzu gibt es ein Gleichnis in dem Buch *Denke nach und werde reich* von Napoleon Hill, dem Klassiker unter den Erfolgsbüchern. Es handelt sich um eine schöne Geschichte mit einer versiegenden Goldader, derentwegen jemand sein ganzes Equipment verkauft. Ein schlauer Mann führt Messungen durch und bemerkt, dass die Ader an einer anderen Stelle weiterging. Daraufhin kauft er die gesamte Ausrüstung günstig auf und macht ein riesiges Vermögen. Sei also geduldig und ziehe dein Immobilien-Investment bis zum Ende durch.

Veränderungen fordern nicht nur von uns einen Preis, sondern auch von unserem Umfeld. Denn der Mensch ist grundsätzlich skeptisch gegenüber Neuem, was zum Teil urzeitlich bedingt ist. Wundere dich also nicht, dass du mit deinem neuen Weg in deinem Umfeld erst mal auf Ablehnung stößt. Es ist unabdingbar, dass du dir Weggefährten suchst, die schon ein Stück deines Weges gegangen sind und bei denen du

Anerkennung und Respekt bekommst. Verurteile aber niemanden, der sich nicht vorstellen kann, dass dein neuer Weg funktioniert.

Auf welchen Ebenen können Veränderungen stattfinden?

- ❐ Vision und Sinn: Finde deine Bestimmung. In einem Satz wirst du deine Bestimmung und deine Vision eher nicht finden. Wir selbst haben unsere Vision auf mehreren Seiten aufgeschrieben. Es ist unbeschreiblich, wie viel Energie dadurch freigesetzt wird.

- ❐ Identität: Du bist unangreifbar. Das ist ein wichtiger Satz von Tony Robbins, den wir übrigens sehr zu schätzen wissen. Sei dir deiner selbst sicher und glaub an dich.

un-an-greif-bar: sich durch nichts erschüttern lassen, von großer, gleichbleibender Festigkeit, Beständigkeit

- ❐ Überzeugungen und Werte: Deine Überzeugungen sind sehr wichtig. Wir handeln zum Beispiel nur nach dem Prinzip »Win-win oder kein Geschäft«. Dazu empfehlen wir dir das Buch *Die 7 Wege zur Effektivität* von Stephen Covey. Dieses Prinzip hat uns sehr stark geprägt. Unsere eigenen Werte sind es, möglichst niemandem zu schaden und einander gegenseitig zu respektieren. Wir hoffen, dass die Menschen in unserer Umgebung das spüren. Auch wenn wir den absoluten Endzustand meistens nicht erreichen, sind doch das Streben danach und der Aufbruch zum Ideal wichtig.

- ❐ Konflikte: Konflikte hindern uns daran, erfolgreich zu sein, blockieren Energie oder geben uns zumindest belastete Energien. Bestimmt hast auch du schon mal nach einem Streit ein ungutes Gefühl oder einen Schmerz im Magen gehabt. Diese Gefühle können sich verhärten, und es können Krankheiten daraus entstehen. Durch ein gutes Konfliktmanagement kannst du unglaubliche Energie freisetzen. Ein Satz aus dem Bereich NLP hat uns immer wieder geholfen, auf Menschen zuzugehen: »Niemand handelt aus einer schlechten Absicht heraus und hat das Ziel, jemandem aktiv zu schaden.«

- Fähigkeit: Hier setzen die üblichen Veränderungsprozesse wie Workshops und Weiterbildungen an. Sie sind wichtig, entfalten aber langfristig nicht die gleiche Kraft wie die anderen Ebenen.

- Verhalten: Unser Verhalten spiegelt alle Ebenen darunter wider und wird auf der Umgebungsebene von anderen Menschen wahrgenommen und gespiegelt.

Zusammenfassung

Wenn du eine Veränderung herbeiführen möchtest, benötigst du einen langen Atem. Wichtig ist die Wiederholung, denn nur so kannst du die erfolgversprechenden Muster erkennen. Handle hier immer pareto-effizient. Das bedeutet, dass du dich auf die 20 Prozent konzentrierst, die für 80 Prozent des Erfolges verantwortlich sind und auf das 1 Prozent der Aufgaben, das für 51 Prozent verantwortlich ist. Der Ökonom und Soziologe Vilfredo Pareto (1848–1923) untersuchte die Vermögensverteilung auf der Erde. Er fand aber auch viele andere Beispiele, bei denen das später nach ihm benannte Gesetz gilt. Konzentriere dich vor allem auf die unsichtbaren Ebenen wie Konflikte, Werte, Visionen und Überzeugung. Wir wissen, dass dies viel abstrakte Arbeit voraussetzt, aber es lohnt sich.

Sei dir über deine Emotionen im Klaren

Auch wenn du deine Gefühle nicht kontrollieren kannst, solltest du dir zumindest über sie im Klaren sein. Distanziere dich, wenn du merkst, dass du damit beginnst, eine Immobilie emotional zu betrachten. Oft verlieben sich Investoren in ein Objekt. Die Gefahr ist besonders hoch, je länger du dich mit einem Objekt beschäftigst. Nur wenige Menschen können auch nach langer Einarbeitung nein sagen und die Reißleine ziehen. Zu groß ist die Gefahr, dass du es unterlässt, die Zahlen genau zu analysieren. Dies kann sich fatal auf dein Investment auswirken. Wenn du lernst, Zahlen zu verstehen und rational zu handeln, bekommst du eine wesentlich größere Distanz zu dem Begriff Eigentum.

Sei dir darüber im Klaren, dass nicht du selbst in der betreffenden Wohnung wohnen wirst. Hierzu gibt es ein gutes Sprichwort: »Der Wurm muss dem Fisch schmecken und nicht dem Angler.« Wenige Investoren können sich vorstellen, in der Wohnung zu wohnen, die sie kaufen. Dies sollte auch nicht der Maßstab sein. Der Großteil der Mieter-Klientel hat wahrscheinlich ganz andere Wünsche und ist auch mit weniger Luxus zufrieden. Wir kennen viele Bauträger, die die emotionale Komponente gnadenlos ausnutzen, um Luxuswohnungen zu überhöhten Preisen an Kapitalanleger zu verkaufen. Hier geht alles über Emotionen, und die Abnahmen werden oftmals mit Hof-Festen und viel Tamtam gefeiert. Ob die Berechnungen des Bauträgers plausibel sind, ist oftmals nicht relevant.

Es sind oftmals solche Wohnungen, die wir nach 15 bis 20 Jahren kaufen. Die Eigentümer können froh sein, wenn sie gerade so die Restschuld ablösen können. Was hat derjenige davon, die Immobilie zu einem solch günstigen Preis zu verkaufen? Ist er wirklich unwissend oder weiß er womöglich mehr als du? Was nützt es dem Bauträger, Hochglanz-Prospekte zu erstellen und das Verkaufsgespräch rein emotional zu führen? Wo nimmt er seine Zahlen her, und wie begründet er das Ganze? Hinterfrage jede Zahl und jede Statistik. Du glaubst nicht, was wir in dieser Hinsicht schon alles erlebt haben.

Wie fällt es dir leichter, emotional auf Distanz zu gehen?

Du solltest dich nicht zum Sklaven eines einzelnen Weges machen, sondern im Idealfall mehr als zwei Alternativen zur Auswahl haben. Erst dann bist du frei. Dir sollten beispielsweise von mindestens drei Banken Finanzierungsangebote vorliegen, bevor du eine Entscheidung triffst.

Aber auch zu späteren Zeitpunkten ist es wichtig, dass dir Alternativen zur Verfügung stehen. Es kann immer etwas schiefgehen, und dann bist du froh, wenn du einen Plan B und C im Hinterkopf hast. Wenn du noch zwei weitere vielversprechende Kaufangebote hast, musst du den einen Deal nicht machen. Denke an den »Rezenzeffekt«. Diesem zufolge gehen Menschen davon aus, wenn die jüngsten Erfahrungen positiv waren, dass dieser Trend anhält. Plane immer ein Worst-Case-Szenario ein und schaue, ob du die Situation mit deinen Maßnahmen beherrschen kannst, denn Märkte und Zyklen können sich ändern.

Zusammenfassung

Vielleicht vermisst du am Ende des Kapitels Punkte wie Intelligenz oder Geld. Keines von beidem ist für ein erfolgreiches Investment erforderlich! Wie du im Kapitel Finanzierung erfahren hast, brauchst du als Immobilien-Investor kein großes Startkapital. In puncto Intelligenz wusste schon Warren Buffett: »Wenn ihr so intelligent seid, warum bin ich dann so reich?« Wenn du erfolgreiche Menschen fragst, welche Eigenschaften sie dafür als unabdingbar betrachten, wirst du meistens eine klare Antwort bekommen. Sind Menschen hingegen wirtschaftlich nicht erfolgreich, hörst du meistens diffuse Rechtfertigungen. Erfolgreich ist, wer seine Ziele kennt und alles daransetzt, sie zu erreichen.

Übrigens haben amerikanische Soziologen in einer Untersuchung festgestellt, dass die meisten Millionäre über folgende Eigenschaften verfügen: Sie bleiben dran, auch wenn es wehtut. Sie legen also Hartnäckigkeit an den Tag. Zudem lassen sie sich von nichts ablenken und sind äußerst diszipliniert. Übertragen auf dich bedeutet das: Je besser du dich fokussieren kannst, und je klarer du dir über deine Wünsche bist, desto eher wirst du dazu in der Lage sein, erfolgreich in Immobilien zu investieren. Dein Ziel sollte jedoch kein Haus oder Auto etc. sein, sondern stattdessen solltest du finanzielle Unabhängigkeit anstreben. Wenn du dieses Ziel konkret definieren kannst, umso besser.

Schlusswort

Du hast den ersten wichtigen Schritt gemacht und den Inhalt dieses Buches komplett durchgearbeitet. Damit hast du dich für Immobilien-Investments qualifiziert. Denn eine Sache zu Ende zu bringen und sie konsequent anzugehen, ist dafür eine zentrale Eigenschaft. Wie geht es jetzt weiter?

Wir freuen uns sehr, wenn wir dich auf einem unserer Workshops kennenlernen und uns über echte Cases austauschen können. Da alle unsere Workshop-Teilnehmer das Buch bekommen, kannst du beim Buchen der Veranstaltung den Gutschein-Code »G2BWnAJH« eingeben und es dir auf den Veranstaltungspreis anrechnen lassen.

Wir hoffen, du bist mit dem Inhalt des Buches zufrieden. Wissen allein bedeutet jedoch noch keine Macht. Nur angewendetes Wissen entfaltet seine ganze Kraft. Wenn Theorie allein reichen würde, wäre jeder der beste Athlet auf der Welt. Es reicht nicht aus, lediglich zu wissen, dass man beispielsweise zwei Meter hoch springen muss, um den ersten Platz zu belegen. Es folgt eine lange Phase des Tuns: üben, lernen, anpassen und weiter üben. Irgendwann bist du mit der Materie eins geworden und kannst auch über zwei Meter hochspringen. Wir wissen aus eigener Erfahrung, wie schwer es ist, aktiv zu bleiben, und wünschen dir auf deinem Weg viel intrinsische Motivation.

Wir wollen uns an dieser Stelle noch bei allen helfenden Händen bedanken, wie Sandra, Till und allen Investoren, die das Buch gegengelesen und uns wertvolles Feedback gegeben haben.

Natürlich wollen wir uns auch bei unseren Familien und vor allem bei unseren Frauen Anni und Stefanie bedanken, die einmal mehr auf uns verzichten mussten, da wir mit unserer ganzen Kraft an diesem Mammut-Projekt gearbeitet haben.

Wenn es dich weiterbringt, hat es sich für uns mehr als gelohnt. Wir hoffen, dir hat die Lektüre gefallen. Da Bewertungen für uns die Luft zum Atmen sind, würden wir uns sehr freuen, wenn du dir dafür einen Moment Zeit nimmst und uns auf Amazon eine Bewertung hinterlässt. Auf ein entspanntes Investieren in Immobilien!

Die besten Investoren-Grüße aus Leipzig
Erik und Paul

Bereit für den nächsten Schritt? Deine immlab Accelerator Journey startet jetzt!

Du hast es bis hierhin geschafft – und wir sind wirklich stolz auf dich! Du hast dir das nötige Wissen angeeignet und den ersten wichtigen Schritt auf deinem Weg in die Immobilienwelt gemacht. Jetzt kommt der spannendste Teil: die Umsetzung. Stell dir vor, du kannst mit Immobilien sicher und strategisch Vermögen aufbauen – ohne auf den perfekten Moment zu warten. Genau hier setzt unsere immlab Accelerator Journey an. Egal, ob du gerade erst startest, deine ersten Immobilien kaufen möchtest oder dein Portfolio skalieren willst – wir sind an deiner Seite. Mit erprobten Strategien, persönlicher Unterstützung und echtem Praxiswissen helfen wir dir, sichere Entscheidungen zu treffen und teure Fehler zu vermeiden. Unsere Accelerator Journey im Überblick:

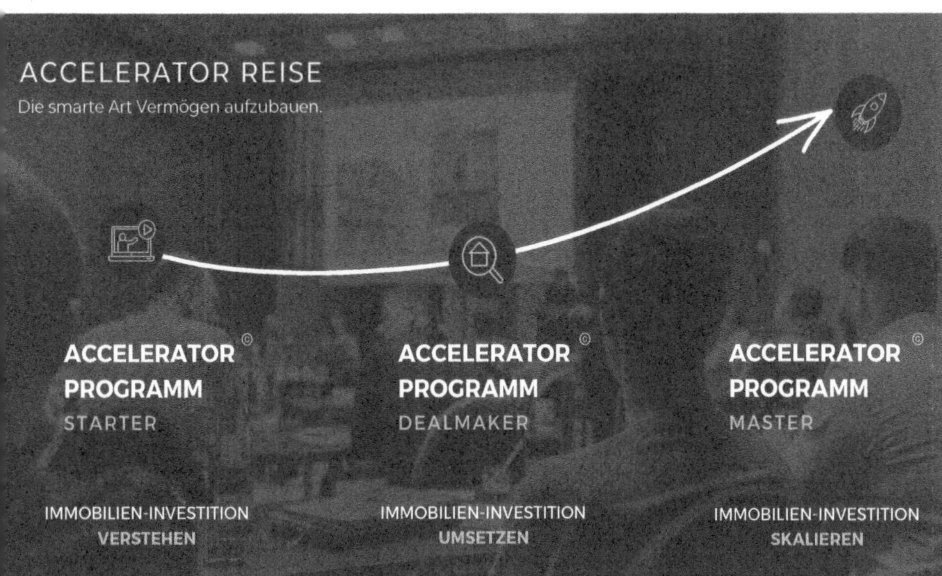

Deine immlab Accelerator Journey im Überblick

Accelerator Programm Starter – Onlineprogramm

Lerne das Know-How erfolgreicher Investoren! In diesem Online-Programm, maßgeschneidert für aufstrebende Investoren wie dich, nimmst du den ersten Schritt auf deinem Weg zu finanziellem Erfolg und Unabhängigkeit. Du lernst die Grundlagen der Immobilieninvestitionen, beginnst deine individuelle Strategie zu entwickeln, und erlangst das nötige Wissen, um profitable Objekte zu finden, klug zu finanzieren und steuerliche Vorteile optimal zu nutzen.

Accelerator Programm Dealmaker – 8 Monate individuelle Betreuung

2–4 perfekte Immobilien Deals in 8 Monaten. In diesem exklusiven 8-monatigen Programm stehen wir dir in wöchentlichen Live-Calls in kleinen Gruppen zur Verfügung. Gemeinsam erarbeiten wir im Detail deine individuelle Strategie und prüfen jeden Immobilien-deal mit dir – von der Exposéprüfung und ersten Kalkulation, über die Unterlagenprüfung und steuerlichen Gestaltung bis zur Verhandlung und Dealfreigabe. Du erhältst maßgeschneiderte Unterstützung und lernst, wie du perfekte Deals sicher und erfolgreich abschließt. Dein Erfolg ist unser Ziel!

Deine immlab Accelerator Journey im Überblick.

Accelerator Programm Master – 1:1 Mentoring

In diesem intensiven 12-monatigen Mentoring-Programm fokussieren wir uns ganz auf deine Skalierung. Wir helfen dir, dein Immobiliengeschäft so auszubauen, dass du den Schritt zum Vollzeit-Investor machen kannst. Mit individueller Betreuung, Power Weekends und gezieltem Coaching sorgen wir dafür, dass du alle nötigen Systeme und Strategien entwickelst, um deine Deals effizient zu steigern und dein Portfolio nachhaltig zu vergrößern.

Bist du bereit, den nächsten Schritt zu gehen und deine Immobilienziele zu erreichen? Wo steigst du ein?

Scanne den QR-Code, um ein Gespräch mit uns zu buchen. Wir schauen uns gemeinsam an, wo du aktuell stehst und wie du am besten in unser Programm einsteigen kannst, um deine Ziele zu erreichen. Wir freuen uns darauf, mit dir zusammenzuarbeiten!

immlab – Die smarte Art Vermögen aufzubauen. Lade dir jetzt die immlab App herunter.

Ab sofort hast du die Möglichkeit, dich noch einfacher mit anderen Immobilieninteressierten auszutauschen und Teil unserer wachsenden Community zu sein.

Was erwartet dich in der App?

- Kostenloser Communitybereich: Vernetze dich, tausche dich aus und profitiere von den Erfahrungen anderer.
- Exklusive Inhalte: Erhalte spannende Infos zu allen Themen rund um Immobilieninvestments.

Hol dir die immlab App noch heute im App Store oder Google Play Store und starte deine Immobilienreise!